JN159917

図書館
文化
社会
10

社会・文化が図書館に求めるものとその応答

【編著】
相関図書館学方法論研究会
（川崎良孝・吉田右子）

【著】
福井佑介
山﨑沙織
呉桐
談騏椿
三浦太郎

松籟社

目次

告発者からみた童話『ピノキオ』をめぐる「差別図書」問題
「まず『ピノキオ』を洗う会」の組織と活動
（福井佑介）・・・・・・・・・・・・・・・・・・・・・ **3**

 はじめに・・・ 3
 1　先行研究による「洗う会」の理解・・・・・・・・・・・・・・・・・・・・・・ 6
 2　「洗う会」の活動Ⅰ：1976年11月〜1977年6月・・・・・・・・・・・ 9
 3　「洗う会」の活動Ⅱ：1977年7月〜1980年・・・・・・・・・・・・・ 34
 おわりに・・・ 39

母親・教師による児童文化運動の中の「読書」活動
1970年代前半の親子読書会の記録を中心に
（山﨑沙織）・・・・・・・・・・・・・・・・・・・・・ **57**

 はじめに・・ 57
 1　先行研究の検討と本論の意義・・・・・・・・・・・・・・・・・・・・・・・・ 59
 2　本論の研究対象と本論の構成・・・・・・・・・・・・・・・・・・・・・・・・ 63
 3　児童文化運動グループとしての親子読書会・・・・・・・・・・・・・・ 66
 4　親子読書会に参加した母親や教師の提示した親子読書会の目的、成果・・ 81
 5　親子読書会での子どもの発話はどのように促されたか・・・・・・・ 89
 おわりに・・ 99

近代中国における「図書館」という言葉の誕生と定着
日中交流の視点から
　　　　　　　　　　　　　　（呉桐）・・・・・・・・・・・・・・・・・・ 111
　　はじめに・・・・・・・・・・・・・ 111
　1　先行研究・・・・・・・・・・・・ 112
　2　「図書館」の初出・・・・・・・・・ 114
　3　「東学」の受容と「図書館」・・・・・ 117
　4　民国期の「図書館」・・・・・・・・ 125
　　おわりに・・・・・・・・・・・・・ 127

Cross-Boundary Cooperation Practice Research
A Case Study of the Goethe-Institute and Chinese Public Libraries
　　　　　　　　　　（談騏椿（Qichun TAN））・・・・・・・・・・・・・ 133
Introduction to the Goethe-Institute・・・・・・・・・・・・・・・・・・ 133
1　Cooperation between the Goethe-Institute and public libraries・・・・・・ 134
2　German Language Materials Section at the Shanghai Library・・・・・・ 136
3　Insights into the Goethe-Institute and Public Library Cross-Boundary Cooperation
　　・・・・・・・・・・・・・・・・・・・・・・・・・・・・・・・・ 143
Conclusion・・・・・・・・・・・・・・・・・・・・・・・・・・・・ 148

戦前の図書館講習に見る図書館サービスの理解
受講生の視点から
　　　　　　　　　　　　　（三浦太郎）・・・・・・・・・・・・・・・ 151
　　はじめに・・・・・・・・・・・・・ 151
　1　戦前の講習受講者の図書館理解・・・ 153
　2　各務報告に見る図書館理解・・・・・ 172
　　おわりに・・・・・・・・・・・・・ 178

公立図書館における成人教育サービス前史
　読書案内サービスとの関わりで
　　　　　　　　　　（川崎良孝）・・・・・・・・・・・・・・・・・・**183**
　はじめに・・・・・・・・・・・・・・・・・183
　1　『アメリカ合衆国のパブリック・ライブラリー』(1876)を中心として・・187
　2　公立図書館の読書支援活動・・・・・・・・・・・・・・・・194
　3　『ブルティン』、案内デスクの読書支援機能：セントルイス公立図書館・・213
　4　読書案内サービスの構成要素と語句・・・・・・・・・・・218
　おわりに・・・・・・・・・・・・・・・・221

各論文抄録・・・・・・・・・・・・・・・・・・・・・231

編集後記・・・・・・・・・・・・・・・・・・・・・・235

シリーズ「図書館・文化・社会」総目次・・・・・・・・・・237

社会・文化が図書館に求めるものとその応答

告発者からみた童話『ピノキオ』をめぐる「差別図書」問題
「まず『ピノキオ』を洗う会」の組織と活動

福井　佑介

はじめに

　童話「ピノキオ」に関する絵本が「差別図書」[1]であるという1970年代後半の問題提起は、障害者差別や表現の自由といった論点を伴って、社会的な注目を集めることとなった。いわゆる「ピノキオ」問題は、この絵本を図書館資料として扱う公立図書館（あるいは図書館界）にも大きな影響を及ぼし、実務的な対応や図書館の在り方をめぐる広範な議論を喚起した。その結果、問題提起から約半世紀が経過する現在に至るまで、図書館界では継続的にこの事例が想起され続けてきた。例えば、図書館界の最も重要な自律的規範の一つである「図書館の自由に関する宣言」の解説では、1987年の初版[2]から、2004年の第2版[3]、2022年の第3版[4]に至るまで、事例の概要と、そこから導かれた図書館の原則が示されてきた。最新の第3版では次のように記述されている。

　　1976年11月、名古屋市の市民団体が『ピノキオの冒険』を障害者差別の本であるとして出版社に回収を求めたことが報道され、名古屋市立図書館はその貸出・閲覧を停止した。以後3年間にわたり、名古屋市立図書館は障害者団体、文学者はじめ幅広い市民の合意づくりにつとめ、1979年10月に提供制限を解除した。そして、今後、批判を受けた蔵書については、「明らかに人権またはプライバシーを侵害すると認められる資料を除き、提供制限をしながら〔引用者注：日本図書館協会によれば、この箇所は「資料提供をしながら」の誤植である[5]〕市民と共に検討」することとし

て、次の原則を確認した。
1) 問題が発生した場合には、職制判断によって処理することなく、全職員によって検討する。
2) 図書館員が制約された状況の中で判断するのではなく、市民の広範な意見を聞く。
3) とりわけ人権侵害にかかわる問題については、偏見と予断にとらわれないよう、問題の当事者の意見を聞く[6]。

　この他にも、事例集[7]や司書課程のテキスト[8]でも取り上げられていることを踏まえれば[9]、「ピノキオ」問題が、図書館界の中で大きな知名度を持ち、その重要性が広く認められてきた事例であることがわかる。それにもかかわらず、「ピノキオ」問題は研究としてほとんど掘り下げられてこなかった。

　先行研究の関心は、第1章で詳述するように、概して差別表現の有無や告発の是非に集中していた。図書館界の動向との関係で「ピノキオ」問題を扱った研究としても、筆者による個別論文「ピノキオ・コーナーの評価をめぐる理念と現実の確執」[10]や、それを基にした研究書『図書館の社会的責任と中立性：戦後社会の中の図書館界と「図書館の自由に関する宣言」』の第6章[11]が存在するにとどまっている。そこでは、戦後図書館界の社会的責任論の歴史的展開を扱う中で、この事例を「資料を幅広く提供しようとする図書館の社会的責任を、実践の側から問うもの」[12]と位置付け、名古屋市図書館が実施したピノキオ・コーナーに対する図書館界の受容の在り方（賛否の議論）を詳述した。以上のような研究状況を踏まえれば、告発者・表現者・出版社・障害者・図書館関係者・市民など様々なアクターが関わり、障害者差別・表現の自由・表現者の社会的責任・図書館の自律性などの多様な論点が関係する「ピノキオ」問題は、個別の論点に着目した研究しかなされておらず、その全体像が解明されるには至っていないことがわかる。

　とりわけ、従来の研究や言説では、問題提起を行った側が結成した団体である「『障害者』差別の出版物を許さない！　まず『ピノキオ』を洗う会」[13]（以下、「洗う会」）については、そのアピールこそ頻繁に取り上げられてきたものの、それ以外の側面に注目されることはなかった。そもそも、「洗う会」とは

どのような性格の団体で、どのような活動を行ってきたのかということについては、ほとんど明らかにされてこなかったのである。そこで、本論文は、アクター間の比較検討を通じて「ピノキオ」問題の全体像を明らかにする今後の論究に向けた基礎的な研究として、「洗う会」の組織や活動の在り方を明らかにすることを目的とする。なお、「洗う会」の思想は極めて重要な論点であるが、大きな論点でもあるため、稿を改めて論じることとする。

「洗う会」の実態を明らかにするために筆者は、「洗う会」の元メンバーの4名にコンタクトをとり、2024年8月から9月にかけて個別にインタビュー調査を行った。調査対象者の氏名・調査実施日・「洗う会」以外の代表的な所属や職業は次に示す通りである。

- 四方八洲男（2024年8月3日）：元綾部市議／元綾部市長
- 杉戸ひろ子（2024年8月22日）：「そうみ―移民女性自立の会（SEWMi）」主宰
- 斎藤縣三（2024年8月22日）：「わっぱの会」代表
- 金井美晴（2024年9月17日）：「日韓舞台芸術友の会　絆　イニョン」理事／元名古屋市立大学医学部

四方八洲男は、「ピノキオ」問題の発端となった問題提起を行った人物であり、当時の新聞記事では「洗う会」の「代表世話人」[14]や「リーダー」[15]と紹介されていた。杉戸ひろ子は、四方らと小学館との最初の交渉の場に同席しており、「洗う会」の初期の活動に参加していた。斎藤縣三と金井美晴については、「洗う会」を代表して四方と共に様々な会に出席していたことが記録に残されている。斎藤は杉戸と同じく、最初の交渉から参加しており、金井は「洗う会」の結成後に会に加わったという違いはあるにせよ、両者とも、「洗う会」の終盤まで長期的に関わり、その活動の中心的な役割を果たしていた。あわせて、資料調査を行い、四方八洲男と金井美晴の所蔵資料[16]を譲り受けた。これらの調査結果を用いながら、以前に行った名古屋市図書館や和田匡弘（元名古屋市図書館の職員）の資料調査の結果を加味しつつ、「洗う会」の組織や活動を明らかにしていく。

次章以降の構成を示しておきたい。「洗う会」の在り方を検討する議論に先立

って、第1章では、先行研究において、どのように「洗う会」が取り上げられ、理解されてきたのかを具体的に確認する。第2章と第3章では、インタビュー調査の内容を軸に、各種の資料を参照しながら、時系列に沿って「洗う会」の組織や活動を取り上げる。その活動内容に応じて時期区分を設定し、第2章において、小学館との交渉や「洗う会」の結成を行った1976年11月から1977年6月の「ピノキオ討論集会」までを扱う。ここでの主要な論点は、「洗う会」の参加者や組織的基盤の在り方と初期の活動内容である。そして、第3章では、その後の活動を扱い、既存の論考では全く言及されてこなかった「洗う会」の終結に至る展開をみていく。最後に、「おわりに」において、それまでの議論を総括し、今後の研究の展望を示す。

なお、学術論文の慣例に従って、謝辞を除いて氏名の敬称は省略している。また、歴史を扱う学術研究として、「障害者」の表記は当時のままとし、いわゆる差別語についても議論に必要な範囲で言及する。

1　先行研究による「洗う会」の理解

そもそも「ピノキオ」問題を扱う既存の研究や言説において、「洗う会」はいかなる形で理解されてきたのであろうか。本章では、それぞれの文献の議論の主旨をまとめた上で、そこで「洗う会」は具体的にどのように言及されてきたのかを確認する。

1984年の田宮武『文学にみる差別表現論：『ピノキオ』と『破戒』をもとに』は、「ピノキオ」問題について、「名作と信じられてきた児童文学作品を、従来だと思いつきもしなかったような新しい別の視点や立場から読みかえし、洗い直してみようとする試み」の「代表的なもののひとつ」と評価した[17]。そして、「洗う会」のアピールである「『障害者』差別の童話『ピノキオ』の全面回収を求める」[18]（1976年11月26日付）の全文を提示して、「洗う会」が『ピノキオ』の用語と描き方の両方について批判していたことを確認した。それと対比させながら、小学館側が問題を用語（単語）の次元に矮小化しようとしていたと整理した[19]。そして、田宮は「『ピノキオ』に差別表現があるのかどうか、子ども読者に差別観を与える恐れがあるのかどうかについての考察」[20]（原文ママ）に

焦点をあてた。

　前者の差別表現論としては、「ピノキオ」の筋書きを把握し、「洗う会」の読解の不十分さを指摘する1970年代の複数の言説を取り上げ、それらに反論した[21]。後者の効果論については、「ピノキオ」を扱った読書感想文を一例として示したり、社会的態度に及ぼすマス・メディアの影響に関する1950年代の研究結果に言及したりした上で[22]、次のように述べた。

　　『ピノキオ』の中の差別用語や障害者像が障害児やその家族の人たちにどのような心理的な影響を与えたのかについての実証的なデータはないが、その人たちを傷つけ、絶望させることになり、そして差別表現を認めるわけにはいかないという批判や告発の行動へと導くことになるだろうと容易に想像がつく。その点は「まずピノキオを洗う会」のアピールからもうかがわれる[23]。

　このように、田宮の関心は差別表現の側にあり、「洗う会」のアピールは議論の前提に位置しており、田宮は「洗う会」と親和的な立場を採った。

　次に、杉尾敏明と棚橋美代子による1990年の『ちびくろサンボとピノキオ：差別と表現・教育の自由』の第2部[24]は、図書館問題研究会による資料集を基に「ピノキオ」問題の経過をたどった。その上で、「ピノキオ」をめぐる作品評価や障害者差別論を検討し、「ピノキオ」の回収および図書館での「閲覧不可能措置」に触れた上で、「障害者差別をなくす課題に応える児童文学運動の観点」[25]に言及した。そこでの議論の焦点は、「児童文学『ピノキオ』に、『まず『ピノキオ』を洗う会』が告発するような『『障害者』差別を助長する内容』がふくまれていると判断するのが正しいのかどうか検討したい」[26]とあるように、正当性の判断にあった。そして、著者らの考えに基づいて、「洗う会」が当時に示していた理解や主張が「正しくない」[27]ことや「誤りであると考える」[28]ことを指摘したり、「洗う会」の主張に向けられた当時の批判が「正しいと考える」[29]という意見を表明したりして、「障害者差別の内容をふくんでいない児童文学『ピノキオ』を『差別図書』だと判断するのは誤りであると考える」[30]と断言した。

　このような論旨の中で、杉尾らによる「洗う会」への言及は、田宮の記述と

比較すれば、いくぶん具体的であった。「ピノキオ」問題の経過を時系列的に示すにあたって、まず、四方と小学館のやり取りを略述した上で、1976年11月24日に「『まず『ピノキオ』を洗う会』（代表世話人、四方八洲男氏）が発足した。参加団体は、わっぱ共同作業所・名古屋水俣病を告発する会・部落解放同盟愛知県連・愛労評主婦の会などである」と記し、田宮と同様に、1976年11月26日付の「洗う会」によるアピールの全文[31]を掲載した[32]。その後の展開のうち、「洗う会」に関わる記述は、以下のようであった。

- 11月28日　「洗う会」が名古屋市内でビラを配布し、市民に呼びかけた。四方が電話で学校図書館関係の問い合わせを行った[33]。
- 12月4日　「洗う会」が「ピノキオ」の訳者、編者、挿し絵画家等に質問状を発送した[34]。
- 1976年末〜1977年上半期　社会的な反応が多く示されたことを略述した上で、「洗う会」でも「内部的に討論がなされ『『ピノッキオ』を洗う——われわれの検討結果』がまとめられた」[35]。
- 1977年6月19日　「ピノキオ討論集会——童話ピノキオは差別図書か」が開かれたとして、「呼びかけ団体は、『まず『ピノキオ』を洗う会』『精神障害者集団・0の会』『差別を考える図書館員の会』『新日本文学会中部協議会』『全国障害者解放運動連絡会議』『差別とたたかう文化会議』『『障害者』差別の出版物を許さない童話ピノキオを問う会』である」とした[36]。

その他、批判の対象とする「洗う会」の主張を把握するために用いられた文献は基本的に『ピノキオ問題に関する資料集』[37]やその第2集[38]に収録されていた。

以上の先行研究では、共通して差別表現に関する判断の是非を検討していたが、両者の立論および結論は真逆であった。「洗う会」の活動に関する記述に注目すれば、当然のことながら、「洗う会」のアピールや出版社への回収要求が最も大きく取り上げられてきた。それに加えて、ビラの配布や関係各所に質問状を送付していたことにも触れられていた。組織については、多様な団体との関係性が示唆されるにとどまってきた。

なお、『ちびくろサンボとピノキオ』における、「洗う会」結成時の「参加団体」の記述に対する明確な典拠は同書中に示されていない。杉尾らが基本的に資料集に依拠して議論を行っていることに鑑みれば、この記述の根拠となり得る資料は、資料集の第1集に資料4として収録されている1976年11月27日付の『毎日新聞』の記事[39]に求められる。実際にその記事を参照すると、「身体障害者と印刷業など共同作業をしている名古屋市昭和区の『わっぱ共同作業所』をはじめ名古屋水俣病を告発する会、部落解放同盟愛知県連、愛労評主婦の会などが・バ・ッ・ク・ア・ッ・プ・し、このほどこれらの団体の有志約四十人が集まって『まずピノキオを洗う会』を結成した」[40]（傍点、福井）とある。この記事と杉尾・棚橋の記述を比較すれば、「参加団体」と「バックアップ」という、ニュアンスの差が見て取れる。このことから、「洗う会」の性格に関わって、他の団体・組織との関係性が一つの論点として残されていることを指摘しておきたい。「洗う会」が何らかの組織の下部に位置したり、その活動が他の団体に規定されたりしていたのか否かは、「洗う会」の志向性を把握する今後の研究に大きな影響を及ぼす重要な論点である。

これらのことを認識した上で、次章からは組織と活動に焦点をあてて、「洗う会」の動向をたどることとする。

2　「洗う会」の活動Ⅰ：1976年11月〜1977年6月
2.1　「洗う会」の結成前史（1976年11月）
2.1.1　小学館への問題提起

一連の「ピノキオ」問題の発端となったのは、名古屋市に在住していた四方八洲男が出版社に問題提起を行ったことであった。当時の報道等を参照すると、四方が子どもに読み聞かせを行う中で問題を認識したと説明する例がみられる[41]。しかし、四方の回想に照らせば、正確な記述ではないようである。以下では、インタビュー調査の結果を軸に、詳細な数値や事実関係等を資料で補いながら、展開をみていきたい。

1976年11月4日に四方の義理の弟が来訪し、四方の長男に「ピノキオ」の読み聞かせを行っていた。四方がそれを聞くともなしに聞いていたところ、キツ

ネとネコの場面が登場した。とりわけ、足に障害がある義弟自身がこの読み聞かせを行っていることと相まって引っ掛かりを感じ、改めて同書の内容を確認した[42]。そこには、「びっこ」と「めくら」のふりをするキツネとネコが登場して旅人であるピノキオを騙したり、最後に本当に「びっこ」と「めくら」になったキツネとネコが施しを求めたりする描写があった。「びっこ」と「めくら」という（身体障害者と視覚障害者に向けられた）「差別用語」が用いられているだけではなく、障害者が人を騙す存在として描かれており、障害者に対する不信感を抱かせる内容が、子どもの読む絵本に含まれていることを問題視した。そこで絵本の発行元である小学館に電話し、このような内容になっているのはなぜか、障害者に対する先入観を植え付けるものではないかと伝えた。この時点では四方は問題提起をしただけで、回収の要求を行ったわけではなかった[43]。

なお、当時の資料によれば、読み聞かせに用いられたのは小学館発行の世界の童話オールカラー版『ピノキオ』[44]（1967年1月15日の第2刷[45]）であり、電話連絡までの間に、1976年版もほぼ同様の内容であることを確認していた。そして、当日の夜12時に小学館から連絡があり、第五出版部長の真田より、「明らかな誤りである。ただちに検討し、その結果を11月8日名古屋に持参する」という回答があった[46]。

11月8日に豊田取締役出版部長と真田第五出版部長が名古屋を訪れ、小学館と四方らとの最初の交渉が行われた。四方のまとめによれば、「四方ほか、谷口謙三、榊谷、館富美子、斉藤、鈴木の諸氏が個人の資格で参加」[47]した。さらに、豊田から「『原則的には字句というより姿勢の問題である。我々としては、国際版を除き他は回収すべきと考えている。技術的なことは今夜からでも検討したいが、とりあえず小学館発行の雑誌類におわび広告を出したい。その際文案チェックを受けたい』との意向が表明された」[48]という。それに対する質疑と意見交換の結果、四方らは次の5点を要求し、小学館は11月15日に回答すると応じた[49]。

(1) 保留になった国際版は、もっとも悪質と考える。この回収は、絶対に避けられないと考える。早急に回収方針を出されたい。

(2) 回収方法、回収期間、及び学校、図書館、家庭などについてどうするか、具体案を示されたい。ただちにやれる回収施策は、その内容をただちに連絡されたい。
(3) 障害者に対する差別を助長・拡大していたことに対する小学館の自己批判を文書化されたい。
(4) 障害者解放の観点に立って小学館としてどういうことがやれるか検討されたい（障害者解放の読み物を出版すること等）。
(5) 小学館の全出版物について出版総務で点検し、その結果について報告されたい。

さらに、四方の手元に残っている当時のメモによれば、質疑の際に、編集部の校閲体制や、社内の障害者の有無、「ノートルダムのせむし男」の出版の有無、障害者に関する雇用促進法が遵守されているのかということ、小学館の経営に関すること（資本金、従業員数、創立、売上、1976年の夏の一時金）が確認された[50]。なお、ここで「国際版」として言及されているのは、1976年10月に小学館から出版されたばかりであった、『ピノッキオの冒険』[51]（少年少女世界文学全集国際版第1巻）のことであった。

11月9日の朝に四方が小学館の真田に電話連絡を行った。当時のメモの記述を参照すれば、小学館が扱っている「ピノキオ」を収録した図書5種類について、関係団体に合計50冊を送付するように依頼したようである[52]。早くも翌日に配送先にチェックして、各所に到着済であることを確認していた[53]。そして、小学館との第2回の交渉が11月15日に行われ、次節でみるように「洗う会」が結成されることになる[54]。

2.1.2 第1回交渉への参加者

その後の展開をみる前に、小学館との初回の交渉に四方八洲男と共に名前が挙がっていた「谷口謙三、榊谷、館富美子、斉藤、鈴木の諸氏」[55]が、どのような人物で、どのような経緯で参加するに至ったのか確認しておきたい。

インタビュー調査に対して四方が述べるところによると、「谷口謙三」と「榊谷」は部落解放同盟の一員であった[56]。斎藤縣三の回想では、部落解放同盟に

声をかけたのは四方であり、斎藤自身は、榊谷とは面識があった程度で、谷口とはこの時が初対面であった[57]。

次に、「館富美子」は、四方によると、「県評」すなわち、愛知県地方労働組合評議会（以下、愛労評）の「オルグ」[58]であった[59]。館については、1976年11月27日付の『中部読売新聞』において「愛労評主婦の会会長」の肩書と当時48歳[60]であったことが紹介されており、「この運動を起こした」人物として四方と併記されていた[61]。そもそも、四方と館あるいは愛労評とのつながりは、当時、四方が係争中であった事件と関係していた。

四方八洲男は、1940年に兵庫県西宮市で生まれ、5歳の頃に京都府綾部市に疎開した。1959年に京都大学経済学部に入学し、卒業後は三菱重工に就職した[62]。配属された名古屋航空機製作所で「反戦平和」を唱えたり、労働組合関係の不当労働行為を指摘しつつ執行委員選挙に立候補したりしていた。四方への支援や支持が増えてきたタイミングで、会社から大阪営業所への配置転換命令が出された。それを拒否して解雇され、裁判に発展した。これは大きな事件となり、長期にわたる裁判に取り組むことになった[63]。

資料によれば、大阪営業所への転任の辞令が出され、四方がこれを拒否したのは1971年7月1日のことであった[64]。16日には懲戒解雇が会社から通告され、四方の抗議にもかかわらず組合も懲戒解雇を承認していた[65]。それに対して、7月19日に、四方は解雇に伴う地位保全の仮処分申請を名古屋地裁に提出した[66]。同日、名古屋航空機製作所所属の20代の同僚たちによって四方を支援する会の結成を呼び掛けるビラが配布され[67]、8月2日に「三菱重工・四方君を守る会」が結成された。この会は「四方八洲男君に対する不当配転不当解雇に反対し、同人の裁判を含む一連の闘争を支援する」ことを目的として、「思想、信条の違いをのりこえ目的に賛同する労働者は誰でも加入できる」ものであった[68]。

この会を通じて、様々な個人や団体が解雇の反対・撤回要求に行動を共にするようになった。四方によれば、「社会党系、総評系、それから新左翼等々」[69]からも支援を受けていたのであり、「ピノキオ」問題以前から四方と愛労評および、そこに属する館富美子との間につながりがあったのである[70]。

また、小学館との第1回交渉の参加者として記録されていた「斉藤」と「鈴木」は、「はじめに」でも触れたように、インタビュー調査の対象者である斎藤縣三と杉戸ひろ子（鈴木は旧姓）であった。斎藤縣三は1948年生まれで1976年当時は28歳であった[71]。斎藤は名古屋大学の在学中から継続的に障害者問題に取り組んでおり、2025年現在も特定非営利活動法人「わっぱの会」の理事長を務めている[72]。博士論文で「わっぱの会」を取り上げた伊藤綾香によれば、「『わっぱの会』は、コミューン運動にルーツを持ち、40年以上の長きにわたり活動を展開してきた障害者運動団体」[73]であり、その概要は次のようである。

> 「わっぱの会」は、名古屋市内の大学のボランティアサークルで、障害者入所施設での支援を経験した学生が中心となり、1971年に脱施設を掲げた障害者と健常者の共同生活を始めたことに端を発する。翌年、障害者と一緒に働く作業所づくりに着手、1984年に製パン業を開始した。1987年に社会福祉法人を取得、介助事業や相談業務などを行ない、2014年4月現在、施設数15か所、職員93人、利用者107人となっている[74]。

このように、斎藤は障害者に関わる実務や運動に携わってきた。斎藤自身が述べるところによると、斉藤は四方の解雇をめぐる闘争に直接的な支援をしたことはなかった。さらに、当時を回想して、1970年代には学生運動がある程度収束する中で、社会運動への取り組みを続けている者は様々な分野に関わっていたという状況があったという。そこでの交流によって斎藤は、館富美子や杉戸ひろ子と、第1回交渉の時点ですでに知り合いであった。四方も地域の課題にも目を向けながら多方面に連携を求めていたようで、「わっぱの会」にも訪れたことがあった。それによって、斎藤は、四方と1971年あるいは1972年頃から知り合いであり、「ピノキオ」問題が障害者に関わる問題であるからこそ、四方から直接、話をもちかけられたのであった[75]。

　他方で、杉戸ひろ子は、四方とのつながりで交渉の場に参加したというよりも、直接的には、当時所属していた社会運動団体や館富美子との関係で参加していた。杉戸も、当時の状況として、いわゆる新左翼の運動が個別の地域の課題に取り組むようになっており、新左翼系の様々なグループの間に地域の活動のネットワークのようなものが、ゆるやかに形成されていたと振り返って

いる。その中で、愛労評は一つのセンター的な役割を果たす位置にあったという。もちろん、愛労評は社会党系であるため（いわゆる既成左翼であるため）、新左翼系と同じではないが、どちらかというと共産党よりも近いという、大まかな色分けでの活動やネットワークがあったとしている[76]。その中で、愛労評の専従であった館富美子は地域課題や女性問題など様々な問題に取り組んでいた。杉戸によれば、館は、いわゆる三里塚闘争[77]（成田闘争）に関する「三里塚闘争に連帯する会」の愛知での活動の中心人物の一人であったり、愛労評が関心を示す環境問題として合成洗剤の問題を取り上げる運動に関わったりしていたようであり、杉戸自身は「侵略＝差別と闘うアジア婦人会議」[78]に参加する中で館と知り合った。さらに、館は仕事とは別に、2階建てアパートの管理をしており、杉戸はそこに下宿していた。杉戸自身は愛労評には属していなかったものの、杉戸と館は日常的に近い関係にあった。このような中で、四方が「侵略＝差別と闘うアジア婦人会議」に「ピノキオ」の問題を知らせてきて、杉戸は小学館との交渉に参加することになった。ただし、杉戸は、「洗う会」の結成の場にもいたが、「洗う会」のメンバーをそれほど長く継続していたわけではなかった[79]。

2.2　「洗う会」の結成（1976年11月）

　1976年11月15日の18時から21時にかけて、名古屋市の公会堂において、小学館と四方らによる第2回交渉が行われた。小学館からは、豊田取締役出版部長と真田第五出版部長ら計6名[80]が参加した。四方らの側の参加者は「わっぱの会、部落解放同盟県連、他約20名」であった。さらに、朝日新聞社、中部読売新聞社、毎日新聞社から広告担当部長がオブザーバーとして参加した[81]。

　第2回交渉では、まず四方から経過の説明があった。そして、小学館の豊田より、「国際版については回収せず続行する。これには『めくら』『びっこ』という表現がない。表現の自由を守る立場からも続行する、というのが現段階の小学館の見解だ。他の4点については、11月11日、各書店に対し回収方の文書を出した」という見解が述べられ、国際版の取り扱いについての応答が行われた。小学館からの参加者の中には、国際版にも差別を助長する内容があると

いう見解を示した者も1名いたが、他の5名は、この段階では自分の見解を述べることができないとして、後日、役員会を開催し、改めて代表者を名古屋に派遣して説明するとした[82]。この交渉の直後に、四方らは引き続き打ち合わせを行い、「洗う会」を結成することを決定した。あわせて、連絡先の窓口は四方八洲男、久島暁子、館富美子が担当することになった[83]。なお、この後の「洗う会」の文書等で連絡先として実際に記載されたのは久島暁子の住所と電話番号であった。杉戸によれば、久島も館のアパートに住んでおり[84]、館と近い年齢であった。文学に造詣が深かったが、積極的な活動家でもなかったという[85]。

また、第2回交渉に参加した団体について、「わっぱの会」は斎藤縣三個人ではなく、「わっぱの会」の取り組みとして、正確な数は不明であるが、複数人が参加した[86]。「部落解放同盟県連」については、2.1.2でも述べたように、四方が声をかけたとされているが[87]、杉戸は部落解放同盟が出席していたこと自体を把握していなかったことから[88]、交渉の場では団体名が強調されていなかった可能性がある。

2.3 「洗う会」の概要と初期の活動（1976年11月〜1977年6月）

2.3.1 文献にみる初期の「洗う会」

始動した「洗う会」の活動内容は、どのようなものだったのであろうか。インタビュー調査の結果を詳述する前に、本項では初期の「洗う会」の活動を描写した2つの資料を提示しておきたい。一点目は、2.4でも取り上げる「（資料）ピノキオ討論集会」（1977年6月19日付）である。その「あと書きにかえて」の項目に、次のような記述がある。なお、署名は「ほ」とあるだけで、執筆者の具体的な氏名は不明である。

> 最初（昨年11月）あゝ「ピノキオ」かと、軽い気持で参加したものの「まあ、たいした事もないわい」と思ひ、頃合を見測つて抜け様とも考へていた。毎月、二、三度の学習会に出ている内に、会の人達（職業、年令―雑多）の熱心さと、心やさしさに引き込まれ「まずピノキオを洗う」ことから、自分自身を洗う事へ進まなくてはならなくなつた。階級社会―差別

社会の中で育ち、生活し体中にしみ込んだ差別の垢は少々の事ではぬぐい去られるものではない[89]。(原文ママ、括弧書きも原文)

二点目は、『新日本文学』の1977年6月号に掲載された、「日方ヒロ子」による「表現の自由とは：ピノッキオ問題に即して」である。当時の様子が比較的詳しく描写されていることから、やや長くなるが、関係する箇所を引用しておきたい。

　ピノッキオの問題が取沙汰された時、やはり問題にしなければならない時が来たのだと思い、当然それは、名作童話とされているものの中に巣喰っている、階級性にねざした差別意識に対するチェックであると思い、こうした問題が出た以上、それらは地元の児童文学者などと膝をまじえながら、丁寧に行われるものと楽観していた。いわば他岸の火のような気持ちだった。

　所が事態は、そのようには進んでいかなかった。

　「障害者」差別を許さない"まず「ピノッキオ」を洗う会"に初めて出席した時、とんとんと事が運ぶのをみて、運動なれしていない私は、肝をつぶしてしまった。

　各新聞社は大きく問題をとり上げ、各出版社側は、回収を認める、ないしは検討する、という形で、会は活気に満ちていた。

　「Aグループは、各図書館に『ピノッキオ』を回収するよう申し入れてください。県交渉は、Mさんやってくれますか」

　「S町図書館からは、もう回収されました」

　「各書店は、全員で当りましょう」

　「新聞社係は、Kグループが担当してくれますか」

　「アピールのビラ配りで、今日、駅前と金山でやってきたグループ、市民の反応はどうでしたか」

　「小学館との交渉で、国際版をのぞく四種類の回収に応じてきましたが、国際版の回収に応じないというのは、おかしいので、あくまで回収を求めていきたい」

　と、参加者は、それぞれに役割を引き受けていき、私などは「市民」の

声の参考人であった。そして「市民」の代弁者らしく、私の発言は「言葉狩り」への危惧に限られていた。
　私自身、名作児童の名の許に根強くはびこっている封建性、階級性を容認するテーマ、貧乏人、あるいは障害者蔑視、蔑視から派生する良心的同情論、「罰が当った」というような因果応報説などへ、幼児の時から思考形態を方向づけられていく事への点検が、なされていくべきだといった児童図書への思いはあったが、それらは児童文学者が中心になって、検討されていくのが正当だろうと考えていた。
　それらは市民会議のような形で、一見、とりとめもない程に、あちこちから問題が寄せられ、その一つ一つが点検しなおされていく。
　長い時間をかけてもいいから、ていねいにやってほしい、と思っていた。
　だから、初めて目にしたこのような活気は、あまりうまくいきすぎているようで、あれよあれよと目まいのする思いであった。
　その意味では、小学館国際版「ピノッキオの冒険」回収が難航した事は、会の参加者全員が、問題を広く掘り下げていく機会を持つことが出来たという点で、よかったのではないかと思う。
　会合が重ねられるに従い、出版社には抗議運動を続けながら、会は学習会の方向へ進んでいった。今は、六月十九日、国際版の監修者、杉浦明平氏とともに、シンポジウムを開く事を企画、シンポジウムに向けての調査、研究、中間発表なども出されている。
　この中で、当然引受けるべき筈の、児童文学者の参加がない事を残念に思う[90]。（原文ママ、傍点は原文）
このような記述を念頭に置きながら[91]、本節では、次項でインタビュー調査の結果を踏まえて「洗う会」の概要を示した上で、第3項で、資料を基に「洗う会」の具体的な活動内容をまとめておきたい。

2.3.2 「洗う会」の概要

　本項では、「洗う会」の概要を確認するにあたって、年齢層や所属メンバー

の参加の経緯といった人的側面に注目した内部の構成と、他の組織・団体との関係性や党派的位置といった外部との関係性に焦点を当てる。

2.3.2.1 「洗う会」の年齢層と所属の経緯

　まず、「洗う会」の参加者の年齢層は20代から40代後半まで、幅広いものであった。上の世代に関して、斎藤縣三は館富美子が最年長だったと認識しており[92]、前述の通り、館は会の発足時に48歳であった。他にも、本論文の2.4や3.1でも名前が登場する藤森節子は館と同世代の文学者であった[93]。藤森は夫婦で印刷会社を営みながら同人誌を出す活動も行っていたようであり[94]、「洗う会」の印刷関係でも協力を得た可能性がある[95]。藤森の著書の解説によれば、藤森は1932年に満洲鉄嶺で生まれ、1947年3月に引き揚げて帰国し、1951年に名古屋大学文学部に入学して中国文学を専攻し、丸山静主宰の読書会「春の会」で知り合った岡田孝一と1957年に結婚した[96]。このことから、「洗う会」の発足当時に藤森は44歳であった。さらに、「洗う会」の関連の記録に「金原ヒロコ」として名前が出てくる人物は、前節で記事を取り上げた「日方ヒロ子」と同一人物であり、継続的な死刑廃止問題への取り組みで知られる「日方ヒロコ」でもあった[97]。日方は、後に、死刑囚の木村修治の母親と養子縁組をして木村の義姉になり、死刑確定者処遇での接見交通権を維持して面会しながら死刑廃止運動に取り組むようにもなる[98]。日方の著作の著者紹介に「1936年中国東北部チチハル生まれ」[99]とあることから、「洗う会」の発足時には40歳であった。藤森節子と日方ヒロコは共通して、「洗う会」に所属していた当時から新日本文学会[100]に所属していたり[101]、1988年に名古屋で創刊された同人誌『象』(水田洋代表)に参加したりしており[102]、深い親交があったようである[103]。

　彼女らよりも下の世代では、そもそも呼びかけ人の四方八洲男が1976年時点で、36歳であった。若いメンバーとして、斎藤縣三は1948年生まれで、前述の通り、当時28歳であった。斎藤と同世代の「奥村」という女性の社会運動家も所属し、頻繁に会に出席していた[104]。また、インタビュー調査対象者である杉戸ひろ子と金井美晴はいずれも1950年生まれで、発足当時は26歳であ

った。さらに、2.4でも述べるように、名古屋市立大学の教員であった金井が声をかけた医学部の学生達も参加していたため[105]、20代前半のメンバーが何人も所属していた。

　ここで、インタビュー調査対象者の金井美晴が「洗う会」に関わった経緯についても、金井の発言を基に確認しておきたい。金井は学生時代から公害の問題に関心があり、それに関わる仕事がしたいと考えていた。名古屋市立大学の医学部解剖学研究室に就職する際にも、当該研究室の教授が当時は洗剤の研究をしていたことが選択の決め手の一つであった。就職後に、大学時代の先輩の研究者から、名古屋で合成洗剤関連の活動をしている人物として紹介されたのが、館富美子であった。館は愛労評の婦人部のトップでもあり、「合成洗剤不買同盟」でも活動しており、館の周囲にはさまざまな活動家や主婦がいた。そのようなつながりで、金井は、1975年にはすでに杉戸ひろ子、久島暁子、日方ヒロコと、少し遅れて藤森節子と親交を持っていた。「洗う会」が結成された頃に、金井はいわゆる水俣病闘争[106]に参加しており、「水俣病を告発する会」の名古屋での事務局を担当していた。館富美子経由で「洗う会」のことが知らされ、水俣病の患者の状況は差別や障害者の問題と深く関係するという考えから、「洗う会」に参加した[107]。金井の手帳に残された記録から、遅くとも1977年1月には「洗う会」に加わっていたようである[108]。さらに、前述の金井が声をかけた学生達についても、単に教え子だったから声をかけたということではなく、その学生達も水俣の活動に携わっていたことから、関連して「ピノキオ」問題のようなことも考えた方がよいのではないか、といった形で声をかけたということであった[109]。

　他方で、「洗う会」のメンバー個々人とは一定の交流がありながらも、「洗う会」との関りが薄かった者もいたはずである。前述の通り、「洗う会」に初期にだけ参加していた杉戸ひろ子は、インタビュー調査に対して、「ピノキオ」問題の性質上、「わっぱの会」が中心になるべきと考えていたことや、回収要求を行うことには「釈然としないものもあった」ことを回想している[110]。さらに、全く「洗う会」に参加しなかった例として、藤森節子の夫として言及した岡田孝一を取り上げておきたい。岡田は「差別語の問題と文学者の姿勢」と題する

1977年9月の論考において、「文学作品のなかにおける差別語表現の問題が、わたしたちのごく身近なところから」生じたとして、「その一つは友人の四方八洲男たちが提起した」と述べ[111]、以下のように続けた。

　　わたしと四方八洲男とは彼が一九七一年七月に、三菱重工名航製作所を不当に解雇されて、裁判闘争を起して以来、さまざまな運動を協力してたたかってきた仲であるのに、どうしてかこのピノッキオ問題に関しては、ことが新聞などに大きく報道されたあとでも、全くといっていい位に連絡がなかった。わたしがなまじ文学などにかかわっていることと、当面の抗議の対象となった小学館発行の国際版「ピノッキオの冒険」の監修者であり、岩波書店の少年少女文庫に入っている「ピノッキオの冒険」の訳者でもある杉浦明平と親しくしていることを知っていて敬遠されたのかも知れないが、わたしなどの考え方からすれば、そうであればなおさら最初の段階で、この地方に在住する杉浦明平も含めた文学の関係者たちにも問題を提起し、話し合いを深める手段を講じてほしかったと思う。新聞に報道された内容は必ずしも正確ではないといわれているが、その点を考慮に入れてもわたしはこの運動の初期のころの進め方には批判をもっている[112]。

さらに、「洗う会」への批判に触れる中で、「『まずピノキオを洗う会』という、その＜洗う＞といった警察用語的な語感を不快に感じることもあったのではないかと、その点には私も同感する」[113]とも述べていた。ただし、「洗う会」の問題提起については、「避けることのできない鋭い問いかけを発していることを、無視するわけにはいかない」[114]として、その意義を認めていた。

以上のことを踏まえると、幅広い年齢層の会員で構成されていた「洗う会」の成立には、既存の社会運動を通じて形成されていた人的ネットワークが寄与していたことがわかる。とりわけ、「ピノキオ」問題の構成要素である、文学や障害者に関心を持つ者の参加が顕著にみられた。これは、各自の問題関心と「洗う会」の取り組みとの一定の連続性が参加を促していたと捉えることができる。その一方で、参加を呼びかける範囲について取捨選択が行われていたり、運動の方向性への違和感が参加を抑制したりする例もみられた。

2.3.2.2 「洗う会」と外部との関係性

次に、上記のような内部の構成とは別に、外部の組織・団体と「洗う会」との関係性を検討していきたい。このことについてインタビュー調査の対象者に問うたところ、全員が、日常的なつながりを否定し、集会など大きな催しを行う際に連携するだけの距離感であったという趣旨の回答をしている[115]。他の組織や団体に所属している者が「洗う会」に参加しているが、そのような組織や団体を代表して参加しているわけではなかった。斎藤によれば、他の団体は「特別大きな集まりのときには来る」だけだったのであり、日常的に集まる人数について、「そんなに大勢はいないですね。一回に10人もいたかなっていうくらいかな」と述べている[116]。

なお、「洗う会」の連携先として、愛労評、全国障害者解放運動連絡会議（以下、全障連）、部落解放同盟といった、いわゆる社会党系の団体が多くみられた。それらの団体とのつながりは、既存の社会運動のつながりの中で生じていた。愛労評や部落解放同盟とのつながりは、2.1.2でも述べた通りである。全障連との位置関係については、斎藤が、養護学校教育の義務制に関わる当時の議論を踏まえて、次のように述べている。

> 完全に別学教育体制というか、障害児と障害のない子どもたちを完全に分ける養護学校制度みたいなものを義務化していくという。それに対する反対闘争みたいなものがいちばん中心だったので。そういう中で、たまたま名古屋で起きたピノキオ問題にある程度関わって応援しようみたいな、そういうことだったくらいです[117]。

この問題に関する簡潔な整理を参照すると、次のようである。全国障害者問題研究会（以下、全障研）という、日教組の障害児学校部の教師や障害児をもつ親が中心となって1967年に結成された組織があり、養護学校の義務化の完全実施を求めていた。それに対して、全障連は、障害者自身を中心とした組織として1976年に結成され、障害児の隔離に反対する立場から養護学校義務化に反対していた[118]。なお、斎藤自身は、人里離れた山の中などの街中から隔離された施設で障害のある者が生活させられ、入所施設でのボランティア活動従事者は一時的な合宿が終われば自由に街に帰っていくことの落差を問題視

し、障害者とのより継続的な関わり方と、ボランティアする者とされる者との溝を埋めるような活動が求められるという考えであった[119]。このことから、理念的には全障連と近い位置にあったのであるが[120]、「洗う会」と全障連が同化しているということはなかった。

　さらに、全障連と全障研との対立や、それらそれぞれと関係の深い社会党と共産党との対立に「洗う会」が加わっていったわけでもなかったようである。そもそも、党派的対立に関係のある動きは顕著にみられた。日本共産党の機関紙『赤旗』では、「問答無用の回収要求は、作家や出版者などの言論・表現の自由にたいする乱暴な侵害であるばかりでなく、読者の作品にたいする批判の自由をも踏みにじるものであり、事態を解決する民主的な原則に反するものといわなければなりません」[121]と「洗う会」を批判していた。また、「洗う会」の回収要求を「言論に対するファッショ的挑戦」[122]と批判する声明を出した図書館問題研究会についても、四方は「共産党系」と認識していた[123]。ただし、図書館問題研究会全体が共産党系というわけではなかった。すなわち、図書館問題研究会には共産党の党員あるいは共産党に親和的な図書館員も所属していたが[124]、そうではない図書館員も多く所属しており、当該声明の論理の是非にも関わる論争も内部で行われていた[125]。

　いずれにせよ、このように、共産党系から批判を受けていたという明確な認識が存在しており[126]、四方は、「洗う会」に近い団体が「反共産党の立場で、常に学生運動でも労働運動においても対立している、そういう間柄」だったために、「洗う会」も「一緒くたにされたんだろう」という考えを示している[127]。斎藤も「全障連と対立する関係にあったのが全障研。全障研と図書館の問題研究会でしたっけ、それがつながってたわけだから」[128]という認識を示している。この斎藤の回答を受けて、党派的対立についてどのように考えていたのかということを質問したところ、斎藤は次のように述べている。

　　我々は別に障害者運動がどうだこうだということでこれを起こしているわけでもなんでもないので。純粋な基本の問題から出発して掘り下げていった運動として、文学における差別性みたいなものを問いかけるということで取り組んだわけですから。それがちょうど時代の障害者団体の

考え方みたいなものとある意味つながっていったというところで、そこら辺の共産党と非共産党みたいな党派性みたいなものに、全体としてそういうようなところ、勝手にやっとってくださいという感じですなあ[129]。

さらに、金井も、全障連が社会党系で、全障研が共産党系であり、両者に対立がみられたことを受けて、次のように回想している。

> 基本的に障害者の問題に関しては、学生の頃から両方の考え方があるし、私は障害者の自立っていうそっちを具体的にするべきだと思っていたし。確かにね、水俣のことをしていても、合成洗剤のことをしていても、必ずぶつかるんだよね、考え方が。それぞれの、別に共産党だからとか、別に私社会党でもないし、何の党にも入っていないし、かといってセクトの人間でもないし。だけども、ことごとくぶつかっちゃって、何か違うよねえみたいなのはずっと持ってて。たとえば水俣のことでも、もちろんご存じかもしれないけども、今は違うかもしれないけど、すごく苦労したっていうか、話が通じなくてね[130]。

ただし、これに続けて、「でも私としては、だから排除するとか、だから一緒にやりたくないとかっていう感覚は一度も持ったことはないです」と話し、意見の違いが出てくるのは当然のことで、だからこそ、この活動をやる意味があると考えていたことを強調している[131]。

以上のように、関連する団体によって「洗う会」の活動が規定されていたわけでもなければ、党派的対立の中で社会党系の立場を積極的に選び取ったわけでもなかったようである。

2.3.3 「洗う会」による出版社等への働きかけ

「洗う会」の活動の頻度に関して、斎藤縣三は、初期には「頻繁に会合をやっていた」と述べ、月1〜2回では済まない程度かという質問には、「そんな悠長な恰好じゃなかった」と回答している[132]。金井美晴の手元に1977年と1980年の手帳が残っており、前者では概ね毎月3回は会合があったことが記録されている[133]。1976年の発足当初は、より高い頻度で会合が開催されていたと考えるのが妥当であろう。

さて、初期の活動内容について、斎藤は次のように回想している。

　一つはこの「ピノキオ」の問題をどこまで掘り下げていくかということと同時に、それからどう社会運動を広げていくかという、それが一点。もう一つは、要するに単なる「ピノキオ」の問題ではなくて、古典名作といわれるものが持っている差別性みたいなことを、時代における限界というのがあるので、それを改めて問う。だからといって手放しに評価するのではなくて、時代というものを経たうえで、どういう問題性が文学の世界にあるのかみたいなものをしっかり掘り下げようと。そういう二点から当時、いろいろな会合というか、いろいろな検討をやっていたと思うんですけどね[134]。

金井も同様のことを述べている。

　メンバーもどんどん変わっていって、はじめは、そういう児童書として販売するとか作るとかいうこと自体への抗議だったと思うんですね。親の立場からの抗議とか、障害者の問題からの抗議っていう形だったと思うんですけれど、（中略）そうじゃないもっと根本的なところ。教育とかそういうところから考えた方がいいんじゃないかなっていう風で、だんだん話が変わっていって、文学に関わる人だとか、それから図書館の人たちと一緒にやるようになったんです[135]。

これらの回想と、2.3.1で取り上げた1977年6月までの活動の描写を勘案すると、「洗う会」の活動は、出版社への抗議やそれに関連する取り組みに始まり、徐々に、「ピノキオ」だけではなく、広く文学作品の差別性等を検討する学習会へと重点が移行していったようである。資料を基にして、その具体的な動向を略述しておきたい。

活動の開始直後には、「洗う会」は出版社と頻繁にやり取りしていた。1976年11月15日の第2回の交渉の後、四方と小学館の間では国際版の出版を継続するという役員会の決定をめぐるやり取りが続けられ、11月24日付で小学館から「謹告」が出された。そこでは、小学館が発行してきた、「ピノキオ」を収録した4種類の絵本について、書店に回収依頼を出したことが報告されていた。さらに、「びっこ」や「めくら」といった表現に関する四方らの指摘について、

「貴殿より御指摘をうけるまでもなく、小社が障害者の方々を傷つけるような表現を、不用意にも気付かなかったことに対し、心よりお詫び申し上げます」とした。加えて、「『児童文学としての『ピノキオ』そのものが差別的な表現を多くもっているので、発行すべきではない』といわれるご意見については、小社は今後、作家、画家、翻訳者、その他有識者と共同研究を行ない、憲法に保障されている表現の自由の見地からもあわせて慎重な検討を重ねたいと思います」と述べつつ、編集者一同が「あきらかに差別的であると考えられる表現については、これを排除するよう努めます」と締めくくった[136]。

それに対して、「洗う会」は11月26日付でアピール「『障害者』差別の童話『ピノキオ』の全面回収を求める」[137]を公表した。そこでは、差別語と筋書きの両面から「ピノキオ」を批判すると共に、国際版の回収を要求した。末尾には、小学館以外の出版社の対応や「洗う会」の方針に関わる内容として、次のことが示されていた[138]。

　　差別出版物は単に、小学館一社に止らず、同じピノキオ童話をだしている児童図書出版社の大半も同じです。本日まで、ひかりのくに社、玉川大学出版社は、回収方針を回答してきましたし、これらを含む11社に、回収要求をしていますが、それぞれの社も、前向きに検討すると約束をしました。

　　私たちは、ピノキオ童話に端を発して「障害者」差別の問題が、単なる言葉ではなく、物語りの内容に深くその本質が貫かれている背景について、全国の多くの人々と共に考え、「まず、ピノキオ」を洗っていきたいと考えています[139]。

このように、小学館との第2回交渉から11日が経過する間に、主要な出版社に対して連絡をとり、対応を引き出していたことがわかる[140]。実際に、四方の所蔵資料には、小学館、偕成社、講談社、ポプラ社[141]、世界出版社、岩波書店、集英社、学習研究社、福音館書店の絵本の内容を確認したメモが残されている[142]。さらに、11月下旬から12月上旬の、朝日ソノラマの編集部長や集英社の出版部長からの返答の手紙も残されており、電話ではなく文書でのやり取りが求められたり、（最初の文書で扱われていたと思われる小学館の出版物

の問題点ではなく）自社の出版物の問題点を具体的に指摘して欲しいと求められたりしていた[143]。

ただ、出版社と「洗う会」とのやり取りが長く続けられたわけではなかった。早くも1976年12月6日に「洗う会」が出版社各社との共同討議を開催すべく呼び掛けを行ったが、参加した出版社は皆無であった[144]。なお、講談社からの返答の手紙を参照すると、実情はさておき、不参加の直接的な理由として挙げられていたのは日程的な問題であった。すなわち、12月6日の会合に出席を求める文書が到着したのが12月3日の午後であり、その文書を資料として訳者等と検討に入るため、「会合への出席は到底不可能」ということであった[145]。

この後、出版社とのやり取りをめぐる記録はほとんどみられなくなる。その理由についてインタビュー調査で問うたところ、出版社からは回収の対応を引き出し、新聞や週刊誌でも多く取り上げられるなど社会的にある程度注目され、反差別・人権闘争を行っているところにも働きかけをして、「一定の成果を得た」ということから、出版社関係の取り組みを継続することはなかったという[146]。なお、国際版の翻訳者であった杉浦明平とは、1976年11月16日に電話で話し合ったり[147]、翌月から年明けにかけて、手紙のやり取りを行ったりしていた[148]。そこでは、杉浦も問題の重要性を認識しており、早急に話し合いをしたいとして、シンポジウムの開催について調整を重ねていた[149]。このシンポジウムは、2.3.1で示した日方ヒロ子名義の「表現の自由とは：ピノッキオ問題に即して」で言及されていたものであり、次節で改めて取り扱う。

以上のような、出版社に関わる活動の他に、学校、図書館、市民への働きかけについてもみておきたい。まず、学校等への働きかけについて問うたところ[150]、斎藤も金井も、学校に対して働きかけをした記憶はないという趣旨の回答であった。それに関連して、斎藤は、学校からは自分たちの問題提起に対して反応が生じなかったことを挙げている[151]。金井は、もし働きかけを行っていたとしても、学校は対応しなかっただろうという認識を示している[152]。

むしろ、斎藤によれば、「洗う会」と最も長くやり取りをしたのは名古屋市図書館であり、それは「名古屋の図書館の職員たちが、それにしっかりと反応して行動を起こしたことが大きかった」からである[153]。1976年11月17日に四

方八洲男は名古屋市緑図書館に行き、「ピノキオは差別の点で問題がある図書だ。児童図書選定協議会の選定図書になっているかどうか。選定目録を見たい」と発言した。これに対して、「差別」に関わる指摘の内容を確かめることはせず、直近4年間の目録を提示し、それ以前の目録については中央館に行ってほしいと応じたという[154]。この訪問の意図について質問したところ、図書館でどのように取り扱われているのかを確認する目的だったと回答している。小学館やその他の出版社が回収を決めたのであれば、子ども達が目にする絵本を置いている図書館に目を向けるのは当然のことであり、ここでも同じような対応が必要という認識を持っていたと重ねて述べている[155]。この四方の調査が中央館に報告されていたことに加えて、11月27日に「洗う会」のアピールが新聞報道されたことで、名古屋市図書館は「ピノキオ」関連の絵本を事務室に回収し、閲覧・貸出を停止した[156]。ただし、「洗う会」と名古屋市図書館との話合いが本格化するのは、1977年の下半期からであった。

　最後に、市民に理解を求める動きについてまとめておく。新聞報道や週刊誌等の記事で取り上げられることによって、「洗う会」の問題提起が広く知られるようになった。しかし、その取り上げられ方は、「洗う会」にとって、当時から不満の残るものであった。すなわち、「洗う会」が問題にしていたのは差別語の問題だけではなく、障害者の描かれ方でもあったにもかかわらず、「真先に反応を示したマスコミは、そのいづれもがびっこ・めくらという言葉に目をつけて報道した」[157]（原文ママ）のであった。

　「洗う会」が直接的に市民に向けて行った動きとして、2.3.1の日方ヒロ子による記述にあったビラの配布が行われていた。これに関して、名古屋市図書館の職員であった和田匡弘の所蔵資料に、「『洗う会』が街頭で配ったビラ」という書き込みとともに、当時のビラが残されている。左側に、小学館の『ピノッキオの冒険』や「少年少女文学全集1」のロゴ、問題となったネコとキツネを描いた挿し絵を配置し、右側には「ピノキオ」問題を報じた『中部読売新聞』、『毎日新聞』、『中日新聞』（いずれも1976年11月27日付）の記事の一部を貼り付けた上で、中央には、子どもに『ピノキオ』を読み聞かせていた父親が「障害者」差別の内容に気付いたということに続けて、次のような主張を記載していた。

これは"みんなの問題"にすべきであると発意し、これに賛同した私たちは、まず小学館に対し五種の全面回収を求めました。(現刊・国際版続刊)
　物語も絵も心にやきつく年ごろのこどもたちに「障害者」を差別するこころを植えつけるような童話は、大きな影響があるので「ピノキオ」出版十数社にも回収を求めています。
　私たちは「ピノキオ」に端を発し「障害者」差別が単に言葉・表現だけでなく、物語りの内容に貫かれていることに深い検討を求め、全国のみなさんと共に差別出版物をなくしていく運動をひろげたいと思っています[158]。
(原文ママ)

　このビラは、四方の所蔵資料に「11/28配布」という書き込みがなされていた[159]。同日に3,000枚のビラが配布されたという記録も存在する[160]。
　以上にみてきたような、出版社等への働きかけとそれに関連する取り組みを中心とした活動から、「洗う会」の活動の重点は学習会へと移行していくことになる。そして、学習会の成果は、シンポジウムの中で市民や関係諸団体に向けて明らかにされていった。

2.4　シンポジウムと学習会（1977年1月～1977年6月）

　「洗う会」は、外部に向けてシンポジウムを主催したり、他の団体のシンポジウムに参加したりしていた。同時に、内部では学習会を続け、「ピノキオ」だけに拘泥するのではなく、障害者に関わる差別表現を広く問う試みが続けられた。これらの両方の動きの到達点に位置するのが、1977年6月19日に開催された「ピノキオ検討集会」であった。そこに至るまでの動きをたどっていきたい。
　1977年3月27日に映画「何色の世界：ある在日朝鮮人障害者の証言」の上映会が開催され、「洗う会」は参加団体に名を連ねていた。この上映会の後に「洗う会」による検討集会が開催され、学習会の成果が中間発表という形で示されることになった。
　3月1日付の告知文によれば、上映会は3月27日13時から17時に、愛知労働

文化センターの大ホールで開催された。予定されていたプログラムは、映画上映の後に、脳性麻痺障害者に関わる団体である「関西青い芝の会」が報告を行った上で、「障害者」問題について語り合うというものであった。この時点での参加団体は、「わっぱの会」、「共同生活体集団わっぱ」、「三里塚闘争に連帯する会」、「洗う会」、「在日朝鮮人の差別撤廃を！市民の会」であった。参加呼びかけ団体として列挙されていたのは、「炊き出しの会」、「韓民統」、「赤堀さんと共に闘う会」、「部落解放同盟愛知県連」、「岩倉こだま会」、「愛保連」、「愛知ゼロの会」、「水俣を告発する会」、「伊藤さんを守る会」であった。上映会に関わる連絡先として「わっぱの会」の住所が記載されており、3月2日に予定されている上映実行委員会の会議の開催場所も「わっぱの会」の共同部屋となっていた。この映画は、障害者問題資料センターりぼん社による1時間15分のドキュメンタリー映画であり、主演の金まり子が「自らの生い立ちと現在を通して語」るものと紹介されていた[161]。

　このように、上映会は従来から「洗う会」と近い位置にあった団体による催しであり、障害者差別を題材にしている点で、「洗う会」の活動とも連続性があった。そして、この会の後半の、「障害者」問題について語り合うことの中に、「洗う会」の議論も含められていたようである。そこで用いられたと思われる資料として、上映会と同日の1977年3月27日付の「洗う会」による34頁の冊子が四方の所蔵資料に含まれている。その「はじめに」では、「洗う会」の結成に関する事情や出版社に回収を求める運動などに取り組んできたことに続けて、「今まで模索してきたことがらをきちんと整理して、差別とは一体何なのか今一度検討し認識してもらうために、5月にシンポジウムを開きます。今回はその中間報告として、それぞれが研究・学習してきたことを、ここにまとめてみました」[162]と記されている。その目次について、原文の通りの表記で示しておきたい。なお、目次では文責が併記されていないが、ここでは、本文中の各項目の末尾に記載されている文責をそのままの表記で、括弧書きで付け加えた[163]。

　　障害者差別の実態
　　　労働における差別（斉藤）

障害者差別の実態－教育（吉田）
　　　医療における差別（柘植）
　　　差別的障害者観について（金井）
　　解放の運動と理念
　　　全障連の運動と理念（T. A）
　　　全障研及び障全協の運動（金井）
　　　共同作業所等の運動と理念（鈴木）
　　　保守的な団体（湊谷）

　さらに、この会合と同じ3月27日に「差別を考える図書館員の会」が結成された[164]。これは名古屋市図書館の図書館員による団体であり、後に「洗う会」とシンポジウムを共同開催することを考え併せれば、この会議の席上で結成が公表されたと考えるのが妥当であろう。

　上記のように「5月にシンポジウム」[165]を開くことが予定されていたが、実際には1か月遅れの6月19日に、同じく労働文化センターで開催された。1977年5月の告知文によれば、「差別語、ピノキオ全体の内容、時代背景、原作と翻訳、童話と子ども、出版の現状、といった問題点をこの集会に投げかけ、今後のあり方を見出していきたい」[166]という趣旨であった。呼びかけ団体は、「洗う会」、「精神障害者集団・0の会」、「差別を考える図書館員の会」、「新日本文学会中部協議会」、全障連、「差別とたたかう文化会議」、「『障害者』差別の出版物を許さない童話ピノキオを問う会」であった[167]。

　ここに示された団体の性格に鑑みれば、呼びかけ団体には障害者の当事者の団体も名を連ねていたことがわかる。すなわち、「精神障害者集団・0の会」は1971年頃に「精神障害者」同士の声掛けから自然発生的に成立した患者会であり、地域活動と政治活動が結合した多彩で豊富な活動を行ってきたグループとして紹介される団体であった[168]。全障連も、「全国各地の障害をもつ当事者が中心となって1976年（昭和51）に結成」[169]されたものであった。その他、「差別とたたかう文化会議」は、「1975年（昭和50）1月15日に発足した文学者・研究者・活動家等の結集による組織（議長・野間宏、事務局長・土方鐵）。差別の問題を正面から見据えた文化団体としてはわが国初の結成」[170]と説明され

ている。なお、「『障害者』差別の出版物を許さない童話ピノキオを問う会」は、三菱重工の第三組合である三菱重工長崎造船労働組合によって1976年12月に結成された[171]。当該労組が四方の裁判闘争を支援しており、その関係性の中で結成された組織であった[172]。

シンポジウムの内容は、全体会として「洗う会」、杉浦明平、全障連がそれぞれ発表を行った上で[173]、2つの会場での分散会を行い、最後に全体会を行うものであった[174]。この検討集会で「洗う会」は「『ピノッキオ』を洗う：われわれの検討結果」を提示し、自らの考え方を総括した。図書館問題研究会愛知支部がまとめた資料集（第2集）に全文が収録されていることもあり[175]、先行研究でも「洗う会」の見解の最たるものとして取り上げられてきた。他方で、当日に配布された資料は、この「『ピノッキオ』を洗う：われわれの検討結果」だけではなかったようである。四方八洲男の所蔵資料に「（資料）ピノキオ討論集会」[176]という文書が存在する。これは、これまで全く取り上げられてこなかったが、「洗う会」の活動や思想を把握する上で、3月27日の中間報告と並ぶ、重要な資料である。

「（資料）ピノキオ討論集会」は64ページの本文からなる冊子である。裏表紙には、この資料の編集者としての「洗う会」の表示や、連絡先としての久島暁子の氏名・住所・電話番号に並んで、「1977年6月19日」と記されており、集会用の資料としてまとめられたことがわかる。そこには、中間報告と同様に、「洗う会」のメンバーによる手書きの原稿が収録されていた。以下に、中間報告と同じく、本文中の文責の表示を括弧書きで追記しながら、章立てを原文の通りの表記で示しておきたい。なお、「まえがき」には文責の記載はなかった。

 まえがき
 1.童話の中の障害者像
  グリム童話にみられる差別性（金井）
  大人は童話にも責任を持つべきだ（藤森節子）
  昔ばなしと障害者（柘植）
  現代の児童文学に描かれた障害者（石川）
 2.文学などの中の障害者像

障害者の登場する文学（藤森節子）
　　　古典落語にみられる障害者（奥村）
　　　ことわざの中の障害者（浜崎・若宮）
　　　日本古典文学の中の障害者像（久島）
　3.障害者差別の実態
　　　労働における差別（斉藤）
　　　障害者差別の実態 – 教育（吉田）
　　　54年度養護学校義務化阻止に向けて（T. I）
　　　差別的障害者観について（不明）
　　　行政の障害者政策の流れ（犬飼）
　　　医療における差別（柘植）
　4.解放運動と理念
　　　全障連の運動と理念（不明）
　　　全障研及び障全協の運動（金井）
　　　共同作業所など（鈴木）
　　あと書きにかえて（ほ）

　ここに示された文責の表示は「洗う会」のメンバーの詳細を把握するための手立てにもなり得る情報であった。インタビュー調査において各項目の担当者について質問したところ、インタビュー調査の対象者もここに含まれていた。すなわち、「斉藤」名義で「労働における差別」の項目を担当したのは斎藤縣三であり、金井美晴も「グリム童話にみられる差別性」を担当していた[177]。さらに、当時、名古屋市立大学の医学部に勤めていた金井が声をかけた若いメンバーが参加していたことも確認できた。具体的には、「昔ばなしと障害者」および「医療における差別」の担当者である「柘植」は名古屋市立大学の医学部の学生であり、おそらく当時2年生とのことであった。さらに、「ことわざの中の障害者」の「浜崎」や「古典落語にみられる障害者」の「奥村」も教え子であり、奥村は日本福祉大学の学生であった[178]。あわせて、一つの思い出として、柘植が書き上げた文章を金井にみせながら、「こういう内容が求められているんですよね、それはよく理解しているんですが、自分の気持ちとしてはまだスト

ンと落ちていない」と話したというエピソードが示された[179]。

　また、この冊子の成立に関わって、四方の所蔵資料に「シンポジウムに向けて」という1枚のメモが存在する。このメモは、担当する項目を振り分ける際に用いられたものである。正確な成立時期は不明であるが、冒頭には「私達の考え方を更に深め、検討資料を作ってゆこう！」とあり、末尾に「3月27日『なにいろの世界』上映会に参加」（原文ママ）することが示唆されていることから[180]、上映会以前のメモであろう。メモの前半に配置されているのは、「障害者差別の実態」や「解放の運動と理念」といった、中間報告の冊子の内容とほぼ同じ項目の割り振りであり、担当者もその冊子とほとんど変わりがないものであった[181]。後半では、文学関係のことなどの、「(資料)ピノキオ討論集会」の冊子の前半で記載されていた事柄の担当者の割り振りが示されていた。ここでも大半の項目は最終的な内容および担当者と相違がないが、中には、行政の障害者政策の項目の担当者として「犬養」と共に「四方」と記載されていたり、最終版にはみられなかったイギリスなどのヨーロッパのことを扱う項目が設定されており、「花田」が担当者となっていたりするという違いもみられた。このメモで「まとめ役」[182]として名前が挙げられていた金井によれば、「花田」は現在も熊本学園大学社会福祉学部の教授として水俣病に関わる研究を続けている花田昌宣（2010年1月から2023年3月まで熊本学院大学水俣学研究センターのセンター長）のことであり、当時は、金井と共に「名古屋水俣病を告発する会」[183]の事務局の担当者であった。ただし、「洗う会」の会議にも出席していたが、水俣病関係の活動が多忙であり、「洗う会」では中心的に動いてはいなかったとのことであった[184]。

　本項で示してきたように、1977年6月19日のシンポジウムは、「洗う会」のそれまでの活動の一つの到達点として理解することができる。それは、「『ピノッキオ』を洗う：われわれの検討結果」を公表することで、童話「ピノキオ」の「差別」の問題に関する「洗う会」の立場や考え方を総括しただけではない。あわせて、「(資料)ピノキオ討論集会」を参加者と共有することで、障害者差別に関する理念、実態、文学での描かれ方を広く検討してきた学習会の成果も示されたのであった。そして、次章で扱うように、これ以降の「洗う会」の活動

の中心が図書館とのやり取りへと移ることから振り返ってみても、当該シンポジウムは一つの区切りの位置にあったのである。

3 「洗う会」の活動Ⅱ：1977年7月〜1980年

3.1 名古屋市図書館との対話（1977年7月〜1979年9月）

　「洗う会」は、名古屋市図書館において「ピノキオ」を収録した絵本が開架書架から撤去されたことを明確に認識していたが、名古屋市図書館とのやり取りが本格化するのは、1977年になってからであった。1977年3月16日に、四方八洲男と中央館長が話し合いの場をもっていた。そこで、図書館内に設けられた委員会が撤去された絵本の処遇に関するまとめ作業をしていることを知らされた四方は、「洗う会」と話し合うように求め、中央館長もそれを了承した[185]。その結果として開催されたのが、1977年7月26日の第1回懇談会であった[186]。

　なお、それまでの間には、6月26日に、第3回中部地方公共図書館職員合同研究集会（主催：図書館問題研究会愛知岐阜長野支部）に、「洗う会」から四方八洲男と金井美晴が参加していた[187]。ここでは、最初の報告として、「洗う会」による「告発者の弁」が設定され、続く報告は名古屋市図書館の職員によるものであった[188]。

　さて、名古屋市図書館と「洗う会」による第1回懇談会は鶴舞中央図書館の会議室で、7月26日の18時から開催された。この会合の出席者について、名古屋市図書館が作成した議事録では、「洗う会」、図書館側、図書館員の3者にカテゴライズされていた。「洗う会」からは、「四方、金井、斎藤、鈴木、奥村、若宮、堀田各氏」が参加した。図書館側は、中央図書館長や同副館長、北図書館館長、天白図書館長など6名であった。そして、図書館員というカテゴリーでは、「図問研・差別を考える図書館員の会、合計6名」が参加していた。話し合いの主旨としては、絵本を元の取り扱いに戻すこと、戻した上で社会全体の意見を聞くことといった館内の委員会の結論についてであった[189]。

　この後、「洗う会」と名古屋市図書館は会合を重ねていくことになる。1978年1月19日には新年懇談会が開催され、「洗う会」からは四方八洲男、金原ヒ

ロコ、藤森節子が出席した。そこで、「市民の検討に委ねるために、ピノキオの回収を解除し、ピノキオ・コーナーに別置公開」するという案が図書館側から提示された[190]。なお、この新年懇談会を最後に、「ピノキオ」問題関連の資料から四方の名前が登場することはなくなる。これに関わる事情は次節で扱うことにする。続く、1978年7月19日の第2回懇談会には、「洗う会」から藤森節子、金井美晴、斎藤縣三、金原ヒロコ、堀田、大倉、鈴木[191]が参加した。なお、オブザーバーとして新日本文学会からの参加者に「岡田」とあり、この人物は藤森節子の夫の岡田孝一である可能性が高い。ここでは、ピノキオ・コーナーの実施方法に関する詰めの議論が行われた[192]。

ピノキオ・コーナーは、筆者の前著において詳述したように、1978年10月から1979年9月まで、名古屋市図書館の全ての館に設置された。「ピノキオ」を収録した絵本6点と関係資料4点を備え、貸出時に「洗う会」からの問題提起の内容を知らせ、アンケートの依頼を行うものであった[193]。この取り組みと並行して、名古屋市図書館は広く市民と対話する機会を設けており、「洗う会」もそれに参加していた。

例えば、1978年12月14日に、名古屋市図書館の主催で、鶴舞中央図書館において「第1回ピノキオ利用者懇談会」が開催された。この会は、後に「ピノキオを考える市民のつどい」と表現されることもあった[194]。第1回の出席者は「図書館利用者・自由参加の方・ピノキオを洗う会の方・障害者関係の方・図書館の職員」[195]であり、会の名称の通りに従来よりも広い範囲の参加者で構成されていた。具体的な所属と人数は、「洗う会」6名、西図書館巡回選定協議会委員4名、学生2名、全障連1名、全障研1名、文芸評論家1名、大学図書館職員1名、主婦1名であった。「洗う会」からの参加者は第2回懇談会とほとんど同じであり、金井美晴、金原ヒロコ、鈴木幹夫、藤森節子、湊谷尚弘、斎藤縣三であった。ただし、「洗う会」メンバーはほとんど発言せず、終盤に「洗う会」の立場を説明するにとどまっていた。ここでは、全障連の戸田三郎と全障研の野原信一の見解の表明が大半を占め、それらとの関係で、文芸評論家として参加していた岡田孝一も持論を展開するというのが主な内容であった[196]。

「第1回ピノキオ利用者懇談会」について「議論は十分噛み合わ」なかったと

いう反省がなされていたようであり、第2回からは、「まず、問題を提起した『洗う会』から発言してもらい、それを吟味するという形で『ピノキオ』がはらむ問題を検討」するという形が採られた[197]。第2回は1979年4月25日に、第3回は7月7日に、共に名古屋市教育館で開催された[198]。これらの会に関する記録では、具体的な「洗う会」参加者の氏名は掲載されていないが、第2回の冒頭では、「藤森さんという、魯迅を研究しておられる中国文学者の方が会を代表」して、「洗う会」が「ピノキオ」を告発した理由の説明を行っていた[199]。

そして、1979年10月に、名古屋市図書館は「ピノキオ」を閲覧室に戻した。それに先立って、9月13日には、「洗う会」は名古屋市図書館の中村幸夫らと意見交換を行っており、この結論を知らされていたようである。中村が9月15日に明かすところによると、「一昨日『洗う会』と話合いを持ちましたが『洗う会』にしますと、ピノキオについて、差別があるともないとも言い切れない状況で、児童室に返すのは問題だという意見がある」ということであった[200]。さらに、9月16日には、岐阜で開催されていた図書館問題研究会の全国大会の分科会に「洗う会」から3名[201]が参加していた[202]。なお、この3名の内訳は記録に残されておらず、斎藤にも金井にも参加した記憶はなかった。斎藤は、藤森節子が参加したのではないかと推測している[203]。この分科会報告における、「洗う会」に関係する部分を抜粋すると、次のようであった。

- 「『洗う会』からの出席者からは、ピノキオ問題についての名古屋市図書館の対応は一応評価しているが、一年を経過した時点でのコーナー打切り、全面開架の措置は納得が行かない。さらに宣言の文章に戻って、『人権侵害と図書館の自由はどうつながるのか。図書館の自由は、図書館員が勝手に自分たちの自由という無前提的なものに聞える』という発言があった」[204]。
- 「洗う会の人々から、図書館が読み手の側の問題へとすりかえていることは、差別社会を肯定していることにほかならず、差別意識をかえて行く役割を果たしていないという批判も出た」[205]。
- 「『回収』でない運動の仕方が考えられないのだろうかという疑問も出され、洗う会からの人からは、回収は問題提起のための手段であって、抹

殺を意味していないという発言もあった」[206]。

これらは議論の応酬の一部分である。議論全体としては、名古屋市図書館の取り組みを中心に、「図書館の自由に関する宣言」や、図書館側の考え方、図書の回収の是非などが扱われていた。ここでみたように、「洗う会」は、名古屋市図書館による、「ピノキオ」を児童室に戻すという結論に納得していないという立場を表明していた。しかしながら、これ以降、図書館に対して抗議を続けたり、討議を重ねたりしたという記録はみられない。

このことについてインタビュー調査で問うたところ、斎藤も金井も共通して、図書館の主体性を尊重したという趣旨の回答をしている。すなわち、斎藤は、「洗う会」の内部の意見として、「図書館に要求したというよりも図書館側からそういう形の問題を受け止めた反応としてそういうのが起こってきたので、ある意味図書館側の判断として終息、もうこれ以上続けられないということに対しては、やむを得ないというか、残念ではあるけれどもやむを得ないという見方をしてましたけどね。極めて主体的に図書館側が動いて行われた取り組みであったので、それをまた閉めるということも図書館側の主体でもって」[207] 行われるものという判断であった。金井も同様に、「これ以上図書館を追い詰めるべきじゃないみたいなのはあったと思う」と述べている。その理由を問うと、「だって図書館の人たちの主体性ってあるでしょう」と回答し、「『洗う会』がプッシュするだけっていうのは、ある程度役目を果たしたのかなっていうのかな」とした[208]。

そして、図書館に対する働きかけだけではなく、「洗う会」としての活動も、ほどなくして区切りを迎えることになる。

3.2 「洗う会」の活動の終結（1980年3月）

「洗う会」の会合の頻度は徐々に低下していった。ピノキオ・コーナーが設けられた頃には「月1回とかそれくらいに変わって」[209] いたようである。文献や記録で「洗う会」の活動が確認できるのは、前節で言及した、1979年9月までであった。しかし、金井の手帳の記録によれば、1980年にも活動は続いていた。具体的には、1980年1月に、13日と15日に「ピノキオ総括文」という記

載があり、いずれも休日の予定であるため、自らに課した仕事のメモ書きの可能性があるという。それに対して、1月18日には「ピノキオの会議」と書き込まれている。その後、2月8日・3月14日・同15日に「ピノキオ資料整理」、3月21日に「ピノキオ原稿」と記録されている[210]。さらに、3月21日には、「洗う会」の会議も予定されていたようであるが、金井は4月上旬に出産していることもあり、金井の手帳に残る「洗う会」関係の日程は、この3月21日が最後であった[211]。

　「洗う会」は、どのように解散したのであろうか。そもそも、会を発足させた四方は解散に関与しておらず、「洗う会」から途中で離脱していた。1978年に、四方は「裁判と闘争で忙しかった」[212]という。四方は三里塚闘争にも参加しており[213]、裁判では、一審で勝訴していたものの、二審で敗訴し、和解した頃であった。そして、高齢の両親からの申し出に応じて、1978年の5月頃に郷里である京都府綾部市に帰ることを選択した[214]。その後、1978年8月の綾部市議選挙に無所属で立候補し、当選して市議になった[215]。さらに、1982年1月の市長選で落選するが[216]、同年8月には再び市会議員に当選した[217]。その後、京都府議会議員を経て綾部市長（1998年2月から2010年1月まで3期12年[218]）を務めることになる[219]。四方は、議員になってから「洗う会」の活動には全然関わっていなかったと述べている[220]。このことは、インタビュー調査において、「ピノキオ」を閲覧室に戻した名古屋市図書館の結論を四方が把握していなかったことからも裏付けられる[221]。「洗う会」の一員として対外的な場に四方が出席したのは、前節でも確認した、1978年1月19日の名古屋市図書館との新年懇談会が最後だと思われる。

　ただし、斎藤と金井は、四方の離脱と「洗う会」の解散との関係を明確に否定している[222]。斎藤は、「洗う会」の解散について、次の認識を示している。

　　こちらとしてもその問題をずっとやり続けるという体力もなければ組織力もないし。そのへんは文学に関わる人たちの中で継続してやってもらいたいということはあって。我々は火付け役でしかないので、問題提起する側でしかないので。一定の問題提起をした段階で、それがもうそれ以上広がらないとすれば、こちらとしてはもう役割は終わったみたいな

感じですかね[223]）。

金井も、「四方さんが綾部に行かないでずっと名古屋にいらしたら、この『洗う会』が続いたかっていったら、私はそうも思わないです」としている。その上で、「これを続ける人っていうのは結局出なかったのね。みんなそれぞれの活動をしている人が寄り集まって、（中略）それぞれが自分の抱える第一にあること、っていうのがあったんじゃないかなと思って」と話している[224]）。あわせて、インタビュー調査終了後には、次のような認識も示している。

> ピノキオを児童書の開架図書にもどさないことに固執するのは、活動として本質的にさほど重要ではないと思えたのも事実だったと思います。それが何か新たな道への突破口になるとは思えない。ピノキオは「わざわざ選んで子供に与えるに足る本」ではないけれど、「絶対に読ませてはならない本」とも言えない。もっと他にもそのような問題を含んだ本は限りなく多くあるのだから、ということです[225]）。

そして、「洗う会」の解散の在り方についても、斎藤と金井は、具体的な結末についての記憶こそ残っていないものの、近い認識を示している。斎藤によれば、徐々に集まる回数も減っていき、名古屋市図書館のピノキオ・コーナーがなくなったことで「洗う会」の「活動を持続していくような根拠みたいなものがなくなっていった」[226]）としている。それを受けて筆者が、いわゆる自然消滅という形かと問うたところ、「一応もうやめにしましょうという感じだったと思う」[227]）と述べている。さらに、金井も上記の1980年の手帳のスケジュールに「総括文の作成」とあることを踏まえて、「『洗う会』はいつの間にか自然消滅したというわけではなくて、3月頃には、何らかの方針の基、解散の方向で合意が形成されていたのだと思われます」[228]）と述べている。

おわりに

これまでの議論を踏まえて、「洗う会」の組織と活動について総括しておく。まず、組織面に関して、「洗う会」の基盤には、既存の社会運動を通じて形成された人的ネットワークが存在していた。その発端となったのは四方八洲男の裁判闘争や四方自身の社会運動への参加であった。「わっぱの会」や部落解放

同盟、愛労評とのつながりは、出版社との交渉や「洗う会」の始動、シンポジウムの共同開催に大きく寄与した。また、そのような人的ネットワークのハブの位置にあり、「洗う会」への参加者に広がりをもたらす役割を果たしたのは、愛労評の館富美子であった。とりわけ、館の関わっていた女性の社会課題（「侵略＝差別と闘うアジア婦人会議」）や環境問題（「合成洗剤不買同盟」）の関係者が「洗う会」に参加していた。さらに、合成洗剤や水俣病の運動に関わっていた金井美晴も、若いメンバーの参加を促した。

　このような人的ネットワークを背景に、個々の社会運動家や社会問題に関心のある者が実際に「洗う会」に加わる際には、単に誘われたから顔を出したという例もないわけではなかったであろうが、むしろ運動家としての関心と「洗う会」の主題との一定の連続性が見られた。すなわち、「ピノキオ」を「障害者差別」の童話として告発する「洗う会」は、広く捉えれば文学にみられる障害者への差別を主題とするものであった。そのために、障害者運動団体の斎藤が積極的に「洗う会」の活動に関わったり、水俣病による差別との連続性という観点から金井や医学部の学生達も参加していたり、藤森節子や日方ヒロコのような文学関係者も携わっていたりした。

　さらに、「洗う会」の基盤となった人的ネットワークは、社会党系やそれに近い新左翼で成り立っていた。その関係で、外部の組織や団体が出版社との交渉に同席したり、シンポジウムを共同開催したりすることもあった。しかし、それはあくまで特別な機会での連携にとどまっていたのであり、それらの組織や団体に「洗う会」の内部が規定されていたというわけでもなければ、（個々人レベルではさておき）「洗う会」全体の水準で日常的な交流が続けられていたわけではなかった。ただし、当時の様々な社会運動で社会党系と共産党系の間に顕著な対立がみられた時代の中で、「洗う会」が社会党系に親和的であるが故に、党派的な対立と不可分ではいられなかった。「洗う会」の関係者は、共産党系の団体から批判されている、あるいは批判者が共産党系であるからこそ批判してきている場合があると認識していた。しかし、「洗う会」は、そのような党派的対立に積極的に加わっていくというよりも、あくまで童話「ピノキオ」やそれと関わる問題に取り組む団体として自己規定していた。

次に、活動面では、出版社への回収要求から始まり、学習会の実施やシンポジウムの開催を経て、図書館との交渉へと重点を移行させてきた。「洗う会」の活動で最も大きな社会的注目を集めた絵本の回収は、1976年の11月から12月にかけて集中的に取り組まれたのであり、長く継続した活動ではなかった。学習会では、童話「ピノキオ」の「差別性」に関する検討を重ねただけではなく、上記の文学にみられる障害者への差別という主題と広く関係する事柄が扱われていた。文学との関係では、古今東西に目配りしながら主要な童話・児童文学にみられる障害者像についての調査が行われ、落語やことわざといったジャンルも扱われた。障害者差別という観点では、労働、教育、医療、社会制度などと関係する現実社会での障害者差別の実態や、障害者に関わる社会運動がまとめられていた。これらの学習会の成果を発表した1977年6月のシンポジウムは、「洗う会」の活動の一つの到達点であった。

　それ以降は、名古屋市図書館とのやり取りが活動の中心になっていった。これは、「洗う会」が主体的に選択した結果として生じた取り組みというわけではなかった。むしろ、名古屋市図書館が童話「ピノキオ」に関する絵本の取り扱いの在り方について長期的に検討していたのであり、「洗う会」の活動はその取り組みから反射的に生じたものであった。そうであるからこそ、名古屋市図書館が結論を出したことで、「洗う会」として活動を継続する動機づけが弱まり、「洗う会」の終結に向かっていった。

　あわせて、「洗う会」の結成を推進した人的ネットワークの性格は、その活動の終結をも促すこととなった。すなわち、「洗う会」の主張を重要なものと理解して活動に積極的に携わっていたとしても、個々人の第一義的な関心は別のところにあった。童話「ピノキオ」の「差別図書」問題あるいは絵本に見られる「差別性」を個人としての最も重要な問題意識として持つ者は誰もいなかった。そのため、「洗う会」の後半の活動は図書館の動きに対する反応として継続することになり、図書館の取り組みが一区切りを迎えた後には、具体的な活動の継続を引き受けた者は出なかった。つまり、「洗う会」に参加する運動家の関心と「洗う会」の主題との間に、一定の連続性があったからこそ「洗う会」は始まり、一定の連続性しかなかったからこそ「洗う会」は終わったのである。

以上の議論を踏まえると、従来の研究では「ピノキオ」問題の一部分にしか注目されてこなかったことが具体的に理解できる。文学表現に関心を寄せる先行研究は、童話「ピノキオ」の「差別性」に関する指摘や出版者への回収要求に注目していた。それらが「洗う会」の主張の中心であったことに間違いないが、「洗う会」の活動のすべてであったわけではない。また、図書館の文脈で扱われる「ピノキオ」問題の記述は、基本的に名古屋市図書館や図書館界の内部の動向に注目してきたのであり、「洗う会」の活動と図書館員との関係や、図書の「差別性」に関する「洗う会」と図書館員との考え方の異同については掘り下げられてこなかった。

　今後は、アクター間の比較を行いながら、「ピノキオ」問題の研究を深めていきたい。また、本論文では「洗う会」の組織と活動に焦点を当てたが、「洗う会」の思想も重要である。障害者差別や文学作品に描かれる障害者像をどのように認識していたのか、「洗う会」の中での意見の幅は存在していたのかなど、残された論点は多い。とりわけ、出版社から童話「ピノキオ」の回収を求めていた「洗う会」は、名古屋市図書館がピノキオ・コーナーで検討のために市民の閲覧に供したことをどのように評価したのかということに、重要な論点が存在すると思われる。これらについては、今後の研究で改めて検討していきたい。

付記：本論文は、2024年12月7日の中部図書館情報学会における発表「童話『ピノキオ』をめぐる「差別図書」問題の再考：期待と規範の観点から」の一部に大幅な加筆・修正を施したものである。

謝辞：インタビュー調査にご協力いただいた元「洗う会」の四方八洲男さん・杉戸ひろ子さん・斎藤縣三さん・金井美晴さんにお礼申し上げます。さらに、資料調査にご協力いただいた名古屋市図書館並びに四方沢子さん・金井美晴さんにもお礼を申し上げます。

　本研究は、JSPS科研費JP21K18016「童話『ピノキオ』をめぐる差別図書問題と図書館の対応に関する総合的研究」の助成を受けたものです。

注

1) 「『障害者』差別の出版物を許さない！　まず『ピノキオ』を洗う会」によるアピールに含まれる表現であり、当該アピールは次の資料集に収録されている。図書館問題研究会編『ピノキオ問題に関する資料集』図書館問題研究会, 1977, p. 2-3.
2) 日本図書館協会図書館の自由に関する調査委員会編『「図書館の自由に関する宣言1979年改訂」解説』日本図書館協会, 1987, p. 24-25.
3) 日本図書館協会図書館の自由に関する調査委員会編『「図書館の自由に関する宣言1979年改訂」解説』第2版, 日本図書館協会, 2004, p. 27-28.
4) 日本図書館協会図書館の自由に関する調査委員会編『「図書館の自由に関する宣言1979年改訂」解説』第3版, 日本図書館協会, 2022, p. 36.
5) 日本図書館協会出版委員会「図書館の自由に関する宣言1979年改訂 解説 第3版 お詫びと訂正」, 2022.10, 日本図書館協会, <https://www.jla.or.jp/Portals/0/data/iinkai/出版委員会/List of errata-Intellectual Freedom 3rd ed.202210.pdf>（最終アクセス日：2025/01/10）.
6) 前掲4).
7) 日本図書館協会図書館の自由に関する調査委員会編『図書館の自由に関する事例33選』（図書館と自由第14集）日本図書館協会, 1997, p. 104-115.
8) 馬場俊明編著『図書館情報資源概論』三訂版（JLA図書館情報学テキストシリーズⅢ 8）日本図書館協会, 2024, p. 154.
9) 名古屋市図書館の田中敦司によれば、1999年に、ある自治体の図書館職員採用試験で「名古屋市立図書館の『ピノキオ』事件処理にあたり、確認された三原則について述べよ」という問題が出された。これについて田中は、「ピノキオ問題が図書館職員にとって、知っておくべき事柄であることを表している」という認識を示している。田中敦司「ピノキオ問題の再認識」『図書館雑誌』100（10）, 2006.10, p. 663.
10) 福井佑介「ピノキオ・コーナーの評価をめぐる理念と現実の確執：1970年代の『差別図書』問題と図書館の社会的責任」相関図書館学方法論研究会編著『時代のなかの図書館・読書文化』（図書館・文化・社会 3）松籟社, 2020, p. 213-253.
11) 福井佑介『図書館の社会的責任と中立性：戦後社会の中の図書館界と「図書館の自由に関する宣言」』松籟社, 2022, p. 261-305.
12) 同書, p. 296.
13) 「洗う会」の名称の表記には揺らぎがみられるが、本論文では、初期の対外的な文書の表記を採用した。
14) 「図書館の閲覧も中止：「ピノキオ」問題で市教委」『中部読売新聞』1976年11月28日, 第19面.

15) 「差別は空気みたいなもの」『名古屋タイムズ』1976年12月1日, 第4面.
16) 四方八洲男が所蔵する「ピノキオ」問題関係資料は、電子ファイルとして残されており、整理の際に便宜的に番号とファイル名が付されている。本論文で書誌情報を表記する際には、資料の冒頭の記述や内容から筆者がタイトルを付した上で、四方八洲男所蔵資料として付与された番号とファイル名を括弧書きで示すこととする。
17) 田宮武『文学にみる差別表現論：『ピノキオ』と『破戒』をもとに』明石書店, 1984, p. 1.
18) 次の資料集に資料1として収録されている。前掲1), p. 2-3.
19) 前掲17), p. 5-8.
20) 同書, p. 10.
21) 同書, p. 11-32.
22) 同書, p. 30-40.
23) 同書, p. 40-41.
24) 杉尾敏明・棚橋美代子『ちびくろサンボとピノキオ：差別と表現・教育の自由』青木書店, 1990, p. 95-217.
25) 同書, p. 205.
26) 同書, p. 129.
27) 同書, p. 135.
28) 同書, p. 144. また、「『ピノキオ』をめぐる障害者差別論考」と題する第3章でも障害者差別を問題視する「洗う会」の議論を6つの論点に整理した上で、逐一検討し、「明らかに誤り」(p. 166)であることや「このような論理が正しいはずはない」(p. 168)、「洗う会」の議論には「問題がある」(p. 176)などの批判を繰り返していた。
29) 同書, p. 136. 同書の第3章でも、同様の記述が多く見られる。
30) 同書, p. 146.
31) 前掲1), p. 2-3.
32) 前掲24), p. 103-107.
33) 同書, p. 108.
34) 同書.
35) 同書, p. 123.
36) 同書, p. 124.
37) 前掲1).
38) 図書館問題研究会愛知支部編『「ピノキオ問題」に関する資料集：第2集』図書館問題研究会, 1978.
39) 前掲1), p. 5-7.

40)「童話でも身障の扱い慎重に：「子供心に差別意識」」『毎日新聞』1976年11月27日, 第19面.
41) 同上.
42) 四方八洲男インタビュー調査（2024年8月3日）より. なお、調査の際に四方は、これ以前から障害者問題や絵本の表現に問題意識があったわけではなかったが、部落差別には問題意識があったという趣旨の話をしている。四方の著作によれば、京都大学在学中に部落問題研究会に入会したことについて、「何故入ったのか、そのキッカケは思い出せない。ただ、子供の頃から大人が部落の人や在日朝鮮人の人に差別的な言辞をはくのを『おかしい！』と思っていた。部落の子も在日の子も仲の良い友だちだったし、家に行ってご飯をよく食べさせてもらっていた」としている。四方八洲男『つれづれなるままに：『環境情報』"しあわせレポート"より』有限会社環境情報, 2021, p. 75.
43) 四方八洲男インタビュー調査（2024年8月3日）より.
44) 教育童話研究会編『ピノキオ』（世界の童話オールカラー版9）小学館, 1966.
45) 当該資料の第2刷であることは、次の四方所蔵のメモに記載されている。「小学館」四方八洲男所蔵資料（20「杉浦明平との会話」）.
46)「『ピノキオ』検討・交渉結果（概要）」として、四方の文責の表示と共に経過がまとめられている。11月4日から11月24日まで扱われているため、この文書の成立時期は11月後半から12月初旬であるとみてよい。また、11月4日の記述には、「小学館発行オールカラー版世界の童話9巻『ピノキオ』—昭42年版に障害者に対する差別を助長する内容（含用語）があることを発見、昭51年版もほぼ同内容であることを確認し、ただちに小学館に抗議」（原文ママ）とあり、当初から用語と筋書きの両方を問題視していたというインタビュー調査の結果と対応している。この経過のまとめは資料集に収録されている。前掲1), p. 3-5.
47) 同書, p. 3-4.
48) 同書, p. 4.
49) 同書.
50)「11/8」四方八洲男所蔵資料（32「小学館 豊田 真田」）.
51) コッロディ原作・セルジョ絵・小沢正文『ピノッキオの冒険』（国際版少年少女世界文学全集第1巻）渡辺和雄訳, 小学館, 1976.
52) 具体的には、次のように関係団体の省略形と代表者が記載されていた。すなわち、愛労評（館富美子）・わっぱ（斉藤）・こだま会（水原）・解同県連（谷口）であった。「11/9」四方八洲男所蔵資料（32「小学館 豊田 真田」）.
53)「11/10」四方八洲男所蔵資料（32「小学館 豊田 真田」）.
54) 前掲1), p. 4.
55) 同書, p. 3-4.

56) 四方八洲男インタビュー調査（2024年8月3日）より．
57) 斎藤縣三インタビュー調査（2024年8月22日）より．
58) オルグとは、「オルガナイザーの略で、組織者のこと。未組織の労働者や大衆を組織したり、労働組合や政党の組織の拡大強化を専門に担当するものをいう」。社会運動研究会編『現代社会運動便覧』警察時報社、1985, p. 112.
59) 四方八洲男インタビュー調査（2024年8月3日）より．杉戸も同様に、館が愛労評の「オルグというか専従」であったと述べている。杉戸ひろ子インタビュー調査（2024年8月22日）より．
60) 杉戸も、館は1928年生まれと証言している。杉戸ひろ子インタビュー調査（2024年8月22日）より．
61) 「小学館「ピノキオ」回収」『中部読売新聞』1976年11月27日朝刊, 第18面．
62) 前掲42), p. 193. 浅田隆治・阪上孝・片山了介・新開純也・片岡卓三・四方八洲男『わが青春に悔いはなし：六〇年安保を語る』四方八洲男, 2023, p. 3.
63) 四方八洲男インタビュー調査（2024年8月3日）より．なお、法政大学大原社会問題研究所で保存されている社会運動家の春日庄次郎が所蔵していた資料に、後述の「三菱重工・四方君を守る会」に関係する当時のビラが含まれている。次の資料にも、「日増に軍需生産に傾きつつある三菱重工に、『反戦平和』のスローガンをかかげる四方君を排除しようとする政治意図に反対する職場のみなさん！」（原文ママ）という記述がみられる。「『三菱重工・四方君を守る会』結成！」法政大学大原社会問題研究所所蔵資料（春日資料-126：労組関係資料 三菱重工関係）．
64) 四方八洲男「わたしは（7/1付）大営転任を拒否しました」法政大学大原社会問題研究所所蔵資料（春日資料-126：労組関係資料 三菱重工関係）．四方は7月12日に、名古屋地裁に対して、7月1日の配転命令は無効であり、辞令拒否を理由に会社が懲戒処分をしてはならないという仮処分申請を提出した。四方八洲男「身分保全を求め7/12名地裁に仮処分申請をしました」法政大学大原社会問題研究所所蔵資料（春日資料-126：労組関係資料 三菱重工関係）．
65) 四方八洲男「7/16会社―組合、『懲戒解雇』を決定、私は通告を拒否」法政大学大原社会問題研究所所蔵資料（春日資料-126：労組関係資料 三菱重工関係）．
66) このことは翌20日に、新聞でも報道されていた。「『転勤イヤ』に解雇通告：三菱重工名古屋航空機の従業員」『朝日新聞』1971年7月20日, 第14面．
67) 「『四方さんを守る会』結成に参加して下さい！」法政大学大原社会問題研究所所蔵資料（春日資料-126：労組関係資料 三菱重工関係）．
68) 前掲63).
69) 四方八洲男インタビュー調査（2024年8月3日）より．
70) 四方八洲男インタビュー調査（2024年8月3日）より．
71) インタビュー調査時に確認したほか、斎藤が所属する社会福祉法人「共生福祉会」

の理事・幹事の名簿のうち、2017年度のものに生年月日の記載がある。「共生福祉会≪理事・幹事≫名簿」わっぱの会、<https://www.wappa-no-kai.jp/finance/2017/social_welfare_corporation_official_register.pdf>（最終アクセス日：2025/01/14）.

72) 「特定非営利活動法人わっぱの会 法人概要」わっぱの会、<https://www.wappa-no-kai.jp/corporation.html>（最終アクセス日：2025/01/14）.

73) 伊藤綾香『障害者と健常者の連帯的労働の形成過程：障害者運動団体「わっぱの会」を事例に』名古屋大学博士論文, 2018, p. 9.

74) 同上, p. 43.

75) このような事実関係に加えて、斎藤は、四方からこの話を持ち掛けられたときのことは強く印象に残っていると述べていた。すわなち、四方から、ちょっと話があると電話があり、夜に訪ねてきて「ピノキオ」の問題について話を聞いたときに、「そういう問題によく気がついてくれたな」と率直に感じたという。斎藤縣三インタビュー調査（2024年8月22日）より.

76) あわせて、四方も「ピノキオ」問題の数年前から愛労評の館のところに出入りしていたと回想している。杉戸ひろ子インタビュー調査（2024年8月22日）より.

77) 『戦後革命運動事典』によれば、三里塚闘争とは「千葉県成田市三里塚における東京新国際空港建設阻止の闘争」である。本論文で扱う時期の動向として、「反対同盟は71年5月、航空機離着陸阻止のための第一鉄塔を建設し、72年2月には第二鉄塔を建設するが、77年5月8日の鉄塔撤去阻止闘争では反対派救護班員東山薫が機動隊のガス銃水平打ちによって虐殺された。開港直前の78年3月26日には第四インター系を中心とする反対派のゲリラ行動によって、空港管制塔が占拠破壊され（成田空港管制塔占拠闘争）、政府はやむなく3月30日の開港予定を5月20日まで延期することになった」と説明されている。戦後革命運動事典編集委員会編『戦後革命運動事典』新泉社, 1985, p. 116-117.

78) 「侵略＝差別と闘うアジア婦人会議」とは、「一九七〇年（昭和四十五）松岡洋子が呼びかけ組織された個人結集（非組織）の運動体。一九六〇年代後半にそれまでの革新運動に批判的な左翼青年（反戦青年委員会）に日本婦人会議・婦人民主クラブ等の一部役員・会員が呼応し、一九六〇年代末以降、沖縄返還、反安保の活動などを、事務局の通信連絡と大衆討議で推進しようとした。(中略) 一九七〇年代前半、軍事基地反対、勤労婦人福祉法案反対、優生保護法改悪阻止等に活動し、女性差別解体、アジア連帯の視点での婦人運動再編を意図したが機能できず解消した」というものであった。金子幸子・黒田弘子・菅野則子・義江明子編『日本女性史大辞典』吉川弘文館, 2008, p. 401.

79) 杉戸ひろ子インタビュー調査（2024年8月22日）より。なお、四方も、杉戸について「館さんと一緒に来た」と回想している。四方八洲男インタビュー調査（2024年8月3日）より.

80) 当時のメモでは、11月12日の夜に真田から四方に電話があり、豊田と真田以外の参加者として、販売部長と出版総務が加わるという報告があり、四方は社長の参加を求めていた。「11/12」四方八洲男所蔵資料（32「小学館 豊田 真田」）．
81) 前掲1), p. 4.
82) 同書．
83) 同書．
84) 杉戸ひろ子インタビュー調査（2024年8月22日）より．四方も同様のことを述べている。四方八洲男インタビュー調査（2024年8月3日）より．
85) 杉戸ひろ子インタビュー調査（2024年8月22日）より．
86) 斎藤縣三インタビュー調査（2024年8月22日）より．
87) 斎藤縣三インタビュー調査（2024年8月22日）より．
88) 杉戸ひろ子インタビュー調査（2024年8月22日）より．
89) 「（資料）ピノキオ討論集会」四方八洲男所蔵資料（40「ピノキオ討論　資料」）．
90) 日方ヒロ子「表現の自由とは：ピノッキオ問題に即して」『新日本文学』36 (6), 1977.6, 92-96, 引用はp. 92-93. なお、次の資料集に、資料20として全文が収録されている。前掲38), p. 53-54.
91) もちろん、インタビュー調査では、これらの文献やその内容を紹介することなく、率直に「洗う会」の活動について質問して回答を得ている。
92) 斎藤縣三インタビュー調査（2024年8月22日）より．
93) 金井美晴インタビュー調査（2024年9月17日）より．
94) 杉戸ひろ子インタビュー調査（2024年8月22日）より．
95) 斎藤縣三インタビュー調査（2024年8月22日）より．
96) 藤森節子『少女たちの植民地：関東州の記憶から』（平凡社ライブラリー）平凡社, 2013, p. 318-319.
97) 杉戸ひろ子インタビュー調査（2024年8月22日）より．
98) 日方ヒロコ『死刑・いのち絶たれる刑に抗して』インパクト出版会, 2010, p. 133-134, 154-159, 163-177.
99) 同書, p. 399.
100) 新日本文学会とは、1945年に結成された日本の作家・文学者の職能団体である。法政大学大原社会問題研究所編『社会労働大事典』旬報社, 2011, p. 426. 結成当時は共産党の文化運動と緊密な関係を持っていたが、後に共産党と対立関係になり、1980年代の説明によれば、「非共産党系、新左翼系の知識人たちによって運営」されているという性格の団体であった。前掲77), p. 137-138.
101) 杉戸ひろ子インタビュー調査（2024年8月22日）より．
102) 前掲96), p. 319. 藤森節子『そこにいる魯迅：1931年～1936年』績文堂出版, 2014, p. 225.

103) 次の文献の謝辞として、「本文を書き上げるまで、さまざまな協力をして下さった『象』同人の人々、とりわけ藤森節子さんの助言があったことで、私は破綻から救われ書き終えることが出来ました」と述べている。前掲98), p. 398.
104) 斎藤縣三インタビュー調査（2024年8月22日）より.
105) 金井美晴インタビュー調査（2024年9月17日）より.
106) 水俣病闘争とは、「熊本県水俣湾周辺で発生した、有機水銀中毒症によって、1979年までに2366人が患者と認定され、うち422人が死亡した水俣病にたいし、患者、家族、支援者らによって69年ころから闘われたいわゆる公害反対住民運動の最大のもの」である。前掲77), p. 272.
107) 金井美晴インタビュー調査（2024年9月17日）より.
108) 金井美晴による筆者（福井佑介）宛のメール（2025年1月14日）より.
109) 金井美晴インタビュー調査（2024年9月17日）より.
110) 杉戸ひろ子インタビュー調査（2024年8月22日）より.
111) 岡田孝一「差別語の問題と文学者の姿勢」『雑談』4, 1977.9, p. 7-10, 引用はp. 7.
112) 同上.
113) 同上, p. 8.
114) 同上, p. 7.
115) 四方八洲男インタビュー調査（2024年8月3日）より. 斎藤縣三インタビュー調査（2024年8月22日）より. 杉戸ひろ子インタビュー調査（2024年8月22日）より. 金井美晴インタビュー調査（2024年9月17日）より.
116) 斎藤縣三インタビュー調査（2024年8月22日）より.
117) 斎藤縣三インタビュー調査（2024年8月22日）より.
118) 部落解放・人権研究所編『部落問題・人権事典』新訂版, 解放出版社, 2001, p. 1066.
119) 前掲73), p. 78. 斎藤縣三「ボランティアと社会的協同組合」阿木幸男編著『ボランティアの原点：助け合い・支え合い・分かち合う心』はる書房, 2010, p. 103.
120) 斎藤縣三インタビュー調査（2024年8月22日）より.
121)「『ピノッキオ』は差別図書か：言論・表現の自由と批判の自由」『赤旗』1977年3月19日, 第11面. 次の資料集に資料39として収録されている。前掲1), p. 61-62.
122) この「古典的な児童よみもの『ピノキオ』を差別図書として回収を求めるアピールに反論する声明」は資料10として次の資料集に収録されている。同上, p. 14-17.
123) 四方八洲男インタビュー調査（2024年8月3日）より.
124) 例えば、当該声明を出した頃に図書館問題研究会の副委員長として執行部側にいた森崎震二は、下記の通り、共産党の機関誌『前衛』に寄稿したり、同機関紙『赤旗』で図書館関係の連載を行ったりしていた。1977年の『いま図書館では』という図書は『赤旗』に1976年11月から翌年2月まで掲載された「図書館」という

連載に加筆修正したものであった。なお、『赤旗』連載時には「伴野健作」名義で発表されていた。これは「実際は集合名詞で、トモンケン・サクをもじったペンネームでした」として、図書館問題研究会の常任委員会に許可を得たペンネームであることと、森崎を含めた同会会員7人が執筆を担当していたことが示されていた。1982年の『図書館活用学』も同様の図書であり、図書館問題研究会の5名の会員による「伴野健二」名義で、1981年1月から翌年3月まで『赤旗』に連載されていた「実学としょかん学」を基にしていた。森崎震二「図書館の現状と『図書館の自由宣言』」『前衛：日本共産党中央委員会理論政治誌』(439), 1979.7, p. 188-200. 森崎震二編著『いま図書館では』草土文化, 1977, p. 239-241. 森崎震二・戸田あきら編著『図書館活用学：本のある暮らし』新日本出版社, 1982, p. 212-215.

125) 図書館問題研究会の事務局が関西に移って上層部が入れ替わり、図書館問題研究会の全国大会では、激しい討議が行われた。その中で、森崎震二は市民団体からの回収要求をゲバや暴力を許すことであると全否定するのに対して、常任委員の塩見昇は、身内に障害者がいる市民のグループから回収という要求が出てくること自体は、それはそれとしてあり得ることという見解を示していた。「全体会：三日目」『みんなの図書館』31, 1979.12, 85-110, 引用は p. 87, 96-97. これらの経緯については、筆者の研究書で詳細に検討している。前掲11), p. 261-305.

126) 金井も、「共産党系の方たちから、言葉狩りというのはすごく言われていた」と述べている。金井美晴インタビュー調査（2024年9月17日）より。

127) 四方八洲男インタビュー調査（2024年8月3日）より．

128) 斎藤縣三インタビュー調査（2024年8月22日）より．

129) 斎藤縣三インタビュー調査（2024年8月22日）より．

130) 金井美晴インタビュー調査（2024年9月17日）より．

131) 金井美晴インタビュー調査（2024年9月17日）より．

132) 斎藤縣三インタビュー調査（2024年8月22日）より．

133) 1977年の手帳に記載されている会議日程について、具体的には次のようであった。

 1月：10日、17日、31日（大阪で）

 2月：2日、21日、22日

 3月：9日（学習会）、17日、24日（最終討論資料作り）、27日（「何色の世界」上映）

 4月：14日、19日、28日（シンポジウム打合せ）

 5月：16日、24日、30日、31日（学習会）

 6月：6日（学習会）、9日（学習会）、19日（討論会）、26日～27日（図問研 県青年会館）

 7月：16日、25日、31日（継続集会。ただし、金井は水俣病関連の自主検診の

ため不参加）

　8月以降については、大津での合成洗剤問題の全国集会（10月17日）や名古屋での薬害展（10月30日）、京都での水俣行政不服の会議の準備などで日程が詰まっていたため、図書館との懇談会（12月24日）に関するメモ（図書館とのやりとり）まで記録がとんでいる。金井美晴による筆者（福井佑介）宛てのメール（2025年1月14日）より．

　なお、上記の日程に「学習会」や「討論会」などの具体的な記載があるもの以外は「活動全般に関わる会議」という位置付けである。金井美晴による筆者（福井佑介）宛てのメール（2025年1月23日）より．

134）斎藤縣三インタビュー調査（2024年8月22日）より．
135）金井美晴インタビュー調査（2024年9月17日）より．
136）前掲1), p. 5.
137）次の資料集に資料1として収録されている。同書, p. 2-3.
138）同書．
139）同書, p. 3.
140）「洗う会」の思想の領域に属するため稿を改めて扱う内容であるが、前節でも触れたように、四方は、最初の問題提起の時点では、回収を求めていたわけではなかった。インタビュー調査でも、回収という判断は、あくまで小学館による「自主的な動き」であったことを繰り返し述べている。あわせて、4種類の図書を回収するにもかかわらず、売り出したばかりの国際版を回収しないというのは筋が通らないという論理で、回収を求めることになったとしている。さらに、「そういう童話がその時代にあったってことについては、歴史的な、一つの産物として残すべきだと思う」とも述べている。四方八洲男インタビュー調査（2024年8月3日）より．

　なお、最後の認識は、小学館社長・相賀哲夫宛ての「洗う会」名義での「抗議文」（1976年11月26日付）の記述からも確認できる。すなわち、「貴社の十一月二四日付『おわび文』には、あたかも私たちがピノキオそのものを発行すべきでない、と言っているかの如き内容がみられますが、この点については、何らの結論も出ておらず、今后、貴社を含め各出版社との話し合いの課題として残されていることを念のため申し添えます。この点に関しては、貴社の『おわび文』の訂正を求めます」とある。ちなみに、この四方所蔵の「抗議文」には、枠外に「一字訂正」という書き込みが見られることから、校正段階の資料が四方の手元に残っていたと理解するのが妥当であろう。「抗議文」四方八洲男所蔵資料（38「ピノキオを問う会経過」）．

141）ポプラ社との関連では、1976年11月30日付で、編集部長の田中英夫からの、電話連絡で趣旨が正確につかめなかったため、書面で趣旨を承りたいと申し出た手

紙も残されている。「四方八洲男様」四方八洲男所蔵資料（22「田中英夫」）.
142) 前掲45).
143)「四方八洲男様」四方八洲男所蔵資料（23「村山実」）.「集英社出版部長」四方八洲男所蔵資料（26「手紙楢原一郎」）.
144)「『ピノッキオ』を洗う：われわれの検討結果（一九七七年六月一九日）」四方八洲男所蔵資料（1「ピノキオを洗う会」）.この資料は資料集第2集に資料23として収録されているが、共同討論のことを含めた「主な経過」の箇所は省略されている。前掲38), p. 74-81.
145)「講談社」四方八洲男所蔵資料（27「手紙牛山西尾」）.
146) 四方八洲男インタビュー調査（2024年8月3日）より．斎藤も、出版社とのやり取りが続かなかったことを認めている。斎藤縣三インタビュー調査（2024年8月22日）より．
147)「杉浦明平との会話」四方八洲男所蔵資料（20「杉浦明平との会話」）.
148)「手紙」四方八洲男所蔵資料（28「手紙杉浦明平」）.
149) あわせて、共同開催となる部落解放同盟の関連で、その機関紙である『解放新聞』の関係者にも日程の調整の働きかけをしていることが記載されている。同上．
150)「『ピノッキオ』を洗う」の「主な経過」の欄には、11月28日に「市立小学校々長会（中略）自主回収し、検討に入るとの方針」、12月7日に「県下市町村学校でも回収・検討がはじまる」と記載されている。前掲144).
151) 斎藤縣三インタビュー調査（2024年8月22日）より．
152) 金井美晴インタビュー調査（2024年9月17日）より．
153) 斎藤縣三インタビュー調査（2024年8月22日）より．
154) 前掲1), p. 21.
155) 四方八洲男インタビュー調査（2024年8月3日）より．
156) 図書館側の動向については、下記の文献でまとめられている。前掲11), p. 266-267. 前掲24), p. 100-127.
157) 前掲144). 前掲38), p. 78.
158)「『洗う会』が街頭で配ったビラ」和田匡弘所蔵資料．
159)「ピノッキオの冒険」四方八洲男所蔵資料（24「新聞記事 闘う人『差別は空気みたいなもの』」）.
160)「『ピノッキオ』を洗う」の「主な経過」の欄に記載がある。前掲144).
161)「何色の世界」上映実行委員会「何色の世界？ 上映ニュース（1977.3.1)」和田匡弘所蔵資料．
162)「中間報告」四方八洲男所蔵資料（17「ピノキオを洗う会」）.
163) 同上．
164) 差別を考える図書館員の会「図書館員である私たちは『ピノッキオ』が提起した問

題とどうかかわってきたか?」四方八洲男所蔵資料 (08「差別を考える図書館員の会」).
165) 前掲162).
166)「ピノキオ討論集会への参加呼びかけ」四方八洲男所蔵資料 (12「図書館問題研究会愛知支部」).
167) 同上.
168) あわせて、会の名称について、「0」は輪を表しており、輪のように団結しようという意味合いであったと説明されている。吉田おさみ『「精神障害者」の解放と連帯』新泉社, 1983, p. 39-41.
169) 前掲118), p. 594.
170) 同書, p. 391.
171)「『障害者差別を許さない 童話ピノキオを問う会』の結成アピール」四方八洲男所蔵資料 (17「ピノキオ問題を問う会 結成アピール」).
172) 四方八洲男インタビュー調査 (2024年8月3日) より.
173) 講演内容の一部は、次の資料に収録されている。前掲38), p. 84-88.
174) 前掲166).
175) 資料23として収録されている。前掲38), p. 74-81.
176) 前掲89).
177) 斎藤縣三インタビュー調査 (2024年8月22日) より. 金井美晴インタビュー調査 (2024年9月17日) より.
178) 金井美晴インタビュー調査 (2024年9月17日) より.
179) 金井美晴による筆者 (福井佑介) 宛のメール (2024年9月26日) より.
180)「シンポジウムにむけて」四方八洲男所蔵資料 (36「シンポジウムに向けて」).
181) 相違としては、生活・労働の場や社会環境の項目には「わっぱ」と記されているにとどまる。なお、この項目は後に、「労働における差別」として「斉藤」すなわち斎藤縣三が担当することになる。同上.
182) 同上.
183) 熊本学園大学水俣学研究センターでは、所蔵する「名古屋水俣病を告発する会」の資料との関係で、次のように説明している。すなわち、「名古屋水俣病を告発する会は、水俣病訴訟を支援するために1970年頃つくられた市民運動グループで、はじめは一株株主運動や映画上映会、署名活動などを行っていた。こうした告発する会は熊本以外に東京、札幌、大阪、神戸をはじめ全国各地に作られており、また大学単位でも作られていた。名古屋では1973年の水俣病第一次訴訟判決と同年7月の補償協定書締結以降は、自分たちの地元でできる活動を行う方針で、愛知、三重、岐阜の東海三県に居住する水俣・芦北出身の患者掘り起こし活動を始め、それが東海地区の患者会の結成につながった。名古屋告発の資料は、

活動を引き継いでいる一本木康二氏が保管していた資料、名古屋水俣病を告発する会で患者掘り起こしに携わっていた水俣学研究センターの花田が所蔵していた資料などから構成されている」とある。「名古屋水俣病を告発する会蒐集資料」熊本学園大学水俣学研究センター, <https://gkbn.kumagaku.ac.jp/minamata/db/index13.php>（最終アクセス日：2025/02/05）.

184) 金井美晴による筆者（福井佑介）宛のメール（2025年1月23日）より.
185) 第1回懇談会において、会が開かれるまでの経緯としてまとめられている。「第1回懇談会」『ピノキオ検討資料集』私家版（名古屋市図書館所蔵資料）.
186) 同上.
187) 「第3回中部地方公共図書館職員合同研究集会」四方八洲男所蔵資料（13「第3回中部地方公共図書館職員合同研究集会」）.
188) 具体的には、「ピノキオ問題の経過：図書館関係の対応」（中村幸夫）、「ピノキオについて考える」（和田匡弘）、「ピノキオ問題学習会を終わって」（梶川雅弘）であった。同上.
189) なお、差別意識を助長する要素がないとはいいきれないという表現や、館内の意見集約の期限を区切っていないことに対して、「洗う会」の斎藤縣三は、煮え切らないことばかりで、口先だけの誤魔化しではないかと強く苦言を呈する場面もあった。前掲185).
190) 図書館側の参加者は、中央館長、同副館長、同庶務係長、西図書館長であった。「新年懇談会」『ピノキオ検討資料集』私家版（名古屋市図書館所蔵資料）.
191) 大倉に関する詳細は不明である。堀田と鈴木については金井から回答を得ている。金井によれば、当時、館富美子と同世代の市民運動の牽引者の一人であった堀田博之が名古屋市川名町に、川名文庫というものを作り、原発の問題のことを扱う者などをはじめとした色々なグループや個人が集まる場所を提供していた。鈴木幹夫もそこにおり、社会運動などの活動は行っていなかったが、そうした問題に関心を示していた人物であった。金井美晴インタビュー調査（2024年9月17日）より.
192) 「第2回懇談会」『ピノキオ検討資料集』私家版（名古屋市図書館所蔵資料）.
193) 前掲11), p. 267-271.
194) 図書館問題研究会愛知支部編『「ピノキオ問題」に関する資料集：第3集』図書館問題研究会, 1979, p. 48, 58.
195) この議事録は資料集第3集にも収録されている。同書, p. 35.
196) 同書, p. 35-47.
197) 同書, p. 48.
198) 同書, p. 47, 50-51.
199) 同書, p. 48.

200)「全体会：一日目」『みんなの図書館』31, 1979.12, p. 7-48, 引用は p. 18.
201)「図書館の自由について話し合おう：第九分科会」『みんなの図書館』31, 1979.12, p. 78-81, 引用は p. 78.
202) この全国大会については、次の研究書に詳しい。前掲11), p. 271-284.
203) 斎藤縣三インタビュー調査（2024年8月22日）より．金井美晴インタビュー調査（2024年9月17日）より．
204) 前掲201), p. 80-81.
205) 同上, p. 81.
206) 同上．
207) 斎藤縣三インタビュー調査（2024年8月22日）より．
208) 金井美晴インタビュー調査（2024年9月17日）より．
209) 斎藤縣三インタビュー調査（2024年8月22日）より．
210) なお、手帳の記録に照らせば、当時、整理した（あるいは整理途中の）資料や総括文の原稿が存在するはずであるが、それらはまだ見つかっていない。金井美晴による筆者（福井佑介）宛のメール（2025年1月14日）より．
211) 金井美晴による筆者（福井佑介）宛のメール（2025年1月15日）より．
212) 四方八洲男インタビュー調査（2024年8月3日）より．
213) 四方八洲男インタビュー調査（2024年8月3日）より．
214) 四方八洲男インタビュー調査（2024年8月3日）より．
215)「新選良28人決まる：綾部市議選」『京都新聞』1978年8月28日, 第2面.
216)「綾部市長に谷口氏」『京都新聞』1985年1月25日, 第1面.
217)「新市議28人決まる：綾部」『京都新聞』1982年8月30日, 第2面.
218) 綾部市「令和4年版　あやべ　統計書」綾部市, <https://www.city.ayabe.lg.jp/cmsfiles/contents/0000004/4823/r4ayabetoukeisho.pdf>（最終アクセス日：2025/01/17）．
219) 前掲42), p. 193.
220) 四方八洲男インタビュー調査（2024年8月3日）より．
221) 四方八洲男インタビュー調査（2024年8月3日）より．
222) 斎藤縣三インタビュー調査（2024年8月22日）より．金井美晴インタビュー調査（2024年9月17日）より．なお、斎藤は、四方が綾部に帰ったことは、彼自身の人生の問題としての選択で、「洗う会」とは全く関係がなく、名古屋のメンバーで続けていったと回想している。
223) 斎藤縣三インタビュー調査（2024年8月22日）より．
224) 金井美晴インタビュー調査（2024年9月17日）より．ただし、インタビュー終了後のやり取りでは、金井が当時を振り返り、自身が「洗う会」の最後にもっと責任を持つべきだったのではないかという心情を吐露している。すなわち、出産を控えていて大変な時期だったとインタビュー調査では話したけれど、合成洗剤に

関する活動を続けていたことからすれば、「洗う会」の中心にいた自らが責任を自覚して、後始末をつけるべきだったという。それは、「洗う会」の終わり方だけの話ではない。むしろ、図書館と協力して、子供に読ませたい図書を積極的に選び、読み聞かせをするなど、市民への働きかけを通じて差別の再生産に抗えるような生産的な市民活動を作る、あるいは自分が中心になれないなら、そうなれるような人脈を作るといった活動をするべきだったのではないかと述べている。
金井美晴による筆者（福井佑介）宛のメール（2024年9月18日）より．
225）金井美晴による筆者（福井佑介）宛のメール（2024年9月18日）より．
226）斎藤縣三インタビュー調査（2024年8月22日）より．
227）斎藤縣三インタビュー調査（2024年8月22日）より．
228）金井美晴による筆者（福井佑介）宛のメール（2025年1月23日）より．

母親・教師による児童文化運動の中の「読書」活動
1970年代前半の親子読書会の記録を中心に

山﨑　沙織

はじめに

　現在、親による子どもへの読書推進活動としてイメージされるのは何より親による子どもへの読み聞かせであろう。しかし、親による子どもへの読書推進が活発化した1970年代の様子は現在とは異なっていた。当時の中心的活動は、図書館が徒歩圏内にない子ども向けに家庭の一室などを開放して本を置き、貸し出しも行う家庭文庫・地域文庫づくりと、親子が互いに本を朗読し合い、感想を交換する親子読書だった。親子読書は1960年頃から各家庭で取り組まれるようになった[1]が、1967年の「みたかむさし親子読書会」の結成を皮切りに、複数組の親子が集まって行う親子読書会の形式でも盛んに行われるようになった[2]。子どもへの読書推進に取り組む人々の全国ネットワークとして1970年に結成され、現在まで活動を続けている「親子読書・地域文庫全国連絡会」の立ち上げの中心となったのは、親子読書会の運営者の母親たちであった[3]。
　親子読書会は、日本での母親による子どもへの読書推進活動の先駆けであることのほかにもう1つの特徴を備えている。それは、親子文化運動の一翼を担っていたことである。親子文化運動とは、児童文化／子ども文化[4]にまつわる運動の1つで、高度経済成長の弊害を憂える親（特に母親）たちによる「子どもの文化・学習の機会を自前でつくり出そうとする活動」[5]である。親子文化運動は1970年代の社会教育史[5]、女性史[6]の要諦の1つとされ、親子読書運動、親子映画運動、親子劇場運動が代表的な運動と言われている。そして、親

子文化運動、すなわち、子どもの読書のみならず、子どもの文化全体を視野に入れた運動として行われた親子読書会の活動は、狭義の読書に留まりはしなかった。日本初の親子読書会「みたかむさし親子読書会」の助言者をつとめ、全国の親子読書会にも頻繁にゲスト参加して親子読書会の思想的支柱となった教師、代田昇[7]は、親子読書が単に子どもに本を読ませる運動ではなく「子どもたちが自ら考え自ら労働し、自ら物を創造するという、子どもの文化活動」[8]の保障を試みる運動であると述べ、子どもの文化活動の基軸は読書と遊びであると主張している。これを裏付けるように、親子読書・地域文庫全国連絡会の月刊誌『親子読書』には各地の親子読書会が親子で本を読んで語り合うことに加えて、キャンプなどの外遊びや、工作、描画など様々な活動に取り組んでいることが紹介されている。親子読書会に関わった母親や教師は、狭義の読書もそうでないものも含む多様な活動の機会を子どもに提供し、時に自分たちの意見も提示しながら、子どもが自発的に考え、発言や表現をする環境をつくり出そうと試みていた。その試みが、一定程度大人からの働きかけをすることと、子どもの能動性を尊重することの微妙なバランスの上に成り立っていたであろうことは容易に想像できる。

しかし、「子どもたちが自ら考え自ら労働し、自ら物を創造するという、子どもの文化活動」[8]の保障を試みたグループという観点から親子読書会を掘り下げた分析はこれまで十分行われてきたとは言い難い。本論の目的は、1970年代前半、すなわち、親子読書会が全国各地に立ち上がり、会同士の交流も盛んに行われるようになった時期の親子読書会を、狭義の読書推進運動を超えた母親と教師による児童文化運動という視点から分析することである。具体的には以下の3つの問い、すなわち、①親子読書会の活動は狭義の読書を超えてどのような広がりをもっていたか、②親子読書会の母親と教師は活動の目的・成果として何をどのように見出したか、③親子読書会の母親と教師は大人と子どもが共に読む場での子どもの自発的な発言や表現を促すため何を試み、子どもたちとどんな関係を築こうとしたか、に回答を与えることを目指す。

本論の試みは、日本における児童文化運動や親による子どもへの読書推進運動の歴史の未だ詳細には書き込まれていない部分を記述する試みといえる。同

時にこの試みは、現代のリテラシー教育、すなわち、狭義の読み書き能力の育成はもちろん、自身や地域の課題解決のための情報を収集・読解し様々な立場の人と知恵を出し合って協働する能力を育成することにも目を向け始めた[9]広義の読み書き教育のあり方について、過去の先駆的事例からの示唆を得るための試みでもある。

1　先行研究の検討と本論の意義

　本論は以下の3つの研究領域に関係している。それは、①母親による子どもへの読書推進についての研究、②児童文学研究、③母親による児童文化運動についての研究である。本章ではそれぞれの領域の先行研究を検討すると共に、それらに対する本論の意義を述べる。

1.1　母親による子どもへの読書推進についての研究

　母親による子どもへの読書推進については主に2つの観点、すなわち、A：子どもの読書習慣づくりや読書環境整備、B：大人が子どもに本を提供することと検閲等の読書の制限の関係、から研究が行われてきた。

　まずA：子どもの読書習慣づくりや読書環境整備についての研究は、子ども文庫運動[10]、草の根からの図書館建設運動[11]、小学校等での読書ボランティア（読みきかせボランティア）[12]といった、狭義の読書活動に焦点化する傾向がある。ただし、子ども文庫運動の研究では、文庫が読書にとどまらないレクリエーションを提供していたことや、文庫の主催者と利用者の子どもの間のきめ細やかなコミュニケーションが子どもの読書意欲を引き出していたことなどの指摘がなされており、これらの指摘が本論に与える示唆は大きい。

　しかし既述の通り、1970年代の子どもへの読書推進運動、とりわけ親子読書会の活動において狭義の読書を超える「レクリエーション」活動は子どもの読書グループへの参加意欲を高める娯楽である以上に、読書活動と共に、子どもの創造力を引き出す活動と位置付けられていた。また、親子読書会の母親や教師と子どものコミュニケーションは、子どもと本をつなぐためだけではなく、子どもが本を読むことを通して自分の考えや感情を明確にし、それを読書

会の仲間に向けて発信することを促すためにも行われていた。これは、現在の図書館による子どもの課題解決能力の育成支援[9]にも通ずるありかたといえる。本論は、親子読書運動、特に親子読書会において、狭義の「読書」を超えた活動も含め、何がどのように行われていたかの解明を目指す。これは、日本での、狭義の読書を超えた「読書」支援の発端を解明する試みとも言える。

　B：大人が子どもに本を提供することと検閲等の読書の制限の関係についての研究では、「悪書」追放運動（1955～）とは異なる運動と自称する[13]親子読書運動の中にも、「悪書」追放運動と共通する検閲的な側面があることが指摘[14]されてきた。親子読書運動で読まれた本の多くが大人が選書した「よい本」であったという指摘に間違いはない。しかし、親子読書運動の検閲的な側面を指摘する先行研究は、親子読書運動の中で読み方を統制「しない」ことがかなり自覚的に取り組まれていたことについて踏み込んだ検討を行ってはいない。親子読書運動、特に、本論が検討対象とする親子読書会の活動では、子どもも大人も闊達に意見を出し合うことへの試行錯誤が積み重ねられていた。また、各地の読書会の記録は共有され、読書会に参加した子どもの多くが積極的に意見を述べる姿勢を見せた本が「よい本」として別の読書会でも選択される循環もつくられていた。この特徴により、親子読書運動での「よい本」の提供は、検閲という言葉からはみ出す部分を多分に備えた活動となっているように見える。本論は親子読書会での「よい本」選びの要であった、本についての子どもの反応、すなわち、発話や表現が大人たちによってどのように促され、解釈されていたかを検討する。本論の試みは、親子読書会が活発に行われていた1970年代に増して流通する情報が増大し、人々と人々が求める資料を結ぶ読書案内等のサービスの重要性が増す[15]今日の状況の中でも意義あることと言える。

1.2　児童文学研究

　児童文学研究の中で特に本論に関連するのは、第二次世界大戦後の日本の児童文学の動向についての研究である。そうした研究は、日本の児童文学が1960年代に入る頃に転換期を迎え、書き手の理想とする子どもを登場人物と

して描く文学から、現実の子ども、すなわち、児童文学の読者である子どもが共感しうる登場人物としての子どもを描く文学へ変化したこと、また、1970年代は転換以降の特色を備えた作品が多く創作され流通ルートに載るようになったことを指摘している[16]。

親子読書会で読まれていた文学作品の大半は1960年代以降に出版された作品であり、親子読書会に参加した教師や親はそれらの作品に共感した子どもの言葉や反応を通して子どもを知る手がかりを得ようとしていた(詳細は第5章で述べる)。児童文学の先行研究の指摘は、こうした親子、教師の様子を理解するために欠かせないものである。

だだし、児童文学研究の多くは作家の語りや作品自体を分析することに主眼を置いている。これに対して本研究は、親子読書会の記録の分析により、1960年代以降に生まれた児童文学作品が、読者である子どもや親、教師によりどう読まれていたかの解明を目指す。このような本論の試みは、戦後の児童文学の作家論や作品論に読者論を加える試みと言える。

1.3　母親による児童文化運動(親子文化運動)についての研究

母親による児童文化運動についての先行研究は、児童文化運動を高度経済成長の弊害への抵抗として始まった市民運動の1つと位置付けている。先行研究によれば、1970年代は「『開発』政策が生み出した過密・過疎、公害の激化に抗して展開されるいのちと暮らしを守る多様な市民運動・住民運動」[6]によって幕開けした時代であり、高度経済成長追求のための「開発」政策の本格化と共に始まった1960年代と対照的な時代である。先行研究によれば、「いのちと暮らしを守る多様な市民運動・住民運動」[6]に主体的に関わったのは母親をはじめとする女性であり、それらの運動の代表的事例には、消費者団体による不買運動や「狂乱物価」へのアクション、公害反対や「開発」阻止運動、社会教育民主化運動、そして、親子読書運動、親子映画運動、親子劇場運動等の「子どもの文化・学習の機会を自前で作り出す活動」[5]がある。児童文化運動に関わった母親を駆り立てたのは、「すべてのものが商品化される中で、また、進学競争が激しくなる中で親と子どもの協働活動が姿を消していき、家庭外からの

テレビが家庭の団らんに入って」くるような状況への危機感[5]だったとされる。そうした危機感を抱く母親たちは、形骸化した旧来の地域共同体に代わる新たな地域共同体としてのコミュニティづくりが政府によって推奨されるようになったこと[17]などを追い風とし、自ら学び、自治体と交渉しながら親子文化運動を推進していった。

　先行研究の示す、児童文化運動をめぐる社会状況や母親たちの抱いていた問題意識、母親が達成したことについての知見は、親子読書運動や親子読書会の分析をする上でまず踏まえるべきものと言える。しかし先行研究では、児童文化運動において、大人と子どもが互いに直接的な影響を与え合いながら、お互いにとって新しいものの見方や振る舞いを会得していく場面について深く掘り下げられることはない。先行研究は、子どもの、ないしは、子ども同士の活動や、子どもの活動の下支えとしての大人による組織・制度づくりに焦点化する傾向があるためである。これに対して本論は、読書会での子どもの発言が大人によってどう促されたか、子どもの発言が大人に何を気づかせたか、さらに、大人が自分の考えを子どもにどう伝えたかといったことを当事者の記録をもとに検討してゆく。

　首藤美香子[4]が整理している通り、児童文化ないし子ども文化と呼ばれるものは多様に定義されている。その中には、藤本浩之輔に代表されるような、大人によって大人に教育／保護されるべき子どもに与えられる文化と、子ども自身が主体的に創造する文化とを区別して論ずべきとの主張[18]もある。一方、本論が検討対象とする親子読書会に携わった教師や母親は、既述の通り、自分たちの活動を「子どもたちが自ら考え自ら労働し、自ら物を創造するという、子どもの文化活動」[8]を保障するための活動と位置付けていた。本論はこの位置づけを参照しつつ、「児童文化」／「子ども文化」と呼ばれるものの少なくとも一部が、大人による働きかけと、時に働きかけた大人の予想を超える子どもの応答という相互行為の中から生まれ出ていることに注目する。そして、大人による子どもの創造の場の保障と、子どもによる創造がどのような関係にあったかを当事者の実践に基づいて解明することを目指す。本論のこの試みは、「児童文化」／「子ども文化」の創造のされ方のうち十分には検討されてこな

かった部分について明らかにする試みと言える。

2 本論の研究対象と本論の構成
2.1 本論の研究対象と分析方法
　本論が研究対象とする親子読書会とは、親子読書の一形態で、複数組の親子による集団読書のことである。1972年〜1975年に親子読書・地域文庫全国連絡会の代表をつとめた丹羽信子は親子読書会のことを「親と子で、子どもの本を読みあい、親は子どもの反応を通して、いまある子どもの発達段階の疑問や考え方を知り、それをさらに月一回の読書会に行って大勢の子どもたちとそれぞれの感じ方を出して話し合う会」[19]と説明している。読書会のやり方に統一されたルールはなく、各グループが参加者の実情に即して工夫していたが、大まかには次のような流れで行われる場合が多かったようである[20]。読書会に参加する親子は事前に各家庭で、読書会で取り上げられる本を読んでおく。読書会当日、参加者は司会者を輪の中心として、車座やそれに近い形で着席する。司会者は母親や教師などの大人がつとめ、必要に応じて本を朗読したり、司会者自身の感想や本の内容への補足を述べたりしながら参加者に発言を促す。

　本論冒頭で述べた通り、親子読書は1960年頃から各家庭で取り組まれるようになり[1]、1967年に「みたかむさし親子読書会」が結成された後は、複数組の親子が集まって行う親子読書会の形式でも盛んに行われるようになった[2]。1970年には親子読書会や子ども文庫の活動に取り組む人々の全国ネットワークとして親子読書・地域文庫全国連絡会が発足したが、この発足は1970年代の社会教育運動[5]、女性による運動[6]、児童文化運動[21]のメルクマールとして頻繁に言及されている。

　この一方で、親子読書会についての研究が充分になされてきたとは言い難い。親子読書会に携わった人々が実践の最中に書き留めた活動の記録は親子読書会最盛期の1970年代のものを中心に多く残されているが、それを分析対象とする研究はほとんど行われていない。このような状況が生じている一因として、親子読書は1970年代に盛り上がりを見せたものの、その後の子どもへの読書推進運動の中心となった読み聞かせ活動等と明確には接続されないまま縮

小してしまったことがあると推測される。

　母親と教師による児童文化運動としての親子読書会の活動を解明するため、本論は、親子読書・地域文庫全国連絡会発行の月刊誌『親子読書』の1970年代前半の号（1971年8月の創刊号～1975年12月の第52号）の記事の分析を行う。『親子読書』はA5サイズで毎号のページ数は50ページ程度であり、親子読書に関わる教師や母親、児童文学者等が寄稿していた。記事の内容は、子どもの読書や教育に関する事柄や、各地の親子読書会の様子の紹介、親子で読んだ本や親子で読むのに適する本の紹介、親子で読める読み物の連載などである。また、1970年代前半の読者数は1万人程度[22]と推定される。

　1970年代前半の『親子読書』に焦点化する理由は、親子読書・地域文庫全国連絡会の結成（1970年）と大体同じタイミングで立ち上げされた親子読書会グループでは、1970年代前半のうちに読書会の創始から初期メンバーの子どもの巣立ちまでのサイクルが一巡したと考えられるためである。既述の通り、日本での親子読書会の結成は、親子読書・地域文庫全国連絡会の結成と同時期に活発に行われた[2]。また第3章（「表2-4　誰が読書会に参加していたか」）で詳述する通り、親子読書会に参加する子どもの年齢層の中心は小学生、特に1年生～4年生であり、高学年以上になるとグループを抜けるケースが多かった。そのため、1970年代前半の『親子読書』の約5年分の内容（1971年8月の創刊号～1975年12月の第52号の内容）を検討することで、親子読書会に関わった母親や教師の経験をひととおりカバーできると考えた。なお、親子読書会の活動が1970年代半ばに1つの区切りを迎えたことは当事者によっても意識されていたように見える。1977年5月に刊行された『親子読書』69号では「私にとって文庫・読書会は何であったか」という特集が組まれ、幼児期～小学生の時期に親子読書会に継続参加していた中学生・高校生が座談会に参加してそれぞれの経験を振り返る試み[23]がなされている。

2.2　本論の構成

　記事の分析は次のように進める。

　まずは次章第3章において親子読書会の概要把握を試みる。3章では最初に、

『親子読書』の本の紹介コーナーで取り上げられていた本の情報と書評者の肩書を整理し、親子読書会の関係者にどのような本が読まれ、誰によって評されていたかを明らかにする。第3章では次いで、親子読書会自体の概要を把握するため、1971年～1975年刊行の『親子読書』の読書グループ等の紹介コーナーの記事の検討を行う。具体的には、紹介コーナーに掲載された53件のグループのうち、親子読書会の開催に言及のあったグループ27件を対象とし、15項目についての集計、分析を行う。15項目は、①参加者の肩書（母親、教師、幼児、小学生等）、参加人数、会費や本の調達方法などの基礎的項目、②読書会の開催頻度、誰が司会者や助言者を務めたか、狭義の読書以外も含め何が行われていたか、などの活動内容についての項目、に大別される。第3章の分析は、本論の3つの問いのうち、問①親子読書会の活動は狭義の読書を超えてどのような広がりをもっていたか、に特に関連するものである。

次に第4章において、親子読書会の参加者が、グループ設立のきっかけ、活動の目的、成果などに、どのような説明を与えていたかを明らかにする。分析対象とするデータは、第3章でも扱った『親子読書』の読書グループ等紹介コーナーに掲載されたグループのうち、親子読書会の開催に言及した27グループの記事である。それらの記事は、それぞれのグループに参加する母親や教師によって書かれている。第3章では当該記事の中の参加者の肩書や読まれていた本、企画されたイベントなど、一見して理解可能な部分を対象にしていたのに対し、第4章では、当事者が読書会の活動に与えていた解釈に踏み込んで分析を進める。第4章の分析は、本論の問②親子読書会の母親と教師は活動の目的・成果として何をどのように見出したか、に特に関連するものである。

その上で、第5章において『親子読書』の「子どもの本の実践書評」コーナー等に掲載された親子読書会の実践記録を検討する。実践記録の検討は、親子読書会での子どもの発話や表現が教師や母親らによりどう促され、解釈されていたかに特に着目しながら行う。ここに着目するのは、前章第4章で、親子読書会の母親や教師が子どもの自発的な発言／表現の頻度を重視していたことが明らかになるためである。第5章の分析は、本論の問③親子読書会の母親と教師は大人と子どもが共に読む場での子どもの自発的な発言や表現を促すため何

を試み、子どもたちとどんな関係を築こうとしたか、に特に関連するものである。

3　児童文化運動グループとしての親子読書会

　本章では、3節にわたり親子読書会の概要を検討していく。まず第1節で親子読書会の参加者がどのような本を読んでいたのか、また、読むべき本の情報をどのように共有していたかを検討する。具体的には、『親子読書』の本の紹介コーナーで取り上げられた本の書誌情報、誰によってどう紹介されたかを確認する。その後、第2節と第3節において、『親子読書』の読書グループ等の紹介コーナーに掲載された53件のグループのうち、親子読書会の開催に言及のあったグループ27件を対象として15の項目について検討を行う。第2節では参加者の肩書（母親、教師、幼児、小学生等）、参加人数、会費や本の調達方法などの基礎的項目について検討し、第3節では読書会の開催頻度、誰が司会者や助言者を務めたか、狭義の読書に関するものもそれ以外のものも含め親子読書会がどのようなイベントを主催していたか、などの読書会の活動内容についての項目を検討する。これらの検討により、親子読書会の狭義の読書にとどまらない活動の広がりを明らかにする。

3.1　戦後の新しい児童文学を読み、読者の立場からの書評を書く

　1970年代前半の『親子読書』で、毎号評者を変えて[24)]児童書の紹介を行うコーナーとしては作家が自身の作品にコメントする「自作を語る」（1971年8月創刊号～1975年7月47号）、教師や母親が親子読書会で取り上げた本を親子読書会の様子と共に紹介する「実践書評」（1971年8月創刊号～1975年12月52号）、そして、小中学生による「子どもの書評」（1973年8月24号～1975年7月47号）があった。

　それぞれのコーナーで取り上げられていた本を「表1-1　『親子読書』の「自作を語る」コーナー（1971年8月創刊号～75年7月47号）で紹介された本」「表1-2　『親子読書』の「実践書評」コーナー（1971年8月創刊号～75年12月52号）で紹介された本」「表1-3　『親子読書』の「子どもの書評」コーナー（1973年8

表1 『親子読書』で紹介された本 (注1)

(注1) 同じ号の同じコーナーで複数の本が紹介されていた場合は、紹介された順に記載した

表1-1 『親子読書』の「自作を語る」コーナー
(1971年8月創刊号～75年7月47号) で紹介された本

掲載号	発行年	発行月	掲載ページ	題名	作者	出版社	出版年	評者氏名	評者肩書
創刊号	1971	8	12	江戸のおもちゃ屋	来栖良夫	岩崎書店	1970	来栖良夫	作家
2号	1971	9	12	オバケちゃん	松谷みよ子	講談社	1971	松谷みよ子	作家
3号	1971	10	11	墓どろぼうの話	たかしよいち	国土社	1970	たかしよいち	作家
4号	1971	11	13	はけたよはけたよ	神沢利子	偕成社	1970	神沢利子	作家
5号	1972	1	9	ぼくは王さま	寺村輝夫	理論社	1961	寺村輝夫	作家
				王さまばんざい	寺村輝夫	理論社	1967	寺村輝夫	作家
6号	1972	2	21	鯉のいる村	岩崎京子	新日本出版社	1969	岩崎京子	作家
7号	1972	3	17	火の瞳	早乙女勝元	講談社	1964	早乙女勝元	作家
8号	1972	4	17	出かせぎ村のゾロ	須藤克三	理論社	1968	須藤克三	作家
				友情とつげき隊	須藤克三	理論社	1970	須藤克三	作家
				出かせぎカラス	須藤克三	童心社	1972	須藤克三	作家
9号	1972	5	15	いやいやえん	中川李枝子	福音館書店	1962	中川李枝子	作家
10号	1972	6	15	鮫どんとキジムナー	茨木憲	平凡社	1971	茨木憲	作家
11号	1972	7	25	もうひとりのぼく	生源寺美子	毎日新聞社	1971	生源寺美子	作家
12号	1972	8	15	マヤの一生	椋鳩十	大日本図書	1970	椋鳩十	作家
13号	1972	9	20	少年の石	久保喬	新日本出版社	1972	久保喬	作家
14号	1972	10	25	大地の冬のなかまたち	後藤竜二	講談社	1970	後藤竜二	作家
				天使で大地はいっぱいだ	後藤竜二	講談社	1967	後藤竜二	作家
15号	1972	11	15	おかあさんの木	大川悦生	ポプラ社	1969	大川悦生	作家
16号	1972	12	13	もぐりの公紋さ	岸武雄	童心社	1970	岸武雄	作家
17号	1973	1	21	地べたっこさま	さねとうあきら	理論社	1972	さねとうあきら	作家
18号	1973	2	17	はだかの天使	赤木由子	新日本出版社	1969	赤木由子	作家
19号	1973	3	31	野火の夜あけ	菊地正	牧書店	1971	菊地正	作家
20号	1973	4	26	キューポラのある街	早船ちよ	理論社	1963	早船ちよ	作家
21号	1973	5	27	雪にとぶコウモリ	大石真	実業之日本社	1972	大石真	作家
				チョコレート戦争	大石真	理論社	1965	大石真	作家
22号	1973	6	15	ミュウのいるいえ	あまんきみこ	フレーベル館	1972	あまんきみこ	作家
23号	1973	7	18	宇平くんの大発明	北川幸比古	岩崎書店	1968	北川幸比古	作家
24号	1973	8	20-21	木かげの家の小人たち	いぬいとみこ	福音館書店	1967	いぬいとみこ	作家
25号	1973	9	24-25	わっしょいわっしょいぶんぶんぶん	かこさとし	偕成社	1973	かこさとし	作家
26号	1973	10	26-27	むくげとモーゼル	しかたしん	牧書店	1972	しかたしん	作家
27号	1973	11	22-23	肥後の石工	今西祐行	実業之日本社	1965	今西祐行	作家
28号	1973	12	22-23	山のむこうは青い海だった	今江祥智	理論社	1960	今江祥智	作家
29号	1974	1	30-31	魔神の海	前川康男	講談社	1969	前川康男	作家
30号	1974	2	22-23	さらばハイウェイ	砂田弘	講談社	1972	砂田弘	作家
31号	1974	3	24-26	ぼんやり山のぼんたろう	清水崑	学習研究社	1972	清水崑	作家
32号	1974	4	22-23	2年2組はヒヨコのクラス	山下夕美子	理論社	1968	山下夕美子	作家
33号	1974	5	22-23	百万の太陽	湯島正実	岩崎書店	1973	湯島正実	作家
34号	1974	6	22-23	春駒のうた	宮川ひろ	偕成社	1971	宮川ひろ	作家

35号	1974	7	22-23	いのちは燃える	石垣綾子	偕成社	1973	石垣綾子	作家
36号	1974	8	22-23	広島の姉妹	山本真理子	岩崎書店	1973	山本真理子	作家
37号	1974	9	22-23	じろはったん	森はな	牧書店	1971	森はな	作家
38号	1974	10	22-23	野ゆき山ゆき	与田準一	大日本図書	1973	与田準一	作家
39号	1974	11	22-23	オイノコは夜明けにほえる	鈴木実	童心社	1972	鈴木実	作家
40号	1974	12	22-23	まぼろしの巨鯨シマ	北村けんじ	理論社	1971	北村けんじ	作家
41号	1975	1	24-25	十三湖のばば	鈴木喜代春	偕成社	1974	鈴木喜代春	作家
42号	1975	2	22-23	ぽっぺん先生と帰らずの沼	舟崎克彦	筑摩書房	1974	舟崎克彦	作家
43号	1975	3	22-23	おしいれのぼうけん	よしだただひ	童心社	1974	田畑精一	作家
44号	1975	4	24-25	目こぼし歌こぼし	上野瞭	あかね書房	1974	上野瞭	作家
45号	1975	5	22-23	わたしのワンピース	西巻茅子	こぐま社	1969	西巻茅子	作家
46号	1975	6	22-23	11ぴきのねこ	馬場のぼる	こぐま社	1967	馬場のぼる	作家
47号	1975	7	22-23	二ほんのかきのき	熊谷元一	福音館書店	1969	熊谷元一	作家

表1-2 『親子読書』の「実践書評」コーナー（1971年8月創刊号〜75年12月52号）で紹介された本

掲載号	発行年	発行月	掲載ページ	題名	作者	出版社	出版年	評者氏名	評者肩書
創刊号	1971	8	13-15	ちからたろう	今江祥智	ポプラ社	1967	上岡功	小学校教諭
2号	1971	9	13-17	チョコレート戦争	大石真	理論社	1965	小松斉	小学校教諭
3号	1971	10	12-15	しらぬい	たかしよいち	岩崎書店	1970	矢野四年生	小学校教諭
4号	1971	11	16-19	おふろで　ちゃぷちゃぷ	松谷みよ子	童心社	1970	梗田昭江	小学校教諭
				おふろだいすき	松岡亨子	福音館	1971		小学校教諭
5号	1972	1	12-15	天使で大地はいっぱいだ	後藤竜二	講談社	1967	村上照男	小学校教諭
6号	1972	2	14-17	かいぞくオネション	山下明生	偕成社	1970	笠井祐子	小学校教諭
7号	1972	3	12-17	ひとすじの道	丸岡秀子	偕成社	1971	黒沢浩	中学校教諭
8号	1972	4	26-29	いたずらきかんしゃちゅうちゅう	バージニア・リー・バートン	福音館書店	1961	佐藤宗夫	子どもセンター園長
9号	1972	5	18-21	るすばん先生	宮川ひろ	ポプラ社	1969	中村博	小学校教諭
10号	1972	6	18-23	ふなひき太良	儀間比呂志	岩崎書店	1971	松田順石	小学校教諭
11号	1972	7	22-24	ながいながいペンギンの話	いぬいとみこ	理論社	1957	滝井いち	小学校教諭
12号	1972	8	18-31	モグラ原っぱのなかまたち	吉田足日	あかね書房	1968	古川夾子	小学校教諭
13号	1972	9	16-17	炭焼きの辰	岸武雄	偕成社	1971	上岡功	小学校教諭
14号	1972	10	10-13	てんりゅう	しろたのぼる	岩崎書店	1971	宮下和男	中学校教諭
15号	1972	11	22-25	出かせぎカラス	須藤克三	童心社	1972	佐々木悦	山形子どもの本研究会連絡協議会事務局長
16号	1972	12	14-16	ぼくたちの家出	ゴズロフ	偕成社	1969	首藤入恵	小学校教諭
17号	1973	1	22-26	少年少女おはなし日本歴史（全十五巻）		岩崎書店	1965〜66	山本典人	小学校教諭
18号	1973	2	18-21	ちびすけきかんしゃ	池田善朗	童心社	1968	代田かつみ	小学校教諭
19号	1973	3	24-27	火くいばあ	清水達也	ポプラ社	1972	金田志津枝	小学校教諭
20号	1973	4	22-25	馬ぬすびと	平塚武二	福音館	1968	井出村由江	小学校教諭
21号	1973	5	20-23	火のくつと風のサンダル	ウルズラ・ウェルフェル	学習研究社	1967	安原みどり	小学校司書教諭

22号	1973	6	22-25	百様タイコ	橋本ときお	牧書店	1972	滝井いち	小学校教諭
23号	1973	7	26-30	モチモチの木	斎藤隆介	岩崎書店	1971	北川倶美	小学校教諭
24号	1973	8	22-27	たぬき学校	今井誉次郎	講学館	1958	波木井やよい	小学校教諭
25号	1973	9	26-31	ヴィーチャと学校友だち	ノーソフ	岩波書店	1954	小林利休	小学校教諭
26号	1973	10	28-32	ごんぎつね	新美南吉	岩波書店	1971	渡辺増治	小学校教諭
27号	1973	11	24-31	おおきなかぶ	内田梨莎子再話	福音館	1966	波木井やよい	小学校教諭
28号	1973	12	24-29	先生のおとおりだい	中野みち子	理論社	1973	代田かつみ	小学校教諭
29号	1974	1	24-29	ぱんどりだいこ	宮下和男	ポプラ社	1972	熊谷孝敬	小学校教諭
30号	1974	2	24-29	トッチくんのカレーようび	まどころひさこ	ポプラ社	1969	斎藤安弘	小学校教諭
31号	1974	3	26-29	トム＝ソーヤの冒険	マークトゥエン	偕成社	1955	渡辺誠子	小学校教諭
32号	1974	4	24-29	ぽんこつロボット	吉田足日	岩崎書店	1970	上岡功	小学校教諭
33号	1974	5	24-29	じてんしゃにのるひとまねこざる	エッチ・エイ・レイ	岩波書店	1956	池上摩里子	幼稚園教諭
34号	1974	6	24-29	だれも知らない小さな国	佐藤さとる	講談社	1973	滝井いち	小学校教諭
35号	1974	7	24-29	リンゴの木の上のおばあさん	ローベ	学習研究社	1969	山口多美子	小学校教諭
36号	1974	8	24-29	わたしのワンピース	にしまきかやこ	こぐま社	1969	町田喜久子	なかよし読書の会会員(母親)
37号	1974	9	24-29	ワンプのほし	ピート	あかね書房	1971	波木井やよい	小学校教諭
38号	1974	10	24-29	つとむくんのかばみがき	松谷みよ子	偕成社	1973	石井美智子	くがやま文庫会員(母親)
39号	1974	11	24-29	君の可能性	佐藤喜博	筑摩書房	1970	滝井いち	小学校教諭
40号	1974	12	24-29	へびのクリクター	トミー・ウンゲラー	文化出版局	1974	布瀬川初代池田カズ子	小学校教諭
41号	1975	1	26-31	長くつ下のピッピ	リンドグレーン	岩波書店	1964	石田喜代子	小学校教諭
42号	1975	2	24-29	太平物語	福世武次	講学館	1962	松田光一	小学校教諭
43号	1975	3	24-29	はじめてのおるすばん	しみずみちお	岩崎書店	1972	宮尾和子	世田谷親子読書会会員(母親)
44号	1975	4	26-31	いたずらわんぱくものがたり	椋鳩十	童心社	1972	佐藤美和子	小学校教諭
45号	1975	5	24-29	大どろぼうホッツェンプロッツ	オトフリート・プロイスラー	偕成社	1966	畑岡祥子	小学校教諭
46号	1975	6	24-29	でんでんむしの競馬	安藤美紀夫	偕成社	1972	幡谷汎子	小学校教諭
47号	1975	7	24-29	かわ	加古里子	福音館	1966	古藤洋太郎	小学校教諭
48号	1975	8	22-27	どろんこぶ	高橋源之助	偕成社	1973	村上照男	小学校教諭
49号	1975	9	20-25	マヤの一生	椋鳩十	大日本図書	1970	茂木茂雄	小学校教諭
50号	1975	10	20-25	しずくのぼうけん	テルリコブスカ	福音館	1969	渋谷公枝	あゆみ会会員(母親)
51号	1975	11	22-27	リンゴのうた	植松要	ポプラ社	1973	鳥兎沼宏之	小学校教諭
52号	1975	12	24-25	サブちゃんと赤いスカート	沢桃子	岩崎書店	1974	上岡功	小学校教諭

表1-3 『親子読書』の「子どもの書評」コーナー
（1973年8月号～75年7月47号）で紹介された本

掲載号	発行年	発行月	掲載ページ	題名	作者	出版社	出版年	評者氏名	評者肩書
24号	1973	8	28-29	ゆかいな吉四六さん	富田博之	講学館	1960	後藤綾	小学3年生
25号	1973	9	32-33	ちいさい魔女	オトフリート・プロイスラー	学研	1965	桑原悦子	小学5年生
26号	1973	10	34-35	風のまつり	後藤竜二	講談社	1968	宮尾和美	中学2年生
27号	1973	11	32-33	さとるのじてんしゃ	大石真	小峰書店	1968	石川公也	小学3年生
28号	1973	12	36-37	山のかあさんと十六ぴきのねずみ	大川悦生	ポプラ社	1972	村松千加絵	小学3年生
29号	1974	1	28-29	消えた二ページ	寺村輝夫	理論社	1970	高畠久美	小学6年生
30号	1974	2	34-35	卒業の夏	M.K.ベイトン	学習研究社	1972	小西真	中学2年生
31号	1974	3	30-31	マヤの一生	椋鳩十	大日本図書	1970	用田紀子	小学4年生
32号	1974	4	30-31	小さなスプーンおばさん	アルフ・プリョイセン	学習研究社	1966	伊藤千春	小学3年生
33号	1974	5	30-31	赤毛のアン	モンゴメリ	講談社	1954	鶴英子	中学1年生
34号	1974	6	30-31	脱走者たち	片山昌造	理論社	1973	古川聡代	小学6年生
35号	1974	7	32-33	ベトナムのダーちゃん	早乙女勝元	童心社	1974	衣松規夫	小学4年生
36号	1974	8	22-23	いやいやえん	中川李枝子	福音館書店	1962	小堀晋一	小学2年生
37号	1974	9	32-33	星座を見つけよう	H.A.レイ	福音館書店	1969	横溝尚子	小学4年生
38号	1974	10	32-33	トムは真夜中の庭で	フィリッパ・ピアス	岩波書店	1967	松尾智子	小学6年生
39号	1974	11	32-33	ぴかっごろごろ	ブランリー	福音館書店	1968	青木正志	小学4年生
40号	1974	12	32-33	ぽんぽん	今江祥智	理論社	1973	桃沢理絵	中学1年生
41号	1975	1	32-33	ぼくらは機関車太陽号	吉田足日	新日本出版	1972	山中あずさ	小学6年生
42号	1975	2	32-33	さくらんぼクラブのおばけ大会	吉田足日	偕成社	1974	石山豊	小学3年生
43号	1975	3	32-33	太郎カラスの城	角田光男	金の星社	1974	石堂奈尾美	小学6年生
44号	1975	4	34-35	かくされたオランダ人	鶴見正夫	金の星社	1974	清水祐之	中学3年生
45号	1975	5	32-33	ハブとたたかう島	椋鳩十	あすなろ書房	1971	小林岳史	小学4年生
46号	1975	6	32-33	ゆきこんこん物語	さねとうあきら	理論社	1972	伊倉佐保	小学5年生
47号	1975	7	32-33	続・千葉のむかし話	千葉県文学教育の会	日本標準	1974	中村倫子	中学2年生

月号～75年7月47号)で紹介された本」としてまとめた。その結果、親子読書会では主に1960年代以降に出版された児童文学作品が読まれていたことが明らかになった。既述の通り、児童文学史において1960年代～1970年代は、第二次世界大戦後の新しい児童文学、すなわち、作者の理想とする子どもではなく現実の子どもを描こうと試みる文学の隆盛期であった[16]。これを鑑みれば、1970年代前半に親子読書会に参加することは、児童文学の最前線への参加であったと言える。

また、作家や文学者ばかりではなく、教師はもちろん母親や子どもをも含む読者が作品の評価者として想定され、読者の評価が全国の親子読書会参加者が共有・参照するに足る情報(『親子読書』に掲載されるべき情報)として扱われていたことも大きな特徴と言える。これは第5章で後述の通り、子どもが積極的に読書感想を述べることが読書会のあるべき姿と想定されていたことと表裏をなしている。これに関連して、子どもによる「書評」は、必ずしもまとまった文章の形をとらなくても良いとされていたことにも留意したい。例えば「実践書評」コーナーの文章は読書会に参加した教師や母親の名前で発表されてはいるものの、文章の中には子どもの発言や反応が多く書き込まれていた。そして、「実践書評」のコーナーの文章を抜粋した書籍『こどもの本の実践書評』が出版された時、その前書きには、子どもの断片的な発言や言葉によらない反応も全て子どもからの「書評」である旨が記された[25]。

『親子読書』の本の紹介コーナーから見えてきたのは、親子読書会が第二次世界大戦後の新しい児童文学を読む場であったことや、教師、子ども、母親が読者の立場から書評を書くことが促され、その書評が重んじられていたことである。

3.2 母親と幼児・小学生、小学校教師が集う場としての親子読書会

1971年～1975年刊行の『親子読書』には、読書グループ等の紹介コーナーが設けられており、1971年8月創刊号～1974年7月35号までは「読書会紹介」ないしは「文庫紹介」、1974年8月36号～1975年12月52号までは「全国のなかま」と呼称されていた。当該紹介コーナーに掲載された53件のグループのうち親

子読書会の開催に言及のあったグループ27件を対象とし、親子読書会の基礎的情報についての8項目について集計・分析を行ったところ、主に以下が明らかになった。なお、詳細は「表2　親子読書会の概要」を参照されたい。

　本節で検討する親子読書会の開催に言及のあった27グループは、1960年代末から1970年代半ばにかけて結成されており、結成が最も盛んだったのは1970年代初頭であった（「表2-1　グループの発足年」より）。既述の通り1970年代初頭は親子読書運動を含む親子文化運動の萌芽期[6]にあたる。その27グループのうち、親子読書会の運営のみを主要な活動としていたのは約半数の15グループであり、残りのグループは、読書会の運営以外にも子ども文庫運営や図書館建設運動などに取り組んでいた（「表2-2　グループの主要な活動」より）。グループの所在地で最も多いのは東京都とその近郊の関東地方の都市だが、親子読書会に取り組むグループは北海道から沖縄まで全国に存在していた（「表2-3　グループの所在地」より）。

　親子読書会の参加者の中心は母親と小学生の子どもであり、そこに幼児や教師が加わることも珍しくなかった。最も多かった参加者の構成は、母親と小学生と幼児という構成（27グループ中7グループ）で、それに次ぐ構成は母親と小学生と小学校教師（27グループ中6グループ）であった（「表2-4　誰が読書会に参加していたか」より）。なお、小学生の参加者の中で多くを占めていたのは小学校1年生から4年生であったと推察される。このことは、読書グループの紹介コーナーに掲載された文章の、高学年になると勉強が忙しく読書会を去ってゆく人が目立つ[26]とか、高学年グループでは、通塾のために参加者が減ってしまった[27]といった記述から伺える。

　親子読書会を開催しているグループの規模を集計したところ、子どもと親、教師を合わせた参加人数が50名未満というものが最も多く、27グループ中9グループがこれに該当した。しかし、参加人数が100名以上（100名〜150名、150名〜200名、200名以上）というグループも少なからずあり、100名以上のグループを合計すると、27グループ中10グループに達した（「表2-5　『親子読書』掲載時のグループへの参加人数」より）。なお、グループの参加人数が100名を超え、かつ、定例の親子読書会を実施しているグループは全て年齢別や居

表2　親子読書会の概要

[出典：『親子読書』1971年8月創刊号～1974年7月35号の「読書会紹介／文庫紹介」コーナー及び同1974年8月36号～1975年12月52号の「全国のなかま」コーナーに掲載された読書グループのうち、親子読書会開催に言及のあった27グループについての記事]

表2-1　グループの発足年

1967年	1
1968年	2
1969年	4
1970年	3
1971年	5
1972年	8
1973年	1
1974年	2
記載なし	1

表2-2　グループの主要な活動

A：親子読書会の運営のみ	15
B：親子読書会の運営とその他の活動 (注1) (注2)	7
C：親子読書会の運営以外 (注3) (注4)	5

(注1) その他の活動の内訳は、文庫／図書室等の運営 (7件)、読み聞かせ会の運営 (3件)、家庭での親子読書の実施 (1件)
(注2) その他の活動を複数挙げているグループについては (注1) にて全てカウントして集計
(注3) 近隣の読書グループの連携 (2件)、図書館建設運動等の市民運動 (2件)、文庫／図書室等の運営 (2件)、家庭での親子読書のための本の回覧 (1件)
(注4) 親子読書会の運営以外の活動を複数挙げているグループについては (注3) にて全てカウントして集計

表2-3　グループの所在地

北海道地方	1
東京都 (注5)	10
関東地方（東京都以外）(注6)	8
中部地方	2
中国・四国地方	4
九州・沖縄地方	2

(注5) 東京23区内7グループ、23区外3グループ
(注6) 千葉県2グループ、神奈川県3グループ、埼玉県2グループ、栃木県1グループ

表2-4 誰が読書会に参加していたか (注7)

母親、小学生、幼児	7
母親、小学生、小学校教師	6
母親、小学生	4
母親、小学生、幼児、小学校教師	3
その他 (注7)	4
記載なし	3

(注7) 母親と幼児、母親と小学生と中学生と教師、母親と小学生と幼児と中学生、母親と子ども（年代不明）各1グループ

表2-5 『親子読書』掲載時のグループへの参加人数

親子計10名〜50名	9
親子計50名〜100名	5
親子計100名〜150名	3
親子計150名〜200名	3
親子計200名以上	4
記載なし	3

表2-6 読書会実施時の小グループ分け

年齢別 (注8)	10
小グループ分けなし (注9)	7
居住地域別	3
敢えて小グループ分けせず (注10)	2
記載なし	5

(注8)「小学校の各学年別」、「低学年と高学年」、「幼児、低学年、高学年、中学生」など
(注9) 小規模、同年齢の子どもしかいないなどの理由による
(注10) 異年齢の交流を大切にしたいため、敢えて分けていない

表2-7 会費

100円／月	3
500円／半年	2
50円／月	2
子どもは20円／月、親は30円／月	1
100円／1学期	1

50円／月（1世帯につき）	1
100円／月（1世帯につき）	1
100円／月（親子あたり）	1
1,000円／半年	1
バザー、廃品回収で資金づくり	1
無料	1
記載なし	12

表2-8　読書会用の本の調達方法

参加者が購入（注11）	6
公共図書館等の蔵書を利用	5
複数の手段を併用（注12）	4
併設の文庫の蔵書を利用	2
記載なし	10

(注11) うちグループで一括購入4グループ、参加者が各自で購入2グループ
(注12) 教師の自前の本、参加者やPTAからの寄贈、文庫の蔵書、公共図書館の蔵書等を併用

表2-9　親子読書会の開催頻度

毎月1度	15
毎月2度（読み聞かせに重点を置いて開催する）	2
毎月1～2度	1
1.5か月に1度程度	1
記載なし	3
定期での読書会は未実施	5

表2-10　親子読書会の開催場所

公民館など	3
子ども文庫の部屋	3
自宅／団地内の集会所	2
小学校の教室	2
福祉センター	1
文化会館	1
記載なし	15

表2-11　グループの指導者／助言者

小学校教師	10
指導者がいないのが悩み	2
別の読書会の中心的メンバー（教師以外）	2
誰かがリーダーということはない（敢えて立てていない）	1
記載なし	12

表2-12　親子読書会の司会者

母親 (注13)	10
小学校教師 (注14)	8
教師と母親が輪番で	1
記載なし	8

(注13) うち1グループでは、基本は読みきかせのみ。今後は質問もすることを検討中
(注14) うち2グループでは、今後は母親が小学校教師と一緒に司会することを検討中

表2-13　親子読書会での狭義の読書以外の活動 (注15)

感想画を描く	2
折り紙	2
外遊び	2
野外での読書会	2
紙芝居づくり／ペープサートづくり	2
飲み物、菓子つきの読書会	1
着せ替え人形、指人形づくり	1
戦時のおやつの体験（母親が準備し子どもが味わった）	1
母親と教師の懇談会	1
記載なし	20

(注15) 活動を複数挙げているグループの分は全て集計

表2-14　親子／子ども向けのイベント (注16)

野外活動 (注17)	12
近隣の読書グループとの交流会	4
季節のお楽しみ会 (注18)	4
創作活動 (注19)	3
読み聞かせ会 (注20)	3

映画／演劇観賞会	3
その他 (注21)	2
記載なし	6

(注16) イベントを複数挙げているグループの分は全て集計
(注17) ハイキング、キャンプ、史跡探訪、いも掘り等
(注18) クリスマス会、ひなまつり会など
(注19) 紙芝居づくり、おばけ屋敷づくり、凧づくりなど
(注20) PTAや自治体のイベント等で実施
(注21) 親子読書会の試演など

表2-15　母親向けの会合・イベント (注22)

グループ内の勉強会 (注23)	10
講演会の企画・開催	8
外部のセミナー、講演会への参加	4
母親同士の懇談会	4
その他 (注24)	3
記載なし	9

(注22) 会合・イベントを複数挙げているグループの分は全て集計
(注23) 子どもの本、児童文学、子どもの読書等についての勉強会、作家の講演会のテープを聞くなど
(注24) 子どもの本の展示即売会など

住地域別の小グループをつくって活動していた。その一方、参加人数が少ないグループでは、異年齢の子どもたちが一緒に活動することに意義を見出し、敢えてグループ分けをしない場合もあった（「表2-6　読書会実施時の小グループ分け」より）。

　グループの会費は高額ではなく、親1名と子ども1名でグループに参加した場合のひと月あたりの負担金額は50円〜100円程度であった（「表2-7　会費」より）。また、本の調達方法としては、参加者自身が購入する方法（27グループ中6グループ）、公共図書館等の蔵書を利用する方法（27グループ中5グループ）、教師の自前の本を利用する、参加者やPTAから寄贈してもらった本を利用する、文庫の蔵書や公共図書館の蔵書を利用するなど複数の手段を併用する方法（27グループ中4グループ）があった（「表2-8　読書会用の本の調達方法」

より)。なお、公共図書館等の蔵書を利用しているグループのうち1つについては、当初は読書会で読む本をグループで1冊買いまわし読みしていたが、その後、自治体と交渉して団体貸出しを受けられるようになり、まわし読みをしなくてもよくなったとの説明がなされていた。

本節の検討からは、親子読書会が幼児・小学生と母親、小学校教師が集う場であったこと、また、子ども文庫運営や図書館建設運動に取り組んだり、自治体の図書館に読書会用の本の団体貸出しを求めたりして地域の文化環境整備を試みるグループもあったことなどが見えてきた。

3.3　狭義の読書を超える親子読書会の活動

前節に引き続き、『親子読書』グループ紹介コーナーに掲載され、かつ、親子読書会を開催していた27のグループを検討対象とし、親子読書会の活動内容に関する7項目について集計・分析を行ったところ、主に以下が明らかになった。

多くのグループ(27グループ中15グループ)において、親子読書会は月1回の頻度で開催されていた(「表2-9　親子読書会の開催頻度」より)。その会場は公民館、子ども文庫の部屋、小学校の教室、参加者の自宅などバラエティに富んでいた(「表2-10　親子読書会の開催場所」より)。なお、小学校の教室で開催しているグループからは、「しばられた授業」のイメージがある場所での開催は、「心から解放された気持で、読書会をやるという点で、問題が残る」[28]との声も出されていたことには留意したい。この声は、親子読書会のあるべき姿として、子どもが大人(親や教師)の予想や期待に縛られずに思ったことを述べ、大人がそれをあるがまま受け止めることが想定されていたのに関連すると思われる(このことの詳細は第5章で述べる)。

また、検討対象とした27グループのうち、約半数の12グループが指導者／助言者を置いており、その大半は小学校教師だった(「表2-11　グループの指導者／助言者」より)。ただし、小学校教師を指導者とするグループの活動を、教師主導の活動と見なすのは早計である。母親が教師の参加を望む場合は少なからずあり、家庭訪問にきた教師を母親が説得して助言者になってもらったと

いうエピソード[29]や、助言者のいないグループの母親の、子どもの読書についての知識を持った教師が自分たちの周囲にいないという嘆き[30]も紹介されていた。

　そして、検討対象とした27グループのうち19グループは親子読書会の際に司会者を立てると明言しており、主な司会者の肩書は母親（10グループ）と小学校教師（8グループ）であった（「表2-12　親子読書会の司会者」より）。なお、小学校教師が司会を務める8グループのうち2グループでは、今後は母親が教師と一緒に司会することを検討中との補足があった。詳細は第5章で述べるが、読書会の司会者はグループでの話し合いをリードする存在であった。1970年代初頭には読書会の指導者の教師が司会者を兼ねていたと思しきグループでも1970年代半ばになるにつれ母親も司会を試みる動きが見られることは、母親と教師の両者が積極的に親子読書会の運営に関わろうとしていたことを示唆している。

　さらに、親子読書会の活動で特徴的なのが、狭義の読書以外の活動を多分に含んでいたことである。狭義の読書以外の活動は、親子読書会の時間内に行われる場合と、定例の読書会とは別途に企画して行われる場合とがあった。

　まず、親子読書会の時間内に狭義の親子読書以外の活動を行うことには検討対象とした27グループのうち7グループが言及していた。その内容は感想画を描く、折り紙、外遊び、野外での読書会、紙芝居づくり／ペープサートづくり等であった（「表2-13　親子読書会での狭義の読書以外の活動」より）。これらの活動からは、本を読んで感想を述べる以外のやり方でも子どもたちの表現や創造が促されていたことが伺える。その様子が伺える写真として、「図1　親子読書会の子どもたちが描いた自分のほしい『大きな木』」がある。何枚もの紙を貼り合わせて大きくした紙に描かれ、共同住宅の2階ベランダから1階へ垂れ下がるほどのサイズとなったこの絵は、絵本『おおきな木がほしい』を読み、自分ならどんな木がほしいかを話し合った後に描かれたものだという。また、読書会の母親や教師は、狭義の読書以外の活動を取り入れることに加えて、読書会の最中の子どもの姿勢や友だちとの会話の自由度を、学校の授業時間のそれよりも高くすることによっても子どもたちの表現や創造を促そうと試みてい

た。これについて親子読書会を運営する母親の1人は、「足を伸したり、つつき合ったり、学校と違った自由な雰囲気の中で、次第にみんな発言できるように」なってきたと述べている[31]。

図1　親子読書会の子どもたちが描いた自分のほしい「大きな木」

［出典］大川嘉子「大きな木がほしい」『親子読書』no. 12, August 1972, p. 9.

　次に、定期の読書会とは別途企画する子ども向けのイベントについては、検討対象とした27グループのうち21グループが言及しており、最も多く企画されていたのはハイキング、キャンプ、史跡探訪、いも掘り等の野外活動であった（「表2-14　親子／子ども向けのイベント」より）。親子読書会に関わる親や

教師はこれらの野外体験を、本を読んで知ったこと、あるいは、本でしか知らなかったことを、五感を総動員して体験する機会と位置付けていた[32]。また、自然に恵まれた広い場所での集団遊びを、子どもが日常生活からは得ることの難しい経験であるのと同時に子どもが自分たちで遊びをつくり出したり発展させたりするのに欠かせない経験と位置付け、子どもが定期的にそれを経験できるよう計画するグループもあった[30]。既述の通り、親子読書会の主唱者の代田昇は親子読書会を子どもの文化活動と位置付け、子どもの文化活動の基軸は読書と遊びであることへの留意を促している[8]。この代田の主張にならえば、子どもの文化活動としての親子読書会は、定例の読書会と、特別イベントでの「遊び」の両輪で成り立っていたと言えるのではないか。

　なお、親子読書会では、親子ないし子どもを対象とする活動以外にも母親向けの会合やイベントを実施しており、そうした会合・イベントには検討対象とした27グループのうち18グループが言及していた。その内容は、母親が子どもの本や児童文学、子どもの読書等について仲間と話し合うことや、児童文学作家や教育者などを招いた講演会を企画・開催することであった（「表2-15　母親向けの会合・イベント」より）。この様子からは、親子読書会に参加した母親たちが、自身の学習機会も確保しながら、子どものより良い生育環境を模索、創出しようと試みていたことが伺える。

　本節の検討からは、母親と教師の両者が積極的に親子読書会の運営に関わろうとしていたこと、多くの親子読書会が子どもに対して狭義の読書以外にも野外活動や工作、描画など子どもの能動的な思考・表現を促すための多様な活動を提供していたこと、また、多くの親子読書会で母親の学習機会が確保されていたことが見えてきた。

4　親子読書会に参加した母親や教師の提示した親子読書会の目的、成果

　本章では、親子読書会の母親と教師が何を目指して活動し、何を活動の成果と見なしていたかを明らかにすることを試みる。分析対象とするデータは、前章第3章でも扱った『親子読書』の読書グループ等紹介コーナーに掲載されたグループのうち、親子読書会の開催に言及した27グループの記事である。そ

れらの記事は、それぞれのグループに参加する母親や教師によって書かれている。前章では当該記事の中の参加者の肩書や読まれていた本、企画されたイベントなど、一読して理解可能な部分を対象にしていたが、本章では、当事者が読書会の活動に与えていた解釈にも踏み込みながら、集計・分析を行う。その結果は「表3　親子読書会の母親や教師の提示した親子読書会の目的、成果等」(「表3-1　発足のきっかけ」「表3-2　グループの目的／願い」「表3-3　周囲の環境の問題点」「表3-4　グループの活動や運営に関する困難」「表3-5　グループの活動の成果」)にまとめた。

4.1　良質な教育・娯楽コンテンツの提供による子どもの育成を主目的としたグループ結成

　親子読書会を開催するグループの母親や教師は、グループの目的を示すのに先立って発足のきっかけを記述する場合が多く見られた。発足のきっかけには、検討対象の27グループのうち18グループが言及しており、最も多く挙げられていたのは、親子読書や児童文学についての講演会や講座等への参加（5グループ）、親子読書会の様子を見聞きしたこと（5グループ）など、子どもと親の読書機会や読書環境の向上についての関心や問題意識であった。ただし、狭義の読書への関心にとどまらない、子どもや子どもの成育環境全般に関連する関心や問題意識も少なからず挙げられていたことには留意が必要である。それらを挙げる人々は、母親向けの読書会での子供の教育についての話し合いや、教育集会での教師との懇談会がグループ発足のきっかけとなったと述べていた（「表3-1　発足のきっかけ」より）。

　グループの目的／願いについては検討対象の27グループのうち25グループが言及しており、それらを分類・集計したところ、主に3つの観点から9つの目的・願いが挙げられていた。3つの観点とは、A：良質な教育・娯楽コンテンツの提供による子どもの育成、B：文化的な地域づくり、C：読書振興、である（「表3-2　グループの目的／願い」より）。最も多く挙げられていた目的・願いは、観点A：良質な教育・娯楽コンテンツの提供による子どもの育成、に属するもので、A-1：「よい本」の提供を挙げたのが10グループ、A-2：「よい

表3 親子読書会の母親や教師の提示した親子読書会の目的、成果等

[出典：『親子読書』1971年8月創刊号〜1974年7月35号の「読書会紹介／文庫紹介」コーナー及び同1974年8月36号〜1975年12月52号の「全国のなかま」コーナーに掲載された読書グループのうち、親子読書会開催に言及のあった27グループについての記事]

表3-1 発足のきっかけ (注1)

親子読書や児童文学についての講演会や講座等への参加	5
親子読書会の様子を見聞きしたこと	5
母親向けの読書会等での話し合い (注2)	4
教師からのよびかけ	2
教育懇談会や教育集会での教師と親の話し合い	2
小学校／幼稚園／保育園の読書環境の整備不足	2
母親同士が子育て等について話し合える場を求めていたこと	2
その他	5
記載なし	9

(注1) きっかけを複数挙げているグループの分は全て集計
(注2) 「日本子どもを守る会」の月刊雑誌『子どものしあわせ』読書会がきっかけとなった例が2件あった

表3-2 グループの目的／願い (注3)

A：良質な教育・娯楽コンテンツの提供による子どもの育成	18
A-1：「よい本」の提供 (注4)	うち10
A-2：「よい本」による親子の交流機会／親が子どもを知る機会の創出	うち5
A-3：「よい本」による知識、思考力、豊かな心を備えた子どもの育成	うち3
B：文化的な地域づくり	15
B-1：地域の文化の振興・向上	うち8
B-2：公共図書館等の公共の文化施設の整備／充実のための働きかけ	うち4
B-3：地域の子ども同士が（年齢を越えて）交流できる場の創出	うち3
C：読書振興	15
C-1：子どもの読書習慣形成／本好きな子どもの育成	うち7
C-2：子どもへの読書機会（読書のよろこびを知る機会）の提供	うち5
C-3：大人への読書機会の提供	うち3
D：その他 (注5)	4
記載なし	2

(注3) 目的／願いを複数挙げているグループの分は全て集計
(注4) 「よい本」は、テレビやマンガとは対照的なものと位置付けられていた
(注5) 積極的に発言できる子どもの育成、親子読書会の普及、様々な人との出会いを子どもに経験させること、読書グループの連携など

表3-3　周囲の環境の問題点（注6）

地域開発の弊害（注7）	5
文化的環境の不十分（注8）	4
テレビ／マンガの氾濫	3
つめこみ教育	2
子どもに読書習慣をつける働きかけの不足	2
その他（注9）	6
記載なし	19

(注6) 周囲の環境の問題点を複数挙げているグループの分は全て集計
(注7) 子どもの遊び場の減少、自然破壊など
(注8) 図書館がない／遠い、小さな児童遊園以外の文化的施設がないなど
(注9) 親子の交流不足、子どもが異年齢で遊ぶ機会の減少、保守的な地域で市民運動が起こりにくいなど

表3-4　グループの活動や運営に関する困難（注10）

A：人、もの、資金の不足	20
A-1：運営に関わろうとする母親が少ないこと	うち5
A-2：教師の関わりの少なさ（教師に指導してほしいが難しい）	うち3
A-3：男性の関わりの少なさ	うち3
A-4：近隣の読書団体、教育団体との連携の不十分	うち2
A-5：活動資金の不足（世話役は手弁当になりがち）	うち3
A-6：課題図書の調達についての困難（注11）	うち2
A-7：活動のための本の不足	うち2
B：参加者の増減、入れ替わりに伴う困難	9
B-1：読書会の規模が大きくなることに伴う困難（注12）	うち4
B-2：参加者の入れ替わりに伴う困難（注13）	うち3
B-3：通塾等での高学年の参加者の減少	うち2
C：知識や技術の不足	8
C-1：選書の困難	うち5
C-2：司会することについての困難	うち3
D：学校の授業と読書会の線引きについての困難（注14）	3
E：地域の人々からのいわれのない中傷、偏見（注15）	2
F：地方都市ならではの困難（注16）	2
G：その他	12
H：記載なし	3

(注10) 困難を複数挙げているグループの分は全て集計
(注11) 経済的負担、とりまとめる世話役の負担など
(注12) 大人数の読書会だと集中が薄くなる子どもがいる、異年齢をまとめることが困難、事務量の増加など

(注13) 子どもが卒業した後の親の関わり方、新旧会員の知識や経験のバランスのさせ方など
(注14) 会場が学校なので気持ちを切り替えにくい、塾だと思って読書会に通わせる親がいるなど
(注15) 具体的な言葉としては「おなごのくせに」が挙げられている
(注16) 本の調達、外部の講演会への参加や講師招聘が困難など

表3-5　グループの活動の成果 (注17)

A：子どもが自ら考え表現できる機会の創出と、それに伴う子ども間・親子間の理解の深まり	31
A-1：子どもが活発に発言できる場所（読書会）をつくれた	9
A-2：本への反応の仕方などを通して親子が互いの考え方や経験を知る機会を得られた	7
A-3：遊び、創作活動、イベント企画などに、子どもたちが自ら夢中で取り組むようになった	7
A-4：子どもが学校では得られない解放感を味わえた	4
A-5：個人読書では得られない集団読書の楽しさを味わえた (注18)	4
B：子どもの読書活動の振興	17
B-1：子どもに読書習慣がついた／本好きになった	7
B-2：子どもたちが本の世界に浸ったり、想像を広げたりするようになった	6
B-3：子どもたちが本の内容を深く考える機会を得た	2
B-4：子どもが自分でも「よい本」を選んで読むようになった	2
C：自治体の読書環境の改善、その過程での母親の視野の拡大	15
C-1：自治体にかけあい、読書環境の改善（移動図書館の設置等）を実現した	10
C-2：母親が我が子だけでなく、子ども達のために動いたり、行政に働きかけたりするようになった	5
D：母親が様々な人と出会い、連携する機会を得たこと	13
D-1：子どもの読書や児童文化の振興に取り組む仲間が増えたり、仲間とのつながりができたりした	8
D-2：母親同士のつながりができた	3
D-3：母親と教師の交流の場ができた	2
E：大人の読書活動の振興	10
E-1：母親や教師の子どもの本への関心や理解が高まった	8
E-2：親にも読書力／読書習慣がついた	2
F：作家など、親子読書会でなければ会えない人との交流機会を得た	3
G：その他 (注19)	16
記載なし	1

(注17) 活動の成果を複数挙げているグループの分は全て集計
(注18) 意見交換の楽しさ、友だちと一緒に過ごせること自体の楽しさなど
(注19) 母親の発言力が向上した、子どもの書く力が向上した、講演会を誘致できた、社会問題について考える機会や自然の中で遊ぶ機会を得られたなど

本」による親子の交流機会／親が子どもを知る機会の創出を挙げたのが5グループ、A-3：「よい本」による知識、思考力、豊かな心を備えた子どもの育成を挙げたのが3グループであった。うち3グループはA1〜A3の中の複数の目的・願いを挙げていた（「表3-2　グループの目的／願い」より）。ここで言われる「よい本」は、「質的に貧困で退廃的」[33]なテレビやマンガとは対照的なものとして位置付けられていた。また、「よい本」を親子で一緒に読み、話し合うことは、「親子の断絶や働く母親の増加などが言われる中」で「親子のつながりを深め」る契機と見なされた[33]。さらに、「よい本」はテレビやマンガだけでは身に付かない知識や思考力、豊かな心を備えた子どもの育成に資するとされていた。ここからは、グループが結成され活動目的を定める時点での親や教師の関心が、子どもに何を提供すべきかに注がれていたことが分かる。

　そして、グループの目的／願いの背景を理解する手がかりとなるのが、母親や教師の指摘するグループの周囲の環境の問題点である。周囲の環境の問題点には検討対象の27グループのうち8グループが言及していた。最も多く挙げられていたのは、地域開発の弊害（5グループ）で、宅地や工場、道路の造成のため従来の子どもの遊び場が減少したことや、自然が破壊されたことなどであった（「表3-3　周囲の環境の問題点」より）。これはグループの目的や願いとして、親子読書会を子ども達が再び仲間と交流するための場とすることが挙げられていたのと表裏に見える。周囲の環境の問題点としてはこれに次いで、図書館がない／遠い、小さな児童遊園以外の文化的施設がないといった、文化的環境の不十分（4グループ）も挙げられていた（「表3-3　周囲の環境の問題点」より）。これは、グループの目的や願いとして文化施設の整備が挙げられていたことと呼応している。

4.2　活動の具体的成果としての子どもの発言の増加、参加者の自己理解・相互理解の進展

　それでは、良質な教育・娯楽コンテンツの提供による子どもの育成を主目的に結成された親子読書会は、どのような困難を抱えつつ活動し、一定期間活動した後に何を活動の成果として提示したのだろうか。

グループの活動や運営に関する困難には検討対象の27グループのうち24グループが言及しており、それらを分類・集計したところ、主に3つの観点から悩みが挙げられていた。3つの観点とは、A：人、もの、資金の不足（運営に関わろうとする母親が少ない、課題図書の調達が困難など）、B：参加者の増減、入れ替わりに伴う困難（参加人数が増えるほど子どもを集中させるのが難しくなったり事務量が増加したりする、新旧会員の知識や技術の差に苦慮する、高学年になると通塾等で脱会者が増えるなど）、C：知識や技術の不足（選書や司会の方法に不安があるなど）であった（「表3-4　グループの活動や運営に関する困難」より）。

　そして、これらの困難を抱えつつも一定期間活動した後、グループの母親や教師が挙げた活動の成果は次のようなものであった。活動の成果は検討対象の27グループのうち26グループが言及しており、それらを分類・集計したところ、主に6つの観点から成果が挙げられていた。6つの観点とは、A：子どもが自ら考え表現できる機会の創出と、それに伴う子ども間・親子間の理解の深まり、B：子どもの読書活動の振興、C：自治体の読書環境の改善、その過程での母親の視野の拡大、D：母親が様々な人と出会い、連携する機会を得たこと、E：大人の読書活動の振興、F：作家など、親子読書会でなければ会えない人との交流機会を得たこと、である（「表3-5　グループの活動の成果」より）。

　最も多く挙げられていた観点は、観点A：子どもが自ら考え表現できる機会の創出と、それに伴う子ども間・親子間の理解の深まり、に属するもので、A-1：子どもが活発に発言できる場所（読書会）をつくれた（9グループ）、A-2：本への反応の仕方などを通して親子が互いの考え方や経験を知る機会を得られた（7グループ）、A-3：遊び、創作活動、イベント企画などに、子どもたちが自ら夢中で取り組むようになった（7グループ）、A-4：子どもが学校では得られない解放感を味わえた（4グループ）、A-5：個人読書では得られない集団読書の楽しさを味わえた（4グループ）が挙げられていた（「表3-5　グループの活動の成果」より）。

　興味深いのは、グループ結成のきっかけや目的についての語りでは、大人が

子どもに提供すべき教育・娯楽コンテンツ、すなわち「良い本」などに力点が置かれているのに対して、成果についての語りでは、そのコンテンツに触れた子どもがどう反応したかに力点が置かれていることである。成果についての語りでは読書会等で活発に発言し、自ら遊びやイベントを考え出す子どもの姿が、「表3-2 グループの目的／願い」の観点A：良質な教育・娯楽コンテンツの提供による子どもの育成、で目指されたものの具現化として語られる傾向が見られた。

　また、グループの活動成果についての語りでは、親子読書会の活動はテレビ視聴と異なるのはもちろん、学校での詰め込み教育とも異なるものと位置付けられる傾向が見られた。これは、グループ結成のきっかけや目的についての語りにおいて親子読書会の目指す活動が、主に孤独なテレビ視聴、すなわち、地域開発で遊び場を奪われ、両親とも働きに出ている子どもが家の中で1人で「質的に貧困で退廃的」[33]なコンテンツに接することと対照されていたことからの変化である。この変化は、親子読書会に一定期間取り組んだ母親や教師が、グループの意義として子どもが「良い本」に接することのみならず、子どもが本や仲間からの刺激を受けながら自ら発言／表現できるようになることを見出す場合が多いことによって生じている。子どもが仲間と関わり合いながら育つ場としての読書会の意義について母親たちは、低学年と高学年の子どもが互いの発言を聞き合い、刺激し合って、集団で読書する中で育っている[29]とか、幼児から高学年までいっしょの中で、楽しく聞き、すなおに感想・意見が発表できている[34]といった言葉で説明している。そしてこの段になると、テレビの問題点として、「貧困で退廃的」[33]なコンテンツが放映されていることのみならず、受動的な娯楽であることがより強く意識されるようになった。テレビ視聴と詰め込み教育はどちらも子どもの能動性を削ぐものと見なされ、子どもが自ら発言し話し合う親子読書会と対置されていた。

　親子読書会の親や教師によるこうした記述は、グループの活動が積み重なる中で、結成当初はやや漠然としていた「良質な教育・娯楽コンテンツの提供による子どもの育成」という目的が、子どもが読書会の仲間と発言や表現を交わし合うことを通して視野を拡大したり相互理解を深めたりしていくという具

体的イメージへ絞り込まれていったことを示唆している。また、これらの記述からは、絞り込まれた目的達成の度合いが、参加者（特に子ども）が自ら発言、表現をする頻度や、仲間の働きかけにより何らかの気づきを得る頻度によってはかられるようになっていったことも見てとれる。

5 親子読書会での子どもの発話はどのように促されたか

前章第4章で検討した『親子読書』の読書グループ等の紹介コーナーの記事からは、親子読書会の母親や教師が、読書会の参加者（特に子ども）が自ら発言／表現をしたり、仲間の発言／表現を受けてそれまで気づかなかったことに気づいたりするようになることを、グループの活動の具体的成果と見なしていたことが明らかになった。

そして、親子読書会の母親や教師が子どもの発言の有無を気にかけ、時に焦燥感や苛立ちを覚えつつも根気強く発言を促そうと試みていたことは、『親子読書』紹介コーナーの記事以外にも表れていた。ある親子読書会で世話人をつとめた母親は、『親子読書』の質問コーナーで、読書会の子どもたちの自主性はどう育ったか、という質問に回答するにあたり自身の属するグループの活動を振り返り、「無気力だ、無責任だ、無感動だといわれて久しい現代っ子たち」は、「月に一度の読書会に一年あまり参加しただけで、急に自主的になったり、友だち思いになったり、国語の成績がよくなったりする筈もなかった」[35]と述べた。その上で、「母親同士の連帯・社会的視野の広がり方に比べて、子ども同士の連帯・自主性の盛り上がりの無さがいつも気がかり」[36]ではあったが、母親たちが懸命に会場や本を確保し、子どもを迎え続けるのを5年程続けた後、読書会の子どもが自らペープサートや創作紙芝居を企画、練習し町民文化祭で発表するまでになったと続けた。

また、別の読書会の世話人の母親たちは、指導者の教師との座談会で、「子どもにかっこいいことをいってほしいと思うのは親のエゴよね」[37]と認めつつ、「『11ぴきのねことあほうどり』の時には、私はわざわざ［引用者注：物語に大きく関わる食べ物である］コロッケをつくったのですよ。それを読書会で話すかと思ったけど、何も言わないの。がっかりしたわ」[37]とか、子どもが読

書会で「発言するまでに、なんと三年以上もかかりました。それまでは、会費は五十円だからいいやと思っていましたが、自由に話さないのでイライラしました」[37]などと率直に語った。

　これらの記録はいずれも、親子読書会の母親や教師にとって子どもの発言の有無が一大問題であったことを示している。そこで本章第5章では、親子読書会での子どもの発言が母親や教師によりどう促されていたか、また、母親や教師が自ら発言し始めた子どもとどのような関係を築こうとしたかに特に着目しながら親子読書会の実践記録を検討する。親子読書会の実践記録からは、教師や母親らが親子読書会での子どもの発話や表現を促し、解釈する際の態度について、①大人の予想から外れる子どもの発言と向き合う、②読書感想を掘り下げ、自己の経験、感情、知識を明確化する、③共通言語の獲得により参加者間の共同性を高める、という3点の特徴が見えてきた。①は子どもが発言した際の態度として、②は子どもに発言を促す際の態度として、③は①・②を通して参加者の間に対等な関係と相互理解が生まれたことを受けての態度として、多く見られた。また①〜③はいずれも「かっこいいことをいってほしい」という「親のエゴ」[37]を押し通そうとする態度とは異なるものであった。これら①〜③について、本章第5章の1節〜3節で順を追って検討していく。

5.1　大人の予想から外れる子どもの発言と向き合う

　親子読書会に関わる人々の間では、子どもの反応が大人の予想を超えたり外れたりするものであった場合でも、否定せずにそれと向き合うことが、大人のあるべき態度として共有されていた。

　それがよく表れているのが、『親子読書』の読者が支持した「井戸端会議」としての親子読書会モデル[38]である。同モデルは、児童文学者であり、子ども文庫「豆の木文庫」の主宰者であり、各地の親子読書会にたびたびゲストとして招かれてもいた長崎源之助によって提唱された。『親子読書』の1971年11月4号の巻頭言において「井戸端会議」モデルが示されると、早くも次々号（1972年2月6号）の読者投稿欄にモデルを支持する声[39]が掲載された。さらに長崎は翌年の親子読書・地域文庫全国連絡会第2回総会で講演を行い、そこで再び

親子読書会は「井戸端会議」であるべきと訴えた。「井戸端会議」としての親子読書会モデルの要諦は、親子読書会は親と子どもが「自由にいいたいことがいえる」[38]場であるべきということだった。

親子読書・地域文庫全国連絡会の世話人の教師の1人は同モデルに依拠しながら、教師は指導の目標を立てて達成するというのが習慣になっている場合が多いが、読書会で司会をする際には「教師の殻をぬぎ」、自分が子どもに学んでほしいことを学ばせようとするのでなく「本を媒体にして、子ども達が思考の輪を伸び伸びと広げて」いくことができるようにすべきと述べた[40]。また、日本の親子読書会の創設者である代田昇と増村王子も、親子読書会の指導者や司会者についてこれと重なる見解を提示していた。代田は、親子読書会の指導者や司会者は、それを教師が務めるのであれ親が務めるのであれ、子どもの意見を否定しない「ものわかりのよいおじさん、おばさん、おにいさん、おねえさんであってほしい」[41]と述べた。また、増村は、指導者／司会者が注力すべきは読み方を教えることではなく、子どもが自分の暮らしや個性と作品とをどのように接続しようとしているかを見抜き、子どもが「自分で作品の中へいきいきとはいっていき、自分自身で空想の世界にはばたける」ように手助けすることだと述べた[42]。

それでは、親子読書会の教師や母親は、子どもの発話や態度が大人の予想を超えたものであった場合、それとどう向き合っていたのだろうか。向き合い方には、少なくとも次の3つの方法があった。

5.1.1 大人の常識を留保し、大人の常識から外れる子どもの発想を楽しむ

1つ目は、大人にとっての常識や大人が慣れた価値判断の基準を留保し、大人が思いつかない発想に出会えたことを面白がることである。この方法は、親子読書会の指導を長年続けてきた教師によって用いられる場合が多かった。

例えば親子読書会の創始者の代田昇は、『大きなかぶ』の読書会で、登場人物がカブを引っ張る画面の「○○が△△をひっぱって、うんとこしょ、どっこいしょ」を一緒に声に出すよう促された子どもたちが、最後に「かぶが土をひっぱって、うんとこしょ、どっこいしょ」を付け加え、大人が「おじいさんが

かぶをひっぱって」までで止めようとしても止まらなかったことが「なんとも魅力的」だったと述べている[43]。代田は、子どもが揃って「かぶが土をひっぱって」と唱和する光景は大人から見れば「異常」で「全く考えてもみなかった」ものだが「自然の理にかなっている」ものでもあり、「おとなの論理にはとんちゃくしないで」「土まで自分たちのなかまに入れ」て「空想豊かに振舞う」子どもの姿に「"やられた"と思った」と回想している[43]。

　また、ある母親は初めて親子読書会に参加した時、読書会のベテラン指導者であり小学校教師でもある上岡功が「うん、すごい！おじさんは、いままでこんなこといったの、聞いたことないよ」などと反応しながら子どもの反応を引き出す姿を見て、読書会では「大人たちの心を固定観念から解放」しつつ「子どもが真に子どもらしい発想」をして「個性をのばして」いく試みがなされていると感じ、心を動かされたと述べた。その母親によれば、読書会後の上岡と母親の懇談会では、母親が下手に「かっこいいこと」を言ったり「きまじめ」な質問をしたりしたら「茶化されてしまいそう」な雰囲気[44]が漂っていたという。ここでの「かっこよさ」や「まじめさ」の追及は、大人が「常識」に基づくものごとの良し悪しを無意識に前提としたり、それに囚われたりしていることの現れと位置づけられている。親子読書会では、大人にとっての常識や価値判断を相対化する＝茶化す、ことが目指されていたと言える。

5.1.2　子どもの反応を大人のものの見方を広げるよすがとする

　子どもの発話や態度が大人の予想を超えたものであった場合の向き合い方の2つ目は、子どもの反応を大人のものの見方を広げるよすがとするものである。
　例えば、『モチモチの木』の読書会での経験を記述した母親は、読書会の話し合いを通して祖父母と孫の関係についての新たな見方を得たと述べた[45]。『モチモチの木』は、臆病な豆太と、豆太の臆病さを否定せずに慈しむ「じさま」を主人公とする物語で、「じさま」が急な病に倒れた晩、豆太が医者を呼ぼうと勇気を奮って夜道に駆け出していくのがクライマックスである。その母親は話し合いの前、祖父母は孫を甘やかしてしつけを駄目にすると考えがちだった。しかし、読書会で子どもたちと本の感想やそれぞれの家庭での祖父母と孫

の関係について話し合ううちに、祖父母の孫へのやさしさや孫の祖父母への甘えは親子のそれとは異なる部分があり、それゆえの良さもある、という気づきを得たという。この記述からは、読書会の参加者が子どもの見方と自分の見方を接続し、ものごとをより広い視野の中に位置づけようと試みていることが伺える。

5.1.3 子どもが自分とは異なる意見をもちうる存在だと認める

　子どもの発話や態度が大人の予想を超えたものであった場合の向き合い方の3つ目は、子どもが自分とは異なる意見をもちうる存在だと認めることである。
　例えば、椋鳩十の『マヤの一生』の読書会に参加した母親の記述を見てみる。『マヤの一生』は、第二次世界大戦を背景に、主人公と愛犬マヤの触れ合いを描いた物語である。マヤは政府の命令で「供出」されてしまうが、傷ついた身体で主人公のもとに帰ってきて息絶える。読書会ではこれを踏まえて参加者に「あなたならマヤを供出しますか」という問いかけがなされ、子どもは全員が「絶対に出しません」と答えたのに対し、母親は全員が「出さざるを得なかっただろう」と答えたという。『マヤの一生』の読書会について記述した母親は、この意見の相違が露になった場面を印象的な出来事として挙げ、親子の戦争体験の有無が意見を分けたのだろうと述べた[46]。
　既述の『モチモチの木』の読書会[45]では親子の意見の接続が試みられていたのに対し、『マヤの一生』の読書会[46]ではそうはされず、親子の意見は並列のままである。だが、『マヤの一生』の読書会の様子を記述した母親は、親子がそれぞれの意見を明確に示し、互いに妥協できない意見の相違があるのを認めることで、別々の状況で育った別々の人間としての親と子が立ち現れることにも読書会の価値を見出しているようにも見える。
　後に親子読書・地域文庫全国連絡会の会長をつとめた広瀬恒子もまた、「私が親子読書運動に関わる中で学んだ」のは、母親と子どもは「それぞれひとりひとりの人間として自立」すべき存在ということだと述べている[47]。この広瀬の発言は、近隣で母子心中があったことを受けてのものである。広瀬は、母子心中の知らせに心を痛めつつも、心中が母親と子どもを一体と見なす考え方か

ら生じることを示唆する。そして、親子読書運動をする中で学んだのはそれとは対照的な親子のあり方だと述べるのである[47]。

5.2 読書感想を掘り下げ、自己の経験、感情、知識を明確化する

前節で検討した通り、親子読書会では参加者の発言を受け止めるために大人にとっての常識や大人が慣れた価値判断の方法を留保することや、発言者の見解が自分のそれと異なった場合にはそれをそれとして認め、相手に意見を曲げさせたり自分が妥協したりしないことが試みられていた。これは、発言がなされた後の態度についての試みと言える。一方、親子読書会では、司会者の教師や母親が、作品の解説や作品への評価を述べた上で参加者に発言を促したり、参加者の発言に対して司会者や別の参加者がコメントして追加の発言を求めたりすることもあった。本節ではこのような発言の促しがどのようになされたのか、それが、「子どもたちが自ら考え自ら労働し、自ら物を創造するという、子どもの文化活動」[8]としての親子読書運動の趣旨とどう折り合っていたのかを検討する。

本節ではまず、司会者が作品の解説や評価をどのように行っていたかを検討し、その後、司会者による参加者への発言の促しがどのようになされていたかを検討する。

5.2.1 「私の感動」の成り立ちを説明する司会者

親子読書会の実践記録からは、読書会の司会者が、自身の心の動き、すなわち、外ならぬ自分がその本のその箇所に感動したことを起点に作品の解説や評価を行っていたことが見てとれた。司会者のこの姿勢は、教科書に掲載された文学作品評を鵜呑みにして「読書指導」を行おうとする教師の姿勢や、教育委員会作成のブックリストに掲載されているからという理由で自分が読んでいない本を子どもに勧める親や教師の姿勢とは対照的なものと言える[48]。

司会者は、読書会に先立って自分の読書感想の掘り下げを行い、それに基づいて読書会での議論をリードした。すなわち司会者は、その文学作品が自分の感動をどう呼び起こしたかを、子どもの理解や共感を得やすいやり方で語るこ

とで、子どものその作品への興味をかきたてようと試みていた。例えば、『ふなひき太良』の読書会で司会をつとめた教師の記述[49]を見てみる。『ふなひき太良』は、薩摩藩の植民地のような扱いを受けていた南国の島（沖縄）に暮らす太良を主人公とする物語である。太良は、台風の被害を受けた島にやって来て島民を助けるどころか税を搾ろうとする薩摩の役人が乗った船を全力で陸に引き上げ、命を使い果たして岩になる。教師は、読書会で司会をする前に、自分がどのようにして物語に感動したかを整理していた。そして、役人の仕打ちに耐えるばかりでなく抵抗する途を村人に示した太良の姿に感じ入ることができたのは、自分が沖縄の歴史や風土についての知識をもっていたからだと自覚した。教師はこの自覚に基づき、沖縄についてほとんど知らない2年生の子どもたちに、沖縄がどんな場所かを語って聞かせたという。教師が本の内容を話し合う前に約30分をかけて語ったのは、沖縄は亜熱帯の島でバナナやパイナップルなどが実る一方、台風の通り道になりやすくその度に家屋や畑が被害を受けて飢饉にも苦しんできたこと、薩摩藩やアメリカの行政下に置かれて理不尽な思いを味わってきたことなどであった。そして、教師の沖縄についての説明の後に物語に触れた子どもたちは、薩摩の搾取のひどさやそれに抵抗することの難しさ、その中で太良や太良に呼応する村人が役人の船を陸に引き上げようと奮った勇気がどれ程だったかをはっきりとわかった様子を見せたという。教師の沖縄についての細やかな説明は、子どもに教師の味わった感動をたどる道筋をつけるための工夫と言える[49]。

　この教師の試みからは、親子読書会の司会者による作品評価や解説が、権威ある人の見解の提示ではなく、その司会者が作品を理解し感動するまでの過程の丁寧な伝達であったことが見てとれる。もちろん、そのようなプレゼンテーションがなされていたことと、参加者が司会者の権威を感じなかったこととは単純にイコールにはならない。しかし司会者が、自分の感動に焦点化して語ることをよしとする姿勢をとっていたことは、参加者が自分も何に心を動かされたかを起点に語ろうと試みるのを少なからず後押ししていたと考えられる。教師の試みからはまた、読書感想の掘り下げが、感想の前提となっている経験や知識を明確化して相手に伝える試みでもあったことが見てとれる。

5.2.2 本のその箇所に心惹かれた理由を掘り下げる参加者

　既述の通り親子読書会の司会者は自分がなぜその本のその箇所に心を惹かれたかを掘り下げた上で司会に臨んでいたが、心惹かれた部分を掘り下げることは、司会者のみならず、読書会の参加者のなすべきことともされていた。読書会の参加者は、読書会の場で司会者や参加者仲間から、本の登場人物への共感や憧れの源となった自身の感情や体験と向き合うよう促された。

　前出のベテラン助言者の小学校教師、上岡功は、『ちからたろう』の読書会について記述した文章で、子どもの1人が、自分が「ちからたろう」に夢中になる理由を掘り下げて自分の中にある願望を確認できたことを、読書会ならではの良さとして挙げた[50]。「ちからたろう」を好きになった理由を問われた子どもは、それをすぐには見当てられずにいたが、一緒に参加していた友人から、転校生に喧嘩で負けたからではないかと指摘され、涙ぐみながらまだ勝負はついていないと言い返したという。これについて指導者の教師は、転校生が来るまでは負け知らずだったその子が「ちからたろう」の強さに憧れるのは自然なことだと述べた。そして、その子の涙を、友だちの指摘によって自分でも気づかないうちに大きな悔しさを抱えていたことや、その悔しさゆえに「ちからたろう」への憧れを募らせたことを自覚したことによる涙だと解釈した。本論が注目したいのは、この親子読書会の記録において、司会者や参加者仲間からの発言の促しが、促された人のものごとの感じ方や考え方を規定する行為としてでなく、促された人が既に身の内に抱えていたものに気づき、表現することを促す行為と位置づけられていることである。この位置づけは発言の促しを、「子どもたちが自ら考え自ら労働し、自ら物を創造するという、子どもの文化活動」[8]への援助と見なすことを可能にするものである。

　なお、読書会仲間の前で自分の読書感想の根本にある悲しさ、恥ずかしさ、くやしさなどの負の感情やそれにまつわる経験と向き合ったり、それら負の感情や経験を読書会仲間に開示しながら作品を鑑賞したりすることは、子どもだけでなく大人によっても行われていた。たとえば、『とんまなおじさん』という詩を題材にした読書会では、参加した母親たちが自分の「とんま」の実体験を披露しながら感想を述べ、子どもたちの笑いを誘いながら作品を味わったと

いう[27]。

　また、『親子読書』には、当時の親世代（高度経済成長前や第二次世界大戦中に子ども時代を過ごした人々）の体験を語る手記がしばしば掲載されていた。例えば、1972年8月に刊行された『親子読書』12号では「母が子に語るとっておきの話」が募集され[51]、後日刊行の複数号にわたって掲載されたり、1973年8月に刊行された同24号からは「私が子どもだったころ」というコーナーが常置され親世代の人々の子ども時代のエピソードが毎号披露されたりした。既述の『マヤの一生』の読書会の記録の指摘に見られる通り、親子読書会の参加者は、親子の読書感想の違いが、育ってきた時代の状況に由来する体験の違いから生じる場合があることを認識していた。その認識が、「自分［引用者注：親世代］の体験した珍らしいこと、かなしいこと、美しいことなどをはじめ、自分がこのことだけは我が子や現代の子どもたちに語っておきたい、知っておいてもらいたい」という「歴史的な『とっておきの話』」[22]を作品に仕上げて『親子読書』で共有するという試みにつながったのではないか。『親子読書』への親の子ども時代のエピソードの掲載は、親にとっては自分の読書感想の根本にあるものと向き合う機会であり、子どもにとっては親の読書感想の基底にあるものへの理解を深める機会として機能していたと考えられる。

5.3　共通言語の獲得により参加者間の共同性を高める

　上述の通り、親子読書会での発話その他の表現を通した読書感想の提示は読み手自身の思考、感情、経験、知識の提示と見なされており、自分の読書感想を説明したり仲間からの質問に回答することを通して読書感想の根本にある自分のものの見方や感じ方に向き合えることが読書会の良さとされていた。

　その一方で、参加者がそれぞれの読書感想を掘り下げて提示することは、参加者の自己理解の深まりとしてのみならず、他者との相互理解をベースとした他者との共同性の高まりとしても記述されていた。その共同性は具体的には、①互いの感想を聞きながら読んだ本の内容やイメージが共有の資源となる、②一緒に読んだ本のキーワードを用いて自分や相手の振る舞いを記述することが可能となる、③キーワードを用いることが読書会で培った相手への前向きな印

象や共に読んだことへの満足感を想起させる、といった視点から述べられていた。

例えば、『おふろでちゃぷちゃぷ』の読書会の記録[52]を見てみる。『おふろでちゃぷちゃぷ』は、服を脱いでお風呂へ行き、体を洗ってという入浴の一連の流れをリズミカルな言葉を繰り返して描いた絵本である。司会者の教師によれば、読書会に参加した5歳から3年生までの子どもは、司会者の教師の読み聞かせに呼応して「どこいくの」「いいとこ　いいとこ」、「まって　まって　今○○したとこ」を口に出すのを楽しみ、自分が入浴する時はどのように服を脱いだりお風呂場で遊ぶかを嬉々として話した。そして親子読書会の後、参加者たちは暮らしの中で折に触れ「どこいくの」「いいとこ　いいとこ」、「まって　まって　今○○したとこ」というキーワードを口にするようになった。

絵本の中では「いいとこ」は浴室を指しており、「今○○したとこ」の○○には入浴の準備の振る舞い、例えば、「セーター脱いだとこ」が入る。しかし、暮らしに取り入れられた後の「まって　まって　今○○したとこ」はお風呂場に限らず急いで支度して出かけなくてはならない場所がある時に使われ、「いいとこ」も生活の文脈に合わせて浴室以外を指して用いられる場合もあった。パロディ的な要素を含むこのようなキーワードの使用は、原点となる本の情報を共有していることで可能になっている。

また、子どもがキーワードを口にすることは、その由来を共有している大人に子どもと情報やイメージを分かち合っているという結びつきを思い起こさせるのみならず、読書会で子どもが見せた大人を感嘆させるような振る舞いや、子どもが本を読んでいることの喜ばしさをも思い起こさせるものとして機能している。『おふろでちゃぷちゃぷ』の司会をした教師は、後日、子どもと共に読書会に参加した父親から「うちのこぞうも、まんざらバカでもなさそうだよ。あの本を読んでもらったら、すっかりおぼえちゃって、毎日、まってまってってやってるだあ」[53]と言葉をかけられたという。この父親の言葉からは、日常に取り入れられた「まって　まって」を親子で楽しめることへの喜びのみならず、子どもが本に興味を示し、読書会で教師とかけ合いながら朗読するうちに文章を暗記するなど「まんざらバカでもない」[53]様子を見せたことへの喜びも

うかがえる。

『おふろでちゃぷちゃぷ』の読書会記録と同様、親子読書会での読書感想の交換をとおした参加者間の共同性の高まりを記述した文章には『わたしのワンピース』の読書会で司会をつとめた母親の手によるものもある[54]。『わたしのワンピース』は真白い布のワンピースを着たうさぎの子どもが散歩に出かけると、うさぎの子が心を躍らせた光景が布に写し取られるという物語である。白いワンピースは、花畑を歩けば花柄の、夜空を見上げれば星の模様のワンピースになる。物語を一段と印象的にしているのは「ラララン　ロロロン」「○○もようのワンピース、わたしににあうかしら」という言葉の繰り返しである。

『わたしのワンピース』の司会をつとめた母親は、それらの印象的な言葉を楽しみながら親子で読書をした後の話し合いで、子どもたちがうさぎの子の散歩の続きを想像し、その様子を絵に描きたいと言い出したことに圧倒される。その母親は司会に臨むにあたり、自分ならば場面ごとにワンピースの絵柄を丸ごと変えるのでなく、前の場面の絵柄の間に次の場面のそれが織り込まれるのが良いというところまでは想像していたが、子どもたちの想像の広がりはそれを凌ぐものだったという。そして司会者をつとめた母親は、読書会の記録を、「私も［引用者注：子どもたちのように］心をやわらかくして」「ラララン　ロロロン」と歩いてみたい[55]、という言葉で結んでいる。司会者の母親が最後に用いる「ラララン　ロロロン」という言葉の中では絵本のイメージ、その絵本を共に楽しんだ子どもたちの創造力に感嘆した思い出、そして司会者の今現在の行動が響き合っている。そして司会者の母親はこの読書会の記録を公開することにより、「ラララン　ロロロン」というキーワードを自分と同じように聞き取れる人たちとの共同性をいっそう高めている。

おわりに

本論は、1970年代前半の親子読書会の活動を、狭義の読書推進運動を超えた母親と教師による児童文化運動、すなわち、「子どもたちが自ら考え自ら労働し、自ら物を創造するという、子どもの文化活動」[8]を保障しようと試みる運動、という視点から解明するため、親子読書・地域文庫全国連絡会の月刊誌

『親子読書』の記事を分析し、その結果に基づいて、3つの問いに回答を与えることを目指してきた。3つの問いとは、①親子読書会の活動は狭義の読書を超えてどのような広がりをもっていたか、②親子読書会の母親と教師は活動の目的・成果として何をどのように見出したか、③親子読書会の母親と教師は大人と子どもが共に読む場での子どもの自発的な発言や表現を促すため何を試み、子どもたちとどんな関係を築こうとしたか、である。

　まず、問①親子読書会の活動は狭義の読書を超えてどのような広がりをもっていたか、に本論が与える回答を示す。親子読書会の活動の基礎は幼児〜小学生とその母親が月1回程度の読書会に集まり読書感想を述べ合うことで、子どもの本に詳しい小学校教師が指導者／助言者として参加する場合も少なからずあった。その一方、大半の読書会では年に1回〜数回、キャンプや外遊び等の野外活動の機会が設けられていた。また、定例の読書会の中で描画や工作等を行うグループもあった。野外活動では、本でしか知らなかったことを五感で味わうことが目指され、描画や工作では本を読んで感じたことを言葉以外の手段でも表現し、自由に発展させることが目指されていた。

　狭義の読書以外にも、子どもの能動的な思考や表現を促すことが期待される多様な活動を提供するという親子読書会の姿勢がどのように形成されたかは、問②親子読書会の母親と教師は活動の目的・成果として何をどのように見出したか、の検討を通して理解できる。

　本論の問②への回答は以下である。親子読書会の多くは、産業開発によって子どもの遊び場が減るのと同時に共働き家庭が増え、子どもは1人家の中で「質的に貧困で退廃的」[33]なテレビやマンガに時間を費しがちになっているという問題意識のもと、「良い本」に代表される良質な教育・娯楽コンテンツを子どもに提供することを目的に結成された。しかし、活動の継続と共に何を提供するかのみならず、コンテンツに触れた子どもがどう反応するかにも目を向けるようになった。最終的に親子読書会の母親や教師は、子どもが自ら発言／表現したり仲間と共に視野を拡大したりする姿を見せることを、親子読書会の成果として、かつ、グループが「良質な教育・娯楽コンテンツの提供による子どもの育成」という目的を果たしている証左として提示するようになった。

なお、多くの親子読書会は、結成時点ではグループの活動を「質的に貧困で退廃的」[33]なテレビやマンガをみることと対照させていたが、一定期間活動してその成果を語る段になると、自分たちの活動をテレビやマンガをみるのとはもちろん、学校での詰め込み教育とも異なる活動と位置付けるようになった。テレビ、マンガ、詰め込み教育はいずれも子どもの能動性を削ぐものと見なされ、子どもが自ら発言／表現し話し合う親子読書会と対照された。問①への回答で述べた親子読書会の多様な活動は、このようにして親子読書会の母親や教師が「良い本」を提供するだけでなく子どもの能動的な姿勢を引き出そうと試みる中で生み出された。それらの活動はいずれも、子どもたちに日常生活では得難い経験、つまり、家での孤独で受動的なテレビ／マンガをみる活動とも学校での詰め込み教育とも異なる経験を与えるものと見なされ、そうした経験を通して子どもが自ら考えたり表現したりできるようになることが期待された。

　最後に③：親子読書会の母親と教師は大人と子どもが共に読む場での子どもの自発的な発言や表現を促すため何を試み、子どもたちとどんな関係を築こうとしたか、に本論が与える回答を示す。上記問②への回答で述べた通り、親子読書会が目指した「良質な教育・娯楽コンテンツの提供による子どもの育成」が果たされていることの証左は、子どもが自ら発言／表現し、仲間と共に視野を拡大していく姿を見せることに求められた。そのため、親子読書会の母親や教師は参加者、特に子どもが発言しやすい環境をつくり参加者の発言を促すことに多くの労力を費やした。

　発言しやすい環境づくりで特に意識されたのは、大人にとっての常識や価値判断の基準を留保して子どもの意見に耳を傾けること、また、子どもと大人の意見が折り合わない場合でも、そのような違いが存在すると認めるように努めることであった。また、発言の促しは意見の押付けや同調の求めとは異なるものとして提示されていた。親子読書会の議論をリードする司会者は、作品評価や解説を行うにあたり、それらを権威のある人の見解としてではなく、その司会者の心の動きの丁寧な伝達として提示しようと試みていた。司会者は、読書会に先立って自分の読書感想の掘り下げを行い、その感想の前提となった自身の経験や知識についても説明しながら参加者の意見を募った。また、司会者や

参加者仲間からの発言の促しは、促された子どもや母親のものごとの感じ方や考え方を規定する行為としてでなく、促された人が司会者と同じく、自分の読書感想の根本にある自身の感情や体験と向き合うための行為と位置付けられていた。
　このようにして、自分とは異なる意見を抱く場合もある相手の存在を認めたり、自分の読書感想を掘り下げてその根本にある経験や感情、知識を明確化し、それらの経験・感情・知識も含めて相手に伝えようと試みたりすることは、親子読書会に参加する親子の間に、互いを「ひとりひとりの人間として自立」[47]した存在として認め合う意識を育んだ。
　さらに、親子読書会の母親や教師は、参加者の間の対等で互いに自立した関係の上に、共同性を育もうとする姿勢も見せた。親子読書会の母親や教師は、読書会での発言は一義的には発言者自身の感情や思考の表出であるものの、互いの発言を聞き合い相互理解が深まることによって仲間と共同性が高まると考えていた。その共同性は、本の内容やイメージを共有の資源にできること、一緒に読んだ本の本のキーワードを用いて自分や相手の振る舞いを記述できるようになること、キーワードを用いることが読書会で培った相手への前向きな印象や読書したこと自体への満足感を想起させること、に由来するものとされていた。
　問①〜③の検討結果からは、児童文化運動としての親子読書会、すなわち、「子どもたちが自ら考え自ら労働し、自ら物を創造するという、子どもの文化活動」[8]の保障を試みるグループとしての親子読書会の全貌が見えてきた。親子読書会の大きな特徴としては、運営にあたる母親や教師が、会の提供する本や活動に触れた子どもが自ら発言／表現できるようになることを重視しており、子どもの発言／表現の頻度によって、会が「良い」娯楽・教育を提供できているかをはかろうとしていたことがある。親子読書会では狭義の読書の他に野外遊びや描画など多様な活動が行われていたが、いずれの活動にも子どもの自発性や創造力をかきたてることが期待されていた。また、読書会での話し合いの際、親や教師は子どもが自由に発言／表現しやすいよう、大人の常識や価値判断を留保して聞くことに努めていた。そして話し合いの参加者は大人も子

どもも、自分の読書感想を掘り下げて感想の根本にある自分の経験、感情、知識を明確化し、それらを丁寧に仲間に説明しようと試みていた。こうした試みを通して親子読書会の参加者は、互いのことを自分とは異なる意見をもつこともある自立した存在として認め、対等な関係を築いていった。さらに、読書会の参加者の間には共に読んだ本を資源とする共同性も育まれていった。

活発な話し合いを求めて読書会の参加者がたどり着いた、自分の感想や見解だけでなくその根本にある経験・感情・知識を見定めて相手に伝えようとする姿勢や、自身の価値判断を留保して相手の伝えることを受け止めようとする姿勢、自分との厳然とした違いを持つ場合があることも含めて互いに理解できたことに価値を見出す姿勢、そして、互いを理解する過程で共有した知識や情報を資源に共同性を育もうとする姿勢は、今日の公教育や社会教育で試みられている課題解決のためのリテラシーの獲得・向上支援のあり方にも少なからぬ示唆を与えるものである。

本論は冒頭で掲げた問いに上述の回答を与えたが、以下の3点についてはさらに検討していく必要があると考える。

1点目は、参加者の親子読書会の捉え方や読書会へのモチベーションが一枚岩ではなかった点についてである。本論では主に親子読書会の中心的メンバーや読書会の指導者をつとめた小学校教師による活動の記述を検討しているが、こうした中心的メンバー以外の親の読書会への意味づけは中心的メンバーのそれと同一ではないと思われる。このことは中心的メンバーによる文章の中の、読書会を読解力や作文力向上のための塾だと思って子どもを参加させる家庭があって困る[56]とか、運営に携わる人員を確保するのに苦労している[57]といった言葉が見られることから推測される。今後はこうした参加者間の温度差についても検討していく必要がある。

2点目は、親子読書会の子どもがグループでの経験にどのような解釈を与えていたかについてである。『親子読書』1977年6月号の「私にとって文庫・読書会は何であったか」と題された座談会[23]に参加した子ども(幼児〜小学生時代に親子読書会に参加していた中高生)の言葉は、子どもの経験が大人のそれと重なる部分とそうでない部分があることを示唆している。

中高生は、同じ本を読んだ仲間がいることや仲間と意見を交わし合えたこと、また、親の意見を聞いたり、時には親が子どもと異なる意見を「年がいもなく（中略）ハッスルして」[58]述べる姿を見ることができたのを読書会の良さとして挙げている。こうした子どもの見解は、読書会の母親や教師が、自分とは異なる部分をもった人間であることも含めて子どもや読書会仲間を理解する機会を得たことに読書会の意義を見出していたことと重なる。一方で中高生は、高学年になるにつれて読書会で意見を述べようとしない子どもが増えてきたことや、そうした時には「何とかいわせようと思って、親の方が子どもにあたってくるというか、もう必死な感じ」[58]が漂っていたこと、また、自分の親が読書会の運営に熱心だったため中学生になって参加者が減る中でも自分くらいは参加しなくてはという気持ちで参加し続けたことなどにも言及している。こうした子どもの体験談には、大人が子どもの様子を気にかけるのと同様に子どもも大人の様子を子細に観察していたことや、子どもが大人の熱心さや必死さにほだされたり根負けしたりして参加や発言をする場合もあったことなど、大人の体験談には含まれていない要素が含まれているように見える。

　なお、『親子読書』への子どもの寄稿は大人のそれと比較して少ないことから、子どもの経験については子ども時代に親子読書会に参加した人へのインタビュー等によって情報を補いつつ解明していく必要があると思われる。

　3点目は、親子読書会が子どもへの読書推進活動の主流から外れていくことについてである。本論が検討の対象とした1970年代前半は親子読書会の最盛期と言えるが、1980年代を迎える頃からその中心は読み聞かせ会へと移っていった。その移行がどう生じたのかは今後の検討課題と言える。なお、読み聞かせについての語りの中には、子どもに読書感想を求めたり、親子の話し合いを試みたり「しない」ことの効用を説くものが含まれていることには留意が必要である。本論が対象とした1970年代前半の『親子読書』の記事の中にも既にそうした語りは見受けられ、たとえば「下手な質問をするよりは、読みきかせるだけの方がよい」[59]といった主張がなされている。こうした主張は、読み聞かせを中心とした活動の目指すところと読書会を中心とした活動の目指すところに少なからぬ違いがあることを示唆している。今後は親子読書会と読み聞か

せ会の活動のゴールの異同にも留意しつつ親子読書会の行方を検討していきたい。

注

1) 清水達郎『親子読書運動：その理念とあゆみ』国土社, 1987, p. 48-49; 代田昇『親子読書会のすすめ：その考え方とつくり方』金の星社, 1976, p. 88-105. によれば、親子読書の始まりは1960年の椋鳩十による「母と子の二十分間読書」の提唱であり、当初は各家庭で個別に行われていた。
2) 増村王子「この会の始まりについて」代田昇編『手さぐりできり開いた親子読書会』金の星社, 1973, p. 214-217.
3) 「親子読書地域文庫全国連絡会」準備委員会「親子読書地域文庫全国連絡会の発足（1970年3月通知）」千野陽一編『現代日本女性の主体形成　第6巻　生活に根ざす運動の広まり：1970年代前期』ドメス出版, 1996, p. 141-145.
4) 首藤美香子「「児童文化」・「子ども文化」の定義をめぐって」『Child science : 子ども学』no. 6, March 2010, p. 8-11. は、児童文化、子ども文化の定義について、次の10点を挙げている。①児童の創造する文化生活、②大量生産的な児童文化財に対する国家統制と皇国民の練成、③児童のための文化財・児童自身の文化創造・児童生活に及ぼす文化的諸影響の総和、④児童の認識諸能力の発達を図り、児童生活を外部的な悪影響より防御し、育成するもの、⑤心理学的に児童期の子どもの情緒の発達と教養の向上に関わりを持つ文化現象、⑥子どもに関わる事象を「人間の文化」との関連で捉え考察検討するための一つの視点、⑦基礎的文化・限界文化・大衆文化・芸術文化の四層構造、⑧子どもの成長発達と文化の関係性を問うこと、⑨子ども自身が主体的に創造する文化＝「子ども文化」、⑩文化を視点に様々な子ども研究の領域を横断する新たな子ども理解のための研究枠組み。首藤はその上で、第二次世界大戦後の日本では、児童文化／子ども文化という言葉が③児童のための文化財・児童自身の文化創造・児童生活に及ぼす文化的諸影響の総和、を指すのに用いられることが最も多いと指摘している。本論の研究対象とする親子読書運動でも、児童文化／子ども文化という言葉は概ね③の意味で用いられているように見える。
5) 大串隆吉・田所祐史『改訂版　日本社会教育史』有信堂, 2024, p. 166-167.
6) 千野陽一編『資料集成　現代日本女性の主体形成　第6巻　生活に根ざす運動の広まり：1970年代前期』ドメス出版, 1996, p. 21.
7) 代田は東京都の公立学校教員として高校、中学校で教えた後に都立教育研究所勤務となり、1963年から74年までは三鷹市の山本有三青少年文庫の研究員として働いていた。高橋樹一郎『子ども文庫の100年：子どもと本をつなぐ人びと』み

すず書房, 2018, p. 157. は、日本の親子読書運動の思想的支柱は椋鳩十、斉藤尚吾、代田昇によって建てられたと指摘し、「同じ読書運動［引用者注：同じ「親子読書」という言葉で呼ばれる運動］ではあるが、椋鳩十、斉藤尚吾、代田昇は、それぞれそこに異なる内容を盛りこんで活動した。椋は本を読み合うことによる母子のつながりを重視し、斉藤は、子ども文庫活動と結びついた親子読書を推進し、代田は、親子で本について語り合う読書会を広めた」と説明している。高橋によれば3人を祖とする活動は時に交じり合いながら母親や教師によって受容された。そして、日本での親子読書は、家庭での親子の読書を通した心の交流を根本にもちつつも、家庭の枠を超えた文化運動やこどもの読書環境充実のための市民運動として発展していったという。

8) 代田昇「特集　高物価の中の読書運動：今こそ原点をふまえて」『親子読書』no. 37, September 1974, p. 14-16. また、代田昇「ほんとうの学力とは」『親子読書』no. 43, March 1975, p. 13-15. では、子どもの成長には、①読書等により言葉の訓練を行い人間としての認識を発達させることと、②言葉を使い、思考し、創造し、身体を動かしながら実現させていく「遊び」を思う存分行うことの両方が欠かせないとの主張がされている。

9) 図書館による課題解決支援サービスの事例としては、例えば、林千智「多気町立勢和図書館における地場産業支援・市民活動支援サービスの取組」全国公共図書館協議会編『2015年度　公立図書館における課題解決支援サービス に関する報告書』2016, p. 48-49. https://www.library.metro.tokyo.lg.jp/pdf/zenkouto/pdf/2015all.pdfがある。多気町立勢和図書館では「食農・伝承・手仕事プロジェクト "おまめさんかなぁ"」を実施し、関連資料のリスト作成とコーナーづくり、出前ブックトークのみならず、遊休農地を活用した大豆の栽培から加工までの体験の場をつくり、資料とつなげるイベントも開催している。また、小学校（コミュニティスクール）で地域住民の講師と児童が「大豆」の取組を行う際には、関連資料収集・紹介・リスト化、授業立案、指導案（授業デザインシート）作成の支援も行っている。

10) 子どもの読書習慣づくりや読書環境整備についての研究のうち、子ども文庫運動に焦点化したものとしては、汐﨑順子「日本の文庫：運営の現状と運営者の意識」『Library and information science』no. 70, December 2013, p. 25-54.; 吉田右子「1960年代から1970年代の子ども文庫運動の再検討」『日本図書館情報学会誌』vol. 50, no. 3, October 2004, p. 103-111; 高橋樹一郎『子ども文庫の100年：子どもと本をつなぐ人びと』みすず書房, 2018. がある。

11) 子どもの読書習慣づくりや読書環境整備についての研究のうち、草の根からの図書館建設運動に焦点化したものとしては、汐﨑順子『児童サービスの歴史：戦後日本の公立図書館における児童サービスの発展』創元社, 2007; 塩見昇「1960年代半ばから70年代初頭の大阪市立図書館：地域館整備に向けての歴史的な転換の

背景をたどる」川崎良孝・三浦太郎編『公立図書館の思想・実践・歴史』松籟社, 2022, p. 3-56. がある。
12) 広瀬恒子『読書ボランティア活動ガイド：どうする？スキルアップどうなる？これからのボランティア』一声社, 2008.
13) 椋鳩十「親子読書を始めた頃」『親子読書』no. 1, August 1971, p. 3-4.
14) 親子読書運動の中に検閲的な側面があることを指摘した研究としては、大尾侑子「『白ポスト』はいかに"使われた"か？：1960-70年代の悪書追放運動におけるモノの位相」『マス・コミュニケーション研究』no. 100, February 2022, p. 143-162; 石田喜美「地域自治体における読書推進と教育」日本読書学会編『読書教育の未来』ひつじ書房, 2019, p. 297-307. がある。
15) 今日の読書案内サービスについては、Catherine S. Ross, "Adult Readers," Catherine S. Ross, Lynne (E.F.) McKechnie, and Paulette M. Rothbauer, *Reading Still Matters: What the Research Reveals about Reading, Libraries, and Community*, Santa Barbara, CA, Libraries Unlimited, 2018, p. 137-222 [キャサリン・S.ロス「成人読者」キャサリン・S.ロス、リン（E.F.）マッケクニー、ポーレット・M.ロスバウアー『続・読書と読者』山﨑沙織・川崎佳代子・川崎良孝訳, 京都図書館情報学研究会, 2019, p. 201-345]；橋詰秋子「小学生用ブックリストの実態調査：定量的観点による分析」『日本図書館情報学会誌』vol. 65, no. 1, March 2019, p. 18-30. に詳しい。なお、橋詰によれば、2001年制定の「子どもの読書活動の推進に関する法律」を契機として、2017年4月までに全ての都道府県及び約75％の市町村が子どもの読書活動を推進する計画を立案しており、当該計画の中にはブックリスト提供による読書案内が含まれているものが少なからずある。橋詰によれば、2015年11月時点で41県が81のブックリストを作成していたという。
16) 1960年代から1970年代に日本の児童文学がどのように転換していったかに関する研究としては、宮川健郎「さよなら未明：『童話伝統批判』と現代児童文学の成立」鳥越信編『はじめて学ぶ日本児童文学史』ミネルヴァ書房, 2001, p. 313-330; 上野瞭・神宮輝夫・古田足日『現代日本児童文学史』明治書院, 1974. がある。
17) 国民生活審議会コミュニティ問題小委員会は1969年に、「コミュニティ：生活の場における人間性の回復」と題する報告書（https://www.ipss.go.jp/publication/j/shiryou/no.13/data/shiryou/syakaifukushi/32.pdf）をまとめた。同報告書は、旧来の地域共同体の脆弱化に伴って「健全な余暇利用施設や相談相手がないままに非行化する青少年の増加とか、幼児の戸外における危険の増大がめだってきている」ことや、「主婦の就労の増加等によって鍵っ子がふえており、また、子供の家庭内外でのしつけが、失われてきている」ことを指摘し、これらの問題への方策として、新たな共同体としてのコミュニティづくりを説いた。同報告書はコミュニティを「生活の場において、市民としての自主性と責任を自覚した個人および家

庭」を構成主体とする集団と位置付け、コミュニティが旧来の地域共同体に見られたような拘束性を排しつつ、個人と家庭のみでは受け止めきれない地域全体の問題の解決や人間性回復の場を創出することへの期待を寄せた。

18) 藤本浩之輔「子ども文化論序説：遊びの文化論的研究」『京都大学教育学部紀要』no. 31, March 1985, p. 1-31.
19) 丹羽信子「新年に思う」『親子読書』no. 30, February 1974, p. 19.
20) みたかむさしの親子読書会「親子読書会の実践記録」代田昇編『手さぐりでききり開いた親子読書会』金の星社, 1973, p. 213-268.
21) 増山均『地域づくりと子育てネットワーク』大月書店, 1986, p. 89-90.
22) 代田昇「素人の「とっておきの話」を！」『親子読書』no. 18, February 1973, p. 30-31.
23) 代田昇・山田真二・横田圭祐・菊地原翼・林晶子・田中春子・瀬崎宏二「座談会　私にとって文庫・読書会は何であったか」『親子読書』no. 69, May 1977, p. 4-12.
24) ただし、以下の5名の小学校教諭は1971年8月創刊号～1975年12月号までの「実践書評」コーナーに複数回寄稿している。上岡功（創刊号、13号、32号、52号の4回）、代田かつみ（18号と28号の2回）、滝井いち（11号、22号、34号、39号の4回）、波木井やよい（24号、27号、37号の3回）、村上照男（5号、48号の2回）
25) 北川幸比古「子どもがする批評活動について」親子読書・地域文庫全国連絡会・日本子どもの本研究会編『子どもの本の実践書評』岩崎書店, 1977, p. 3-9. において北川は、「漫画・テレビ的な文化状況」を憂える「お母さんや先生」が、自ら子どもの本を読み、また、専門の評論家、研究者、他の親や教師の「紹介や書評や解説」を参考にして、「良書」を子どもに手渡してきたと述べる。一方で北川は、本を手渡された子どもの、反応とか断片的な発語といったものも含む「批評」によって、本のつくり手や渡し手が新たな発見をしたり啓発されたりする場合が少なからずあることに留意を促している。
26) 藤本和子「文庫紹介：砧親子読書会」『親子読書』no. 26, October 1973, p. 36-39.
27) 富本京子・石川善子・田口幸・富本裕子「全国のなかま：祖師谷親子読書会」『親子読書』no. 37, September 1974, p. 38-41.
28) 笠木隆「読書会紹介：柿生親子読書会」『親子読書』no. 23, July 1973, p. 34-35.
29) 中田幸子「読書会紹介：松飛台親子読書会」『親子読書』no. 18, February 1973, p. 32-33.
30) 楠祐子「文庫紹介：青沼文庫の子どもたち」『親子読書』no. 9, May 1972, p. 26-27.
31) 下村和子「文庫紹介：くりの木文庫」『親子読書』no. 8, April 1972, p. 30.
32) 川口ひろ子「戸隠キャンプ実践報告」『親子読書』no. 36, August 1974, p. 10-13. は、親子読書・地域文庫全国連絡会が長野県の戸隠で開催した夏季キャンプの目的を、全国の仲間との交流と、いつも本で読んでいたことを自分の体で体験してみるこ

とだと説明している。キャンプ中には例えば、『モチモチの木』の主人公になったつもりで、暗い夜道を歩いてみることなどが行われたという。

33) 板原サツ子「全国のなかま：尾道親子読書会三成グループ」『親子読書』no. 47, July 1975, p. 38-41.
34) 熊谷孝敬「文庫紹介：三尋石文庫」『親子読書』no. 20, April 1973, p. 30-33.
35) 沢桃子「親子読書相談室：親子読書は過保護か」『親子読書』no. 41, January 1975, p. 44.
36) 前掲35), p. 44-45.
37) 上岡功「十条おやこ読書会日記」『親子読書』no. 49, September 1975, p. 46. 3つの発言はそれぞれ別の母親によるものである。
38) 長崎源之助「井戸端会議のたのしさを」『親子読書』no. 4, November 1971, p. 1. 長崎は、長崎源之助「私の考える親子読書」『親子読書』no. 14, October 1972, p. 13-17. でも、「井戸端会議」としての親子読書会モデルを提唱している。また、前掲37）では、東京都北区の十条地区で活動する親子読書会の母親の1人が、10年以上に渡る活動の歴史を振り返る中で、親子読書会は井戸端会議のようであれば良いという長崎の言葉に支えられたと語っている。
39) 古川陽子「長崎源之助氏の意見に賛成」『親子読書』no. 6, February 1972, p. 13.
40) 土田和子「司会者にのぞむ」『親子読書』no. 21, May 1973, p. 10.
41) 代田昇「親子読書相談室：中学生グループにふさわしい指導者とは」『親子読書』no. 50, October 1975, p. 45.
42) 増村王子「読書の指導はできない」『親子読書』no. 21, May 1973, p. 4.
43) 代田昇「『かぶが土をひっぱって』」『親子読書』no. 6, February 1972, p. 20.
44) 遠藤和枝「感動的だった読書会」『親子読書』no. 33, May 1974, p. 20.
45) 奥山弘子「全国のなかま：八丈島いめみご文庫」『親子読書』no. 38, October 1974, p. 38-41.
46) 東郷洵子「文庫紹介：高根台「どんぐり文庫」」『親子読書』no. 10, June 1972, p. 29.
47) 広瀬恒子「母親としての責任」『親子読書』no. 41, January 1975, p. 20.
48) 1971年4月から学習指導要領の第3回改訂に準拠して、新たに読書指導教材を盛り込んだ国語教科書が使用され始めたことを受け、『親子読書』の1971年10月3号では、「学校における読書指導の弊害と問題点」という特集が組まれた。特集記事の1つ、石上正夫「読書指導と読書運動の提携を：現場からの報告」『親子読書』no. 3, October 1971, p. 3-5. は、「教科書に教材がのせられたからやる、学習指導要領に規定されたからやるという、上からの規制に服従して読書指導を行なう教師」(p. 3)のあり方を批判すると共に、教科書に掲載されている文学作品へのコメントに、報恩などの伝統的価値観を強調したり、子どもの自由な発想を切り詰めて一定の方向に向かせようとしたりするものがあることへの注意を促してい

る。石上はこれに加えて、子どもと共に本を読もうと試みる人は、上から推薦された本か否かにとらわれず、自分の手で本を選ぶべきと主張している。また、同号に掲載された代田昇「ブックリスト異変」『親子読書』no. 3, October 1971, p. 16-18. は、読書指導を盛り込んだ学習指導要領の施行に伴って、教育委員会名やその外郭団体名でのブックリストが濫発されるようになっているが、その中には選書者が児童文学についての知識を更新したり、自分で本を手に取ったりすることなく、旧来的な（道徳）教育への有用性という観点に基づいて作成したものが相当数含まれていると指摘している。代田は同記事で、ブックリスト作成を試みる人は、現在市販されている児童向け図書の大部分に目を通し、本を読む子どもの実際の反応も考慮に入れた上で選書すべきと主張している。

49) 松田順子「実践書評：『ふなひき太良』（儀間比呂志・作／絵）」『親子読書』no. 10, June 1972, p. 18-23.

50) 上岡功「実践書評：『ちからたろう』（今江祥智・文／田島征三・絵）」『親子読書』no. 1, August 1971, p. 13-16.

51) 「母が子に語るとっておきの話」編集委員会「お母さんの体験記を募集します！：「母が子に語るとっておきの話」」『親子読書』no. 12, August 1972, p. 27.

52) 粳田昭江「実践書評：『おふろでちゃぷちゃぷ』（松谷みよ子文／岩崎ちひろ絵）『おふろだいすき』（松岡亨子作／種田有子画）」『親子読書』no. 4, November 1971, p. 16-19.

53) 前掲52) p. 18.

54) 町田喜久子「実践書評：『わたしのワンピース』（にしまきかやこえ・ぶん）」『親子読書』no. 36, August 1974, p. 24-29; 町田喜久子「わたしのワンピース」親子読書・地域文庫全国連絡会・日本子どもの本研究会編『子どもの本の実践書評』岩崎書店, 1977, p. 42-52.

55) 前掲54) p. 52.

56) 山田よし恵「読書会紹介：世田谷親子読書会」『親子読書』no. 7, March 1972, p. 22-23.

57) 例えば 城田恵美子「全国のなかま：杉並読書たのしみ会」『親子読書』no. 51, November 1975, p. 34-37. では、読書会の運営に携わることのできない母親の子どもが、運営に関われないことを苦にした母親によって子どもの意志とは関係なく退会してしまったことが嘆かれている。

58) 前掲23) p. 7.

59) 加藤としみ「読書会紹介：広島わかば親子読書会」『親子読書』no. 35, July 1974, p. 41.

近代中国における「図書館」という言葉の誕生と定着
日中交流の視点から

呉　桐

はじめに

　中国や日本のような漢字文化圏において、古くから書籍を保存・管理する施設を表す名称として「書院」「文庫」「蔵書楼」などの言葉が使われていたが、いずれも近代的なライブラリー思想の影響を受け、「図書館」という「無料一般公開」の理念を込めた新たな名称に取って代わられた。「図書館」という言葉の誕生・使用・変容の過程を跡付けることは、図書館史研究での重要課題であり、現在も実存する図書館という文化機関に託された人びとの期待や、図書館学という学問のあり方を考える原点となるものである。

　近代中国で「図書館」という言葉がいかにして誕生し、さらに普及していったのかについて、これまでいくつかの研究によって明らかにされつつあった。中でも、清末期の改革運動における日本教育制度の導入に焦点を当て、「図書館」という和製漢語が公式に認められていく過程を提示するものが多い。

　しかし、これらの研究においては、言葉の使用例やその出現時期への考証がしばしば中心となり、実際にどのような制度や思想が「図書館」とともに中国社会に浸透していったのかについては、必ずしも明らかではない。そもそも中国では民国期に入ってからも、なお「図書館」と「蔵書楼」の区別を強調する議論がなされていた。公式文書に使われたとしても、社会に根付くまでにはまだ道が遠いわけである。つまり、中国における「図書館」という言葉の定着を捉えるためには、より長いスパンを見なければならず、そして言葉の背後にある

理念に踏み込む考察が必要である。

　本稿は、「図書館」という言葉が日本から中国に伝来したことを踏まえた上で、それを受容する際の日中交流の背景や中国側の日本認識について深掘りしたい。さらに、従来の研究では看過されがちな民国期の変容にも目を配ることにより、「図書館」が独自な意味を獲得し定着していく過程を明らかにする。

1　先行研究

　近代中国における「図書館」の出現の経緯について、ほとんどの研究は、中国に先行してLibraryのことを「図書館」に翻訳した日本側の影響をその大きな要因として捉えている。1871年の日清修好条規の締結により、両国間の人的交流が拡大し、とりわけ相互に外交使節を派遣することは、相手国の制度・文物を観察する絶好のチャンスを提供した。清末の外交大臣である傅雲龍の出使日記『遊歴日本図経余紀』に「図書館」という用語が出現したことは、小黒浩司[1]、張麗華[2]、顧燁青[3]など日中両国の研究者によって言及されてきた。しかし、これは中国語文献における初出であるが、同書は1889年に日本で出版され、20世紀までに中国国内で公刊されることはなかったため、影響力は限られていた。張錦郎[4]の指摘によれば、1896年9月27日号の『時務報』に翻訳・転載された記事「古巴島略述」の中に「図書館」という言葉の初期用例が見られる。先に言及した一連の研究も、これを中国国内の定期刊行物における「図書館」の初出だと認めている。

　この見解は通説となっており、異議が突きつけられたことはほとんどなかった。近年、古代中国の詩文に、書籍を保存する場所や書斎という意味で「図書館」が使われたことが新たに発見されたが[5]、それと近代日本・中国における「図書館」という用語の使用といかなる関係があるかについては、不明である。要するに、Libraryの訳語にあたる「図書館」は、古代中国の漢語から借用するものだということを証明できる資料が欠落している。むしろ、張麗華が指摘するように、「日本語から図書館という用語が伝わるまで、Libraryの訳語として「図書館」が使用された文献（英華辞典を含む）がなく、また語基として「図書」が使用された訳語も見られなかった」[6]。中国で「図書館」という名称の定着に

おいて、やはり日本の影響が決定的だったと考えられる。

　この論点を補強するより建設的な研究は、20世紀初頭に渡日した中国人教育家羅振玉、呉汝綸の教育視察を取り扱ったものである[7]。羅振玉は1901年12月から2か月にわたり日本に滞在し、その見聞をまとめ出版した日記『扶桑両月記』では、当時、東京の高等師範学校の校長である嘉納治五郎に日本の「図書館」の様子を紹介してもらったことが記録されている。また、羅は帰国後も自ら創刊した雑誌『教育世界』に「図書館」の設立を呼びかける文章を掲載していた。一方、呉汝綸は1902年6月に日本に訪れ、中国の学制改訂のために日本の教育管理機構や学務についての講義を文部省の招待で受講した。その中には図書館を主題とする講義もあった。「図書館」についての講義や実地見学の体験を記録した彼の視察旅行記『東遊叢録』は、のちに中国の新学制「癸卯学制」に図書館の設立に関する内容が盛り込まれる際の参考となったと指摘されている[8]。

　中国と諸外国の教育交流史を整理した衛道治[9]は、日本をモデルにした清末の学制改訂において、呉の『東遊叢録』および羅が創刊した『教育世界』といういわゆる「一書一誌」（書籍一つと雑誌一つ、中国語では「一書一刊」）が重要な役割を果たしたと述べている。衛の見解を踏まえ、中国図書館史研究者である顧燁青[10]は、「一書一誌」はまた「図書館」が清朝政府に認められ、公式の名称となる上で見落としてはならない存在だとしている。

　「一書一誌」以外、同時期のほかの刊行物や日清修好条規以前の日中間の文化交渉に研究の射程を広げ、「図書館」という訳語が誕生する歴史的・社会的土壌を解き明かそうとしたのは、瞿桂栄、張麗華らの研究である。瞿桂栄[11]は清末期の新聞雑誌を精査し、Libraryの訳語が「書院」、「蔵書楼」、「図書館」といった3つの段階を経たことを明らかにした。そして、「図書館」関連の記事を集中的に翻訳したのは親日の維新派の改革者だったという。一方、張麗華[12]は、19世紀中期中国の西洋見聞録や日本に流通した唐本世界地誌の中にすでにLibraryに関する観念や訳語が存在したことを指摘した。つまり、日本からの一方的な受け入れではなく、「図書館」という近代的な観念が成立するまでに、日本と中国の間では思想連鎖が見られたのである。

以上の先行研究によって、近代西洋のLibraryの到来に伴い、日中間ではそれをめぐる文化の相互浸透が生じたことが明らかになった。中でも、中国における「図書館」という名称が広がる過程において、日本の果たす役割が非常に大きかったことが指摘されてきた。しかし、「図書館」という言葉が流通するルートや日中間の言語の相互浸透性を把握したとはいえ、言葉の背後にある理念や言葉の使用論理への客観的な考察が必ずしも十分であるとはいえない。

　というのは、中国に「図書館」という言葉が伝来した当時、日本ではまだそれをめぐる理念の相違が存在していたし、図書館の運営が読者利用に偏り始めたことは確かだったが、「有料制の壁」を完全に打ち破ることはなかった[13]。こうした葛藤は、日本から「図書館」という名称・制度を導入する際に、どのような文脈において了解され、さらに翻訳という文化の紹介事業に反映されたのだろうか。また、その後、どのような変容を遂げたのだろうか。

　本稿では、このような問題意識を踏まえ、日中交流の視点から、清末民国期の中国において、「図書館」という言葉に付随する観念や、それが果たす社会的役割を考え直したい。

2　「図書館」の初出

2.1　古代の名称

　古代中国では、民衆の利用を重視する「図書館」はなかった。むしろ、一般読者を排除し、「蔵書」すなわち書籍を隠して保管する習慣が長い間存在していた。龔蛟騰・易凌によれば、主流を占めていた官立や寺院の蔵書処の特徴は「秘蔵」にあったという[14]。書籍の大量流通が不可能だった時代、「珍本」「善本」など希有な文化資源を大切に保管し、後世へと伝承していくために、偏僻な場所に立地する蔵書機関が求められていた。

　官立の蔵書処の名称は、「殿」「府」「閣」「観」「館」「庫」など、さまざまであったが、総称して「秘府」「秘閣」というふうに、「秘」を込めた言葉で呼ばれることが多かった。政府側が管理している書籍は「秘書」、そして管理を務める官吏や部門は「秘書監」「秘書省」という名称が使用されていたのである[15]。

　一方、個人が建てた民間の蔵書処は唐の時代から専用名称が与えられてき

た[16]。「書斎」「書楼」「蔵書楼」「蔵書閣」など、書籍を中心とする用語が使用されることが多かった。近年、「夏日飲書図書館」と題する清朝詩人黎簡之の詩文が発見されたが[17]、ここの「図書館」もその域を出ず、蔵書、読書する私領域を意味する言葉として理解できる。また、黎の詩文とともに発見され、中国図書館史研究の新史料とみなされている宋朝詩人黄庭堅の書いた「待詔図書館」という一文があるが、古人の注記によれば、ここの「図書館」はいわゆる「天子図書之秘府」という意味であり[18]、前述した官立の蔵書機関の別称であることが分かる。

　要するに、中国では古くから書籍を保存・管理する官立あるいは民間の蔵書処が存在し、その名称もさまざまだったが、いずれも「無料一般公開」の理念から程遠かった。また、「図書館」という言葉が確かに使用されていたが、決して一般的な用例ではなく、むしろまれな呼び方だったといえる。この存在感の薄い言葉は、清末期に中国と日本との交流が盛んになってはじめて、脚光を浴びるようになる。

2.2　清末の外交使節による見聞

　1871年に締結された日清修好条規は、日中間で国交を樹立した最初の条約である。もちろんそれ以前においても、両国の間ではヒト・モノ・情報の越境が行われていたが、同条約では、相互に外交使節を常駐させることが国交を維持する一環として規定されている。そして、1878年に実際に清国側から初代の駐日外交使節団が東京に派遣された。

　その当時、清国は積極的に「常駐外交使節」という制度を導入し、日本だけでなく、ロシア、イギリス、アメリカ、スペインなど、欧米諸国へ在外公使の派遣が一気に始まった。その背景には、東・西洋を中心とする「条約システム」の顕在化と、アヘン戦争・アロー戦争の敗北を機に募りつつある清朝政府の危機感があった。ゆえに、これら外交使節に求められたのは諸外国と交流を持ち、理解を深めることであった。「東・西洋の出使各国大臣に飭下すべきや否や、務めて大小の事件を逐日詳細に登記し、仍お月に按じて一冊に彙成して、臣衙門に咨送せしめ、案に備えて査核し、即もし外洋の書籍・新聞紙等の件を

繙訳し、内に交渉事宜に関繋する者有らば、亦た即ち一つに併せて随時呈送せしめ、以て考証に資させしむるを」[19]とあるように、外国の諸事情を記録するための「出使日記」の執筆がしばしば義務化されていたのである。

初期の出使日記の中に、「図書館」という言葉が登場した。1889年に日本で公刊された傅雲龍著『遊歴日本図経余紀』では、東京大学での見学を記した1887年11月30日（光緒十三年十月十八日）の日記があり、その中に「図書館に元版の漢書あり」ということが言及されている[20]。この一文も、近代の中国語文献に「図書館」が現れた最初の用例だと見なされている[21]。

傅が「図書館」という当時の中国人にとっては馴染みのない言葉を使用したのは、実際にこの言葉で名付けられた建築物を見学したからにほかならない。その日、傅が訪れた東京大学では、日本国内でもいち早く、1877年に独立棟の「図書館」を設置しており、従来の「文庫」とも文部省所轄の「書籍館」とも差異化していた。東京大学図書館を目のあたりにし、印象的だったからこそ、この言葉を使用したのだと考えられよう。

付言すれば、東大見学以前、日本の蔵書機関に触れる際に傅が選んだ言葉は「書籍館」である。同じく彼の出使日記である『遊歴日本図経』では、1886年の日本各地の「書籍館」の数や蔵書状況が紹介されている[22]。このほか、傅よりやや早い時期に日本へ赴任した初代駐日公使である黄遵憲も「書籍館」を使用した。1878年から1882年まで日本に滞在していた黄は、その観察記『日本国志』において、「書籍館」が「古今の図書を蒐集し、人々に自由に観覧させる」施設だと説明し、日本全国の官・私立図書館の数と蔵書の概況を書き記している[23]。

以上の最初期の用例はいずれも実際に日本で見学・視察した経験をもつ清国の外交使節が残した記録である。日本で「図書館」という名称が公認されるようになるのは、1890年の小学校令を待たなければならず、上述の出使日記が書かれた頃では、まだ新漢語としての「書籍館」と「図書館」が混用されていた。よって、傅と黄の記録はその当時の日本社会の実情を反映しているともいえよう。

ただし、この2つの新漢語に込められたニュアンスについて、2人とも深く

考究することはなかった。鈴木宏宗[24]によれば、明治20年前後、一部の図書館関係者はしばしば「書籍館」と「図書館」を「通俗書籍館」対「参考図書館」というふうに、対比的に受け止めていた。その背景には、近代の新しい蔵書機関はいったいどのような機能を持つべきか、という問題意識をめぐる日本社会の議論があった。1880年に「東京書籍館」が「東京図書館」に名称を変更され、さらに翌年から蔵書の甲乙分割が実施されることに象徴されるように、日本において「図書館」は通俗性が薄まり、専門的なイメージが増大していた。

　黄遵憲は「書籍館」のことを「人々に自由に観覧させる」蔵書機関だと著書の中で触れているが、「自由」の度合いや教育との関係性などの課題にまで関心を示していない。一方、傅雲龍が「図書館」という言葉を用いた1887年前後、日本の図書館を代表する東京図書館は、再び有料制に移行し、利用が限定されるようになったが、傅の著作では、この点についての言及はなかった。

　このように、1880年代、中国国内の新聞雑誌の多くが「書院」という古くから使われてきた言葉でLibraryを翻訳したのにたいし[25]、在外使節の記録の中に、日本語訳で新漢語である「図書館」が初めて出現したが、「図書館」の位置づけや社会的機能はしばしば不問に付されていた。特に傅雲龍は近代的なライブラリー思想よりも、ただ言葉の目新しさからその外来性を看取したように思われる。日本を視察した後、彼はカナダとブラジルへ行ったが、そこで見かけた蔵書機関のことを形態のいかんにせよ、新漢語の「図書館」で呼んでいたのである[26]。

3　「東学」の受容と「図書館」

3.1　維新派とその周辺による翻訳

　そもそも傅の出使日記では、日本の「書籍館」や「図書館」を異国情緒の一部として捉える傾向があった。その思想的背景や教育的機能が軽視されたのは、当時の中国において、日本から近代知を取り入れようとする意識が低かったことに一因がある[27]。明治維新に成功した日本が西欧近代の諸観念・諸原理を漢語で理解するための基盤を整えたとはいえ、中国側がこの点を強く認識したのは、1895年の日清戦争の敗北以降であった。

それまでアジアの小国としかみなされなかった日本に敗れたことは、中国社会に強い危機感をもたらし、維新派知識人たちによる改革運動「戊戌変法」を誘発した。明治維新を模範とする運動が展開されるとともに、日本関連書物を刊行する必要性や、日本書の翻訳を通じて西洋の近代知を摂取する便宜さが意識されるようになった。前述した黄遵憲の『日本国志』が中国国内で公刊を迎えたのもこの頃である。1896年公刊時の「後序」において、黄が「中国人、日本を知る者は寡なし」[28]と感嘆しているように、それ以前では中国人の日本への関心は比較的に薄かった。ましてや日本経由で近代化の知識や経験を学ぶ発想はあまりなかった。そうした状況のもとで、前述の傅の出使日記に「書籍館」と「図書館」が現れたが、ただ表面的な観察に止まるほかなく、言葉自体が中国国内に伝わり、普及する余地もなかったのである。

　しかし日清戦争後、状況は一変した。日本に範を採って国民国家形成を渇望する中国知識人の間では、いわゆる「東学」が重要視されるようになった。そして「東学」を摂取する方途として見いだされたのは日本文の翻訳である。1896年8月9日、維新派の機関誌『時務報』が上海で創刊され、同年9月に日本の新聞雑誌記事を翻訳する必要に迫られて「東文報訳」欄が設けられた。ほかにも、同時期に『訳書公会報』に「東報彙訳」欄、『農学報』に「東報選訳」欄が新設された。さらに、「東文を主として西文を輔けとする」[29]という方針のもとで、維新派の代表人物である梁啓超は上海に大同訳書局を設立し、日本書あるいは欧米書の日本文訳を大量に漢訳した。

　こうした中、日本の新漢語である「図書館」が中国国内の刊行物に登場し始めた。1896年9月27日号の『時務報』の「東文報訳」欄では、「古巴島述略」と題される翻訳記事が掲載された。記事の中で日本人軍医による古巴島（キューバ島）の紹介がなされ、「女学校、音楽学校、農芸学校、身体学校、慈恵院、貧民養育所、博物館、図書館等がある」[30]ということが言及されている。

　この翻訳記事の元となるのは、同年8月27日発行の日本新聞社『日本』に掲載された記事であり、その中で「図書館」という名称が使われていた。それをそのまま漢文訳の中に移植したのは、当時中国の維新派知識人の招待で『時務報』の翻訳担当を務めていた古城貞吉である。古城は中国語に堪能な漢学者で

あり、日本学術史上最初の中国文学通史と言われる『支那文学史』を著した人物である。「古巴島述略」のような世界各地の風俗を紹介する記事だけでなく、国際情勢や日本の政治・経済・教育に関する記事をも多数翻訳した[31)]。

中国の事情に通暁する彼が当時流行の「書館」「書院」「蔵書楼」[32)]ではなく、あえて日本の新漢語である「図書館」を注記なしに使用したことから、この言葉は日本知識人にすでに馴染みであり、しかも中国においても意味が通じると判断されたのが窺えよう。古城は、ほかにも「日本教育制度」「日本高等師範学校章程」「日本華族女学校章程」など教育関連の日本語文献を翻訳し中国国内で公刊していた[33)]。史料の制限で訳文を確認できないが、日本語の原文では「図書館」が少なからず出現しているため、それを直接中国に紹介した可能性が高いだろう。古城以外、例えば前述の『訳書公会報』の「東報彙訳」欄を担当していた安藤虎雄も、「日本女子高等師範学校章程」を翻訳掲載したことがある[34)]。

いずれにせよ、「東学」を受容する風潮の中で、古城をはじめとする初代の日本語翻訳者集団は、「図書館」という言葉を中国国内の刊行物に登場させ、そして教育という文脈の中でその概念を理解し展開させる土壌を用意したといえよう。

のちに戊戌変法が失敗し、維新派の知識人は日本に亡命することを余儀なくされた。にもかかわらず、日本で『清議報』を刊行し翻訳事業を継続することで、「東学」の受容に寄与し続けていた。「図書館」に関して言えば、同紙の1899年6月8日号の「外論記訳」欄に「論図書館為文化開進一大機関」という訳文が掲載された[35)]。小黒浩司の論考によれば、この翻訳記事は「図書館」のことを「学校教育を補完する教育機関」だと捉える点において、旧来の中国の蔵書処とはまったく異なる理念を発信したという[36)]。

この記事は日本初の総合雑誌『太陽』の同年4月号に載せられた「学校外に於ける文化開進の一大機関」を翻訳したものである。1899年というのは、日本で「図書館令」が頒布された年であり、「図書ヲ蒐集シ公衆ノ閲覧ニ供セムカ為図書館ヲ設置スル」[37)]という旨で、府県立の図書館が再建を迎えた。こうした公衆の利用を重視する図書館観は『清議報』の訳文にも反映されており、実際に「公共図書館」という言葉が用いられた。

なお、2つ注目すべきところがある。1つは、翻訳記事の中では「公共図書館」の設立を呼びかけているが、その利用対象として強調しているのは、「学校教育を受けている青年」「青年有志」「学者」[38]など、いわば一定程度の教養を修めた人たちである。そして「公共図書館」から得られるのは「参考的知識」[39]だと想定されている。もう1つは、閲覧料についてである。徴収するかどうかは各図書館に任せると述べているが、「小さな費用で貴重な図書を閲覧できる」[40]ことはやはり図書館開設の利点に数えられている。

　つまり、「公共図書館」について、「館内に国内外の各種書籍を所蔵し、公衆の閲覧に供するがゆえに、『公共』の二文字を冠して開館しうる」[41]ということが説明されているとはいえ、実際に描かれているのは有料で一握りの利用者のみに公開するという光景である。

　これまでの研究でしばしば看過されてきたのは、「図書館」ひいては「公共図書館」という言葉とともに中国知識人が摂取した最初の図書館観は、「無料一般公開」の原則を主張するものではなかったという点である。もっとも、日本においては、文部省書籍館時代の限定的な利用規則を見直し、東京書籍館時代には一時的に無料一般公開の原則が制度的に確立されたが、間もなく1880年に東京図書館に改名されるのに伴い、再び有料制を採用し、利用者を限定する方向へと運営方針が変更されたのである。

　しかし、その紆余曲折の歴史や図書館の利用をめぐる多角的な議論は共時的に中国人に知られていなかった。「図書館」は有料で一部の民衆に公開する教育的な機関だとする認識は、変法運動後も強化され、中国の伝統的な蔵書観と折衷する形で、官立図書館の設立につながっていく。

3.2　羅振玉と呉汝綸の図書館観

　戊戌変法が失敗を告げた間もない頃、農民蜂起で外国排斥運動にあたる義和団の乱と、それを鎮圧するための8か国連合軍の北京侵略が起こった。内憂外患に苦しめられた清政府は再び改革運動を開始した。すなわち「光緒新政」である。その中で教育改革が「新政」の重要な一環とされた。

　1901年5月、羅振玉は上海で中国最初の教育専門誌『教育世界』を創刊した。

羅は戊戌変法期から「東学」の受容に熱心な学者であり、上海東文学社の創立者として数多くの日本語翻訳人材を育成した。『教育世界』において、日本を中心に世界各国の教育事情が紹介されている。例えば、創刊号に掲載された日本文部省関連の訳文の中には「図書館」に言及する文言が見られる[42]。また、羅自身が著した「教育私議」という文章には、「教育の普及を図るには必ず国民の見聞を広げることから始まる。国民の見聞を広げるには図書館、博物館が先頭に立たなければならない」とあり、「博物館及び図書館を設立」することが唱えられている[43]。

早くも「図書館」という言葉に接することができたのは、東文学社で日本人との交流が多かったからだと考えられる。そして同年11月、羅は湖広総督で清末期の教育改革のリーダーである張之洞の命を受け、日本へ教育視察に赴き、さらなる「図書館」についての情報を得た。羅の視察記『扶桑両月記』において、東京高等師範学校の校長である嘉納治五郎に日本の教育概況を紹介してもらったことが記されている。「図書館」については「明治三十二年に設立された数は、官立一ヶ所、公立十二ヶ所、私立二百五十ヶ所」とある[44]。「学務」の視察が目的だったため、日本滞在中に彼が見学したのは師範学校、高等女学校、職業学校など、各種学校が多かった。図書館に行った記録はなかったが、東京高等師範学校に付設した教育博物館を見学する機会に恵まれ、そこで「教員の参考書雑誌といった類は、机を設置し、来観者の閲覧に供する」ということを知った。そして来観者数がかなり多く、「教育界に果たした役割が甚だ大きい」ということも特筆されている[45]。

日本での教育視察を経て、もともと図書館に関心があった羅はいっそう図書館の教育的機能を認識したようで、帰国後の1902年4月発行の『教育世界』に「学制私議」を掲載し、その中で京師大学堂及び各省、府、庁、州、県は必ず「図書館」を1館設置し、内外の図書を「人々に自由に閲覧させる」ことを構想した[46]。いわば図書館の教育利用と一般公開を同時に主張したのである。

こうした構想は、彼と同時期に渡日し、中国の最高学府だった京師大学堂の総教習に任じられた呉汝綸の日本視察記とも共振し、のちに中国社会における「図書館」の位置づけを規定するものとなり、図書館の建設を直接に促進した。

呉汝綸は1902年6月から10月まで日本で教育視察を行い、その経験を『東遊叢録』にまとめ、日本三省堂により出版されたのち、中国国内でも公刊し大きな反響を呼んだ。『東遊叢録』において、「文部所講」の部と「摘鈔日記」の部の中に「図書館」に言及する箇所が見られる。

　前者は当時日本の文部省が呉のために開いた19回の講義を記録したものである。その中では、「大学校には図書館があり、参考の書なら悉く備えている」[47]という高等教育と結びつく図書館認識が存在するだけでなく、より一般向けの視点で、「図書館博物館の利点」を唱えるものもあった。

　　　図書館は内外古今の図書を集め、博覧参考に備えるものである。その利点は2つある。1つは専門的な研究に供すること、1つは一般的な見聞を広めることである。……図書館は広く蒐集整理し、全てを網羅しているため、学者の参考利用に十分に対応できる。専門書は館外へ貸出しないが、一般書は貸出する。……立地の選択は市町村の中心に据えるほうがよく、これで学者は諸方から来られるのである[48]。

　ここにおいて、「図書館」の一般公開の理念が明確に伝わっている。つまり、呉汝綸も羅振玉同様に、「図書館」については、それが学校教育を支える校内の付属施設であるだけでなく、民衆に公開する教育的な施設でもありうるという認識を持っていた。

　ただし、呉の理解している公開は、やはり有料制に支えられるものであった。彼は「摘鈔日記」の部において、9月26日に日本の大橋図書館を見学したことに言及し、珍しく同図書館の情報を詳細に記録した。閲覧室の区分、所蔵種類及び蔵書数、開館時間について述べた後、「閲覧者は入り口で閲覧券を購入してから入館できる。1回分金3銭、10回分を購入すれば金24銭、新聞を読み求める者は半額」[49]というふうに、閲覧料のことを具体的に記している。

　帰国した翌日、呉汝綸は羅振玉の訪問を受け、教育問題について面談を行った[50]。その当時、張之洞、張百熙らの主導により、清政府は新学制の改訂を推進していた。呉と羅の日本教育視察はこの2人のリーダーから直接に命じられたため、視察の報告や面談の内容が直ちに政権の中枢に届いたことは想像に難くない。1904年1月、「癸卯学制」すなわち「奏定学堂章程」が公布された。こ

れは中国で実行された初めての近代学制であり、日本の教育制度を範とすることで知られている。その中の「奏定大学堂章程」では、「大学堂には附属図書館を1館設置し、広く内外古今の各種図書を網羅し、考証に資するべき」[51]とあり、「図書館」という用語が使われている。

それ以前の1902年8月に公布されたが実施されなかった「欽定学堂章程」の中では、まだ「蔵書楼」を設立することが主張されていたが[52]、新学制に至って「図書館」になった。従来の研究においても指摘されているように、その間に起きた公文書における用語の変化は、呉汝綸と羅振玉の日本教育視察によるところが大きかった[53]。もともと近代的なライブラリー思想の伝来に伴い、諸外国の文献に現れた語を「蔵書楼」と訳し、この旧来の名称に新たな意味を付与することで、舶来の理念を受容する動きもあったが[54]、「奏定学堂章程」が公布された以降、公文書や各種刊行物において「図書館」の出現頻度が「書院」と「蔵書楼」を凌駕し、普及していく傾向を示すようになった[55]。

ただし、看過してはならないのは、「図書館」という用語が日本から借用したものであるだけに、不可避的に日本側の図書館観がつきまとうことになり、光緒新政の改革の中で、中国の初期の図書館の性格を規定していく。

3.3　京師図書館の設立

「奏定学堂章程」が実行された後、最高教育機関であった京師大学堂は、直ちに学堂内の「蔵書楼」を「図書館」に改名し、また管理職にあたる「蔵書楼提調」を「図書館経理官」に変更した[56]。こうした呼び方の変化はほかの学堂にも影響を及ぼし、中央から地方まで学堂に図書館を設置することが必須となってきた。

一方、前述の呉汝綸が提唱するような「一般的な見聞を広める」[57]ための「図書館」の設立も推進されていた。1904年、中国最初の官立省級公共図書館と言われる湖南図書館が開館した。そして1906年に中国初の官立省級図書館章程である「湖南図書館暫定章程」が公布された。

先頭に立った湖南図書館は、のちに開館した国家図書館にあたる京師図書館を含め、多くの官立公共図書館の模倣と参考の対象となったが、その運営法は

依然として日本から大きな影響を受けていた。1905年、湖南巡撫であった端方は、図書館の改革を推進するために、かつて湖南模範小学堂の監学を務めた黄嗣艾を日本へ図書館の視察に赴かせた。黄は日本帝国図書館、大橋図書館、早稲田大学図書館、大阪図書館など、各形態の図書館を実地見学し、調査結果を『日本図書館調査叢記』としてまとめ出版した。

同書には、日本の図書館令や図書館規則が丁寧に収録されているだけでなく、図書館の業務や開館時間、図書の分類法など、図書館の具体的な運営についても詳細な情報が記されている。中でも、かつて呉汝綸が調査訪問した大橋図書館の運営法に特に多くの紙幅が割かれている。注目すべきところは、閲覧規則では閲覧券の購入が必要とされ、この点について黄はのちに端方に上申した報告書の中で「師すべき」と強調している[58]。『日本図書館調査叢記』に記載された大橋図書館の利用規則と「湖南図書館暫定章程」を比較した小黒浩司[59]は、両者の閲覧制度はほぼ同一であると指摘した。初期の湖南図書館は、入館料1回30文を徴収し、そして大橋図書館に倣って回数券制度を設けたのである。

ほかにも、『日本図書館調査叢記』では、帝国図書館の有料制についての記述があり、「十五歳以上の者なら誰でも本館の図書を貸出・閲覧することができる。本館の図書を貸出・閲覧しようとする者は来館して閲覧券を購入すること」[60]とある。

いずれにせよ、20世紀初頭の中国において、「図書館」が紙上の議論から実体の設立へと移行する際に、参考となったのは依然として日本側の事例である。そして民衆への公開を強調しつつも、日本の図書館が採用していた有料制を無防備に受容し、経済的に余裕のない読者は不可避的に排除されることになった。

このような方針は湖南図書館に続いて設立された京師図書館にも受け継がれた。1909年、清の学部は国家レベルの図書館を設立することを奏請した。同年に中国国家図書館の前身である「京師図書館」の建設が始まり、翌年には「京師図書館及各省図書館通行章程」が公布された。これは中国初の図書館法規であり、その中に入館するためには「観書券」が必須だと規定されている。

第十九条　京師及び地方の各図書館は観書券を発行し、検査に供すること。その券を持っている者でしか入館し書籍を閲覧することができない[61]。

　ここの「観書券」はすなわち料金を支払うことで入手する閲覧券のことで、京師図書館が利用者を受け入れ始めた1912年、実際に「甲、券一枚で五十冊の図書が閲覧できる。銅幣四枚。乙、券一枚で十冊の図書が閲覧できる。銅幣二枚」[62] といった2種類の閲覧券が販売された。ほかにも、同時期に開館した湖北図書館、山東図書館、河南図書館、陝西省立第一図書館などの官立省級図書館は、ほとんどすべてが閲覧券という有料の利用方法を採用していた[63]。

　これまでの中国の図書館史研究では、清末期における図書館の創設ブームは、しばしば「公共図書館運動」と名付けられている[64]。しかし、以上述べてきたように、「東学」の受容を基礎とする清末期中国の「図書館」の発展は、日本を範とするがゆえに、その当時の日本と同じく、経費の一部を読者の利用料金で補填し、同時に利用者層を制限する形で運営していた。つまり、「無料一般公開」という公共図書館の原則は実現されなかった。事実、湖南図書館の発展を後押しした端方は湖南巡撫に就任する以前に、西太后の命を受け、視察団を率いて欧米を訪問視察したことがある[65]。ワシントンの議会図書館やボストン公共図書館を訪れた彼は、無料公開の思想を知らないわけがない。それでも、黄嗣艾を日本へ図書館視察に派遣させ、有料制を含む日本図書館の運営法を中国初の官立省級図書館に導入したのは、財政難という現実的な条件があるほか[66]、当時の清朝政府や知識人の「図書館」認識が日本のそれと強く結びついていたこととも関係しているだろう。

4　民国期の「図書館」

　ここまで見てきたように、「東学」の影響により、「図書館」という名称は実体の設置とともに次第に普及していった。そして、当時の清朝政府や知識界の認識では、「図書館」は学校教育を支え、国民の教養を高める役割を担う施設だとみなされていた。ただし、こうした認識には限界もある。社会全体の識字率が低い水準にあった当時においては、図書館を利用できるのは一握りの人た

ちに過ぎなかった。加えて、有料制は無料公開といった近代的な図書館観と乖離する運営法であった。

　そもそも、清末期で進められた学制改革や図書館に関連する改革は、上からの改革であり、保守的な一面を持ち合わせていた。「京師図書館及各省図書館通行章程」をはじめ、各種公文書において「図書館」の第一義的な目標は「国粋を保存する」ことにあると記されている[67]。つまり、国民の教養を高めるのは国力を高めるためであり、最終的に清朝支配体制を維持するということが期待された。また、京師図書館の建設に際して、「都市から遠ざけ騒ぎを避ける（遠市避囂）」[68]というまさに伝統的な蔵書観（秘蔵）にふさわしい立地条件が標準とされたことからも窺えるように、清朝政府の図書館認識は旧来の観念から脱皮しておらず、ただ表層的なものに止まり、矛盾を孕んでいたのである。

　「図書館」が真に「無料一般公開」というライブラリー思想を内包する新名詞として定着したのは民国期であった。1912年、清が滅亡し、中華民国の建国が宣言された。1915年10月、通俗教育運動の盛り上がりを背景に、「通俗図書館規程」が魯迅の主導で頒布され、「各種図書を蒐集し、公衆の閲覧に供する」とあるほか、第七条に「閲覧料を徴収しない」ことが規定されている[69]。さらに1927年に至って、『図書館条例』の頒布により、通俗図書館に限らず、閲覧料に関する条例が一切の図書館章程から削除されることになり、中国の図書館が無料制の時代を迎えた。

　公文書のほか、この時期の新聞雑誌においても、「図書館」に新たなイメージを付与し、この言葉を定着させていく動きがあった。興味深いのは、代表的な論法は、「蔵書楼」と「図書館」を対置させることで後者を再定義するものであった。例えば、1926年、金陵大学図書館の館長である李小縁は「蔵書楼と公共図書館」と題する記事において次のように述べている[70]。

　　　今日に至ってもなお図書館のことを蔵書楼と見なす者がいる。両者が全く異なるものであることを知らない。……蔵書楼は静態的で貴族式であり、保存を重んじる。山林に設置し、学術書、文化の結晶を重視する官立の施設である。図書館は動態的で庶民的であり、利用を重んじる。都市に設置し、精神的娯楽、文化の宣伝を重視する民間自発の施設である。

ほかにも、「図書館と蔵書楼」[71]「長短評：蔵書楼と図書館」[72]といった具合に、両者を対照的に捉え、蔵書楼を批判することで「図書館」の先端性を強調する論があった。事実、前述のように、清末期に「図書館」という言葉が公認され、ある程度の普及を果たしたが、無料公開の原則を形成しておらず、また古い観念に絡め取られることもあった。「図書館」は新名詞であったにもかかわらず、「蔵書楼」と同じように伝統と近代を折衷した側面を持ち、両者の指し示すものは混同されがちであった。あえて「図書館」と「蔵書楼」を対照的に捉える論法は、近代化を徹底した施設としての「図書館」の輪郭を立ち上げようとする動きであると理解できよう。ここにおいて、「図書館」は「蔵書楼」と区別されてはじめて、独自な意味を持つ近代的な言葉になったといえる。

　このように「図書館」が名実ともに革新を遂げたのは、アメリカで図書館学を専攻した中国人留学生たちの帰国後の活動によるところが大きかった。例えば、上述の李小縁は1921年にアメリカに赴き、ニューヨーク州図書館学校、コロンビア大学で学び、1925年にコロンビア大学で教育社会学の修士号を取得した後に帰国したエリートであった。そして「省内或いは市内の民衆は無料で本を閲覧する権利がある」[73]と強く呼びかけた。李小縁以外にも、同時期に李と同じくアメリカ留学を経験した沈祖栄、杜定友、胡慶生など、積極的に図書館学理論や図書館教育を中国に導入したいわゆる中国の「第一世代の図書館学者」が挙げられる。

　潘燕桃・程煥文[74]によれば、1917年以降、中国図書館界の模倣対象は次第に日本から欧米へと転換していった。「全盤西化」を唱える五四新文化運動を経て、アメリカのライブラリー思想が日本を押しのけて主流となった。それに伴い、「図書館」というこれまでは日本と緊密な関係にあった言葉・制度も、より充実した内容を獲得し、より多くの利用者の共感を得て定着することができたのである。

おわりに

　近代中国における「図書館」という言葉の出現と定着の歴史を跡付けると、日本との交流が重要な役割を果たしたことが理解できる。とりわけ日本の教育

制度を受容することは、「図書館」が中国の公文書に登場し、公式な名称となる上で決定的な意味を持つ。先に述べたように、19世紀末期においても「図書館」という言葉を使った中国語文献があるが、その社会的位置づけや社会的機能への関心は比較的に薄かった。20世紀初頭になってはじめて、日本に倣って教育制度を立て直そうとする改革運動のもとで、学校教育との関連で「図書館」という言葉が理解され、その役割が認識されるようになった。学校内に附属図書館を設置することが義務化されるだけでなく、いわゆる公共図書館も教員や在学者を優待する姿勢を取っていた。しかし、その反面、「一般公開」という近代的なライブラリー思想は形成されておらず、図書館の利用者は教養市民層に限定されたといえる。また、「図書館」という新漢語とともに、その当時日本が採用していた回数閲覧券制度が導入されたため、公共図書館の無料の原則も重視されなかった。

多くの研究は、現在中国で使われている「図書館」という名称は近代において日本から受容したものだと強調してきた。ただし、忘れてはならないのは、それだけに近代中国における「図書館」の意味合いは最初から「無料一般公開」の理念を欠いており、実際の運営も日本式の有料制や閉架式で行われていた。加えて、清末期の改革が上からの改革であったため、体制の維持こそ第一義的な目標とされ、「図書館」に保守的なイメージが付きまとうことは免れなかった。この言葉に新たなイメージが与えられたのは、アメリカのライブラリー思想が日本を凌いで主流となった民国期になってからであった。「図書館」という言葉はようやくそれまで多用された「蔵書楼」と差異化し、「無料一般公開」のイメージで定着したのである。もちろん、その間に図書館をめぐる日中間の交流は絶えることがなく、逆に日本が中国から影響を受けることもあった。この点については別稿に期したい。

注

1) 小黒浩司「和製漢語"図書館"の中国への移入」『図書館学会年報』32 (1), 1986, p. 33-37.
2) 張麗華「近代新漢語「図書館」の中国語への移入と定着について」『関西大学中国

文学会紀要』30, 2009, p. 47-69.
3) 顧燁青「再議近代中国漢語"図書館"一詞的出現与官方確立」『図書館雑誌』7, 2018, p. 9-15.
4) 張錦郎「清末的図書館事業」張錦郎『中国図書館事業論集』台湾学生書局, 1984, p. 65-104.
5) 張銀龍・趙小丹・施偉偉「"図書館"非日詞源考」『図書館雑誌』4, 2017, p. 32-34.
6) 前掲2), p. 50.
7) 前掲1), p. 33-37. 前掲2), p. 58-60. 前掲3), p. 9-15.
8) 前掲1), p. 33-37.
9) 衛道治『中外教育交流史』湖南教育出版社, 1998, p. 107-108.
10) 前掲3), p. 14.
11) 翟桂栄「晩清"書院""蔵書楼""図書館"訳介嬗変考論」『図書館』4, 2024, p. 103-111.
12) 前掲2), p. 48-50.
13) 鈴木宏宗「明治10年代「図書館」は「書籍館」に何故取って代ったか：「図書」の語誌に見る意味変化と東京図書館における「館種」概念の芽生え」『近代出版研究』1, 2022, p.186-205.
14) 龔蛟騰、易凌「守正創新："図書館"機構話語的演変与趨向」『大学図書館学報』6, 2021, p. 93-94.
15) 前掲14), p. 93-94.
16) 前掲14), p. 94.
17) 前掲5), p. 32-34.
18) 前掲5), p. 33.
19) 青山治世「清末の出使日記とその外交史研究における利用に関する一考察」『現代中国研究』20, 2008, p. 41. 引用部は青山氏による翻訳である。なお、原文は「総理衙門片奏」『奏定出使章程 上巻』1877, p. 3. 張寿鏞等「外編」『皇朝掌故彙編 巻18』1903, p. 8. から抜粋。以下、中国語史料の引用文は特に断りのない場合、筆者の翻訳による。
20) 傅雲龍「遊歴日本図経余紀前編上」傅雲龍著・傅訓成整理『傅雲龍日記』浙江古籍出版社, 2005, p. 80.
21) 前掲2), p. 50-51. 前掲3), p. 10-11.
22) 傅雲龍「巻二十下 日本文学下」王宝平編『遊歴日本図経』上海古籍出版社, 2003, p. 372.
23) 黄遵憲「学術志一」『日本国志』清光緒刻本, p. 664-665. データベース「鼎秀古籍全文検索平台」で確認。アクセス日は2024年11月30日。[http://iffixaf19099a923d4dach0fwn6unukkpb6kox.gbag.libproxy.ruc.edu.cn/ancientbook/portal/index/index.do]

24) 前掲13), p. 186-205.
25) 前掲11), p. 104-106. 瞿桂栄によれば、「書院」は中国の読書人にとって馴染みのある名称であり、古くから蔵書、校勘する場所として存在し、学校教育の機能を持っていた。ただし、清末期の学制改訂において、「書院」は「学堂」に名称を変更された。以降、Libraryの訳語としての「書院」という言い方も衰退したという。
26) 前掲20), p. 157, 212.
27) 沈国威「日本発近代知への接近——梁啓超の場合」『東アジア文化交渉研究』2, 2009, p. 217-228.
28) 前掲23), p. 845.
29) 梁啓超「大同訳書局叙例」湯志鈞編『中国近代思想家文庫 梁啓超巻』中国人民大学出版社, 2014, p. 31.
30) 古城貞吉「古巴島述略」『時務報』6, 1896, p. 26.
31) 例えば以下を参照。「論英徳貿易」『時務報』12, 1896, p. 23-24;「日本大臣会議」『時務報』8, 1896, p. 27;「山林論」『時務報』15, 1896, p. 25-27.
32) 前掲11), p. 104-107.
33) 汪穰卿「汪穰卿先生伝記巻六 事業彙志」汪詒年編『汪穰卿先生伝記』1938, p. 257. 古城が日本の学校の章程を訳出し、『日本学校章程 三種』として公刊したことについての言及がある。
34) 安藤虎雄「日本女子高等師範学校章程」『訳書公会報』7, 1897, p. 41-42.
35)「論図書館開進文化一大機関」『清議報』17, 1899, p. 1073-1078.
36) 前掲1), p. 34-35.
37) 日本文部科学省「図書館令（明治三十二年十一月十一日勅令第四百二十九号）」アクセス日は2024年11月30日. [https://www.mext.go.jp/b_menu/hakusho/html/others/detail/1318108.htm]
38) 前掲35), p. 34-35, p. 1073-1078.
39) 前掲35), p. 1075.
40) 前掲35), p. 1076.
41) 前掲35), p. 1074.
42) 樊炳清「訳篇」『教育世界』1, 1901, p. 7, 10, 14.
43) 羅振玉「教育私議」『教育世界』1, 1901, p. 1-4.
44) 羅振玉「扶桑両月記」劉学詢、黄璟、羅振玉『考察商務日記 考察農務日記 扶桑両月記 扶桑再游記』岳麓書社, 2016, p. 97.
45) 前掲44), p. 102.
46) 羅振玉「学制私議」『教育世界』24, 1902, p. 4.
47) 呉汝綸『東遊叢録』岳麓書社, 2016, p. 18.
48) 前掲47), p. 35-36.

49) 前掲47), p. 73.
50) 前掲3), p. 14.
51) 「奏定大学堂章程」璩鑫圭・唐良炎編『中国近代教育史資料彙編 学制演変』上海教育出版社, 2007, p. 391.
52) 前掲51), p. 259.
53) 前掲1), 前掲3).
54) 呉晞『从蔵書楼到図書館』国家図書館出版社, 1996, p. 45-50.
55) 前掲11), p. 103-111.
56) 前掲51), p. 391-392.
57) 前掲47), p. 35.
58) 小黒浩司「湖南図書館史の研究」『図書館学会年報』32 (2), 1986, p. 69.
59) 前掲58), p. 64-75.
60) 沈小丁「一部晩清図書館学著作的釈読—黄嗣艾与《日本図書館調査叢記》」『中国図書館学会論文集』2006, p. 108.
61) 「京師図書館及各省図書館通行章程摺」李希沁・張淑華『中国古代蔵書与近代図書館史料（春秋至五四前後）』中華書局, 1982, p. 131.
62) 前掲61), p. 199-200.
63) 黄少明「走向免費服務—从清末和民国時期的図書館法規看公共図書館免費用服務的原則最終在我国的確立」『図書館』2, 2005, p. 22.
64) 程煥文『晩清図書館学術思想史』北京図書館出版社, 2004, p. 216-238.
65) 竇徳芹「端方—中国近代図書館事業的先駆」『図書館学刊』2, 2017, p. 140-142.
66) 前掲58), p. 64-75.
67) 前掲61), p. 129, 153, 159.
68) 前掲61), p. 129.
69) 前掲61), p. 184.
70) 李小縁「蔵書楼輿公共図書館」『図書館学季刊』1 (3), 1926, p. 377-378.
71) 劉延元「図書館与蔵書楼」『工読試刊』3, 1935, p. 14-15.
72) 「蔵書楼輿公共図書館」『年華』2 (47), 1933, p. 3-5.
73) 李小縁「全国図書館計画書」『図書館学季刊』2 (2), 1927, p. 10.
74) 潘燕桃・程煥文「清末民初日本図書館学的伝入及其影響」『中国図書館学報』212, 2014, p. 71.

Cross-Boundary Cooperation Practice Research
A Case Study of the Goethe-Institute and Chinese Public Libraries

談騏椿 (Qichun TAN)

Introduction to the Goethe-Institute

The Goethe-Institute was established in Munich, Germany, in 1951. For over 70 years, it has been committed to stimulating international cultural exchange, promoting the dissemination of the German language, and supporting the free development of both culture and science. It provides information about German and European cultural and social diversity worldwide. Currently, there are 151 Goethe-Institutes located in 98 countries and regions, with 12 being distributed within Germany, and the headquarters of that being based in Munich, Germany [1].

In 1952, the Goethe-Institute opened its first overseas branch in Athens, Greece. In 1988, it established a branch in Beijing, China, now known as the Beijing German Cultural Center • Goethe-Institute (China), which is the main entity for its activities in the country. For a long period, the Goethe-Institute stood out as the only Western cultural institution in China. It offers German language training courses, provides up-to-date information on German culture, society, and political life, and smooths the interchange between China and Germany. The Goethe-Institute operates two libraries in Beijing: one at the Zhongguancun Cyber Tower Building and the other in the 798 Art District. The former houses approximately 5,500 volumes, focusing on German language teaching and learning materials, German national conditions, and children's and youth literature/comics [2]. The latter has over 3,000 volumes, concentrating on creative industries such as architecture, visual arts, design, photography, drama, and music [3]. The Goethe-Institute is not restrained to merely building its own libraries but has also forged a good cooperative relationship with public libraries in China.

1 Cooperation between the Goethe-Institute and public libraries

1.1 Short-term cooperation

Short-term cooperation involves joint activities--nationwide influential--organized by both the Goethe-Institute and public libraries, which are in most cases coordinated by the China Library Association. For example:

• 2005 German Landscape Architecture Exhibition: The Goethe-Institute, China Library Association, and the National Library of China collaboratively organized this exhibition, which was later displayed in ten libraries across China as a public tour. To complement the exhibition, the China Library Association also organized the "China-Germany Architects' Salon" and "China Culture Wind--Architecture Culture Series Report" to maximize the sharing of scientific exhibition resources and serve a broader public [4].

• 2009 Library and Reading Forum, held in Munich, was organized by the China Library Association and the Goethe-Institute to introduce advanced practices in reading promotion from both Chinese and German public libraries, rendering valuable experiences for further reading promotion [5].

1.2 Long-term cooperation

Long-term cooperation involves establishing German Language Materials Sections or German Information and Learning Centers in local public libraries. The Goethe-Institute provides books, newspapers, magazines, multimedia resources, and necessary equipment, while the public libraries offer independent space, management personnel, and mature management services.

• 1999 Shanghai Library German Language Materials Section: This was the first German Language Materials Section set up in a public library in China, marking the beginning of cooperation between the Goethe-Institute and Chinese public libraries.

• Other City Cooperations: Following Shanghai, the Goethe-Institute has also established German Language Materials Sections in several other public libraries across Beijing, Guangzhou, and other cities. Current public library partners of the Goethe-Institute in China include: Shanghai Library, XiCheng Library of Beijing, Sun Yat-sen Library of Guangdong Province, Shaanxi Library, Chongqing Shapingba District Library, and Hubei Library, specified in Table 1 [6].

Table 1   the Goethe-Institute's public library partners in China

	Opening	Stock	Cooperative Project Name
Shanghai Library	1999	Circa 9,000 books and media	German Language Materials Section
Sun Yat-sen Library of Guangdong Province	2002	More than 6,000 books and media	German Language Materials Section
XiCheng Library of Beijing	2002	More than 7,800 books and media	German Information and Learning Center
Shaanxi Library	2005	More than 4,600 books and media	German Information and Learning Center
Chongqing Shapingba District Library	2006	Circa 3,200 books and media	German Information and Learning Center
Hubei Library	2011	More than 3,000 books and media	German Information and Learning Center

Although the names of the cooperative projects vary, their essence and content are largely similar. The Goethe-Institute provides German cultural, social, political, economic, legal, historical, and literary books and audiovisual resources to public libraries. People interested in Germany and learning German can obtain information about Germany, including up-to-date materials regarding cultural entertainment, tourism, and studying in Germany. Both parties root their cooperation in bibliographic resources and organize various public activities. For example, the Shanghai Library hosts lectures on German culture, the XiCheng Library of Beijing conducts lectures on studying in Germany, and the Hubei Library holds German corners.

2 German Language Materials Section at the Shanghai Library

On November 3, 1999, the German Language Materials Section, established through cooperation between the Goethe-Institute and the Shanghai Library, was officially opened. The ceremony was honored by the presence of then German Chancellor Gerhard Schröder and Shanghai Vice Mayor Jiang Yiren [7]. Currently, the German Language Materials Section is located within the Shanghai Library's Donated Book Reading Room/Friendship Library area, sharing space with other international donated books, and is managed by a librarian. The collection includes approximately 8,000 volumes, over a thousand multimedia resources, and more than ten newspapers and magazines, with open-shelf service. Except for periodicals and reference books, all materials are available for borrowing. The section is open from 9:00 AM to 5:00 PM, closed on Mondays. As a project of cross-boundary cooperation between the Goethe-Institute and the Shanghai Library, the German Language Materials Section not only becomes a distinctive feature of foreign language resources at the Shanghai Library but also serves as a treasure trove for German learners and workers, and an open platform for the public to understand German culture.

2.1 Resource services

• **Periodicals:** The German Language Materials Section entails over a dozen newspapers and magazines, with the inclusion of some of the most popular and influential German publications such as Der Spiegel, Focus, Stern, Die Zeit, and Frankfurter Allgemeine Zeitung, all of which are available for reading in the library. Compared to foreign periodicals purchased by public libraries, the periodicals in this section exhibit strong continuity, with new issues arriving quickly, thus maintaining high timeliness and readability.

• **Books:** The literature in the German Language Materials Section is cataloged according to the Chinese Library Classification. Based on actual reader needs, the section has specialized areas: German Learning Materials, Children's and Youth Literature, and German Reference Books. The German Learning Materials area includes original textbooks at various levels, original practice books and mock exams specifically for TestDaF ("Test of German as a Foreign Language") and the Common

European Framework of Reference for Languages (CEFR), as well as bilingual graded readers suitable for language learners. The Children's and Youth Literature area mainly features children's picture books, pop-up books, and fairy tales, suitable for both children and beginner language learners. The German Reference Books area is more specialized and academic, including various professional dictionaries and numerous yearbooks. It caters to both general readers and those needing more specialized and academic materials for research. Additionally, there are some English and Chinese books to provide non-German-speaking readers with access to information about Germany.

• **Digital resources:** The physical digital resources in the German Language Materials Section include VCDs, DVDs, and CDs. These resources are diverse, updated annually, with most having German/English subtitles and a few with Chinese subtitles. They include films, documentaries, audiovisual learning materials, and music albums by famous composers such as Bach and Mozart, all available for borrowing. If readers prefer not to borrow items, they can use computers in the reading room or bring their own laptops to view the materials in the reading room.

In addition to offline physical resources, the German Language Materials Section also offers online German resources through the Goethe-Institute's "Onleihe" electronic library. This electronic library bears over 20,000 e-books covering six main themes: children's books, youth books, schools and learning, literature and entertainment, professional guidance books, and music. The resource database is updated monthly. Through the Goethe-Institute's electronic library, readers can remotely borrow digital resources such as books, audiovisual materials, and periodicals without needing to return them, as access to these digital resources is automatically revoked when the borrowing period expires, eliminating late fees. The online German resource service, available 24/7, not only complements the offline resources but also eradicates time and space barriers, making it very popular among readers.

2.2 Cultural activities

In addition to its rich collection of German resources, the German Language Materials Section also hosts various events each year. These activities, organized jointly by the Goethe-Institute and the Shanghai Library, provide a platform for the general public to engage with the German language and learn about German culture. Recent activities include: the German Most Beautiful Books Exhibition in 2016 and 2017, the Bauhaus-themed traveling book exhibition and virtual Bauhaus VR interactive exhibition, the German Most Beautiful Books Exhibition in 2018 and 2019, and the 2020 German Most Beautiful Books Exhibition and design sharing session on "The Chinese Characters in Lyon".

• **Example 1: Bauhaus-themed Exhibition**

In 2019, to celebrate the centenary of the Bauhaus, the Bauhaus-themed traveling book exhibition and virtual Bauhaus VR interactive exhibition were held at the Shanghai Library in July. The exhibition featured books in German, Chinese, and English, focusing on the Bauhaus movement and its prominent figures. The VR equipment provided by the Shanghai Library offered visitors an immersive experience: travelling in the architecture and simultaneously exploring the core concepts of Bauhaus--within a virtual environment. To support this event, library staff completed extensive preparatory work. They selected Bauhaus-themed books from the library's existing collection, created text and images for twenty large display boards (Figure 1.), and synchronized to promote the exhibition information and activities through

Figure 1 © Reader's Service Center of the Shanghai Library

Figure 2 © Reader's Service Center of the Shanghai Library

the Shanghai Library's WeChat public account. Additionally, during the three-week exhibition, staff designed book displays and promotional boards, invited professors from the Shanghai Institute of Visual Arts to give related lectures over two consecutive weekends, and arranged volunteers to assist readers in using the VR equipment to experience virtual Bauhaus (Figure 2.).

The themed exhibition received a warm reception and positive feedback from readers: even on a typhoon day, the lecture venue was nearly full; after the lecture, readers were reluctant to leave and engaged in lively discussions with the speaker; at the exhibition site, some readers immediately obtained library cards for reference borrowing to check out the exhibition books already available in the library; and after the VR experience, readers expressed a strong interest in whether there would be any follow-up activities.

• **Example 2: Most Beautiful Books Design Sharing Session**

From May 25 to June 20, 2021, the Most Beautiful German Books exhibition returned to the Shanghai Library. This exhibition showcased 19 of the 25 award-winning books from 2020 and featured a Most Beautiful Books Design Sharing Session. The session invited Ms. Wu Yimeng, a designer of one of the award-winning books currently residing in Germany, and Mr. Shao Nian, a graphic designer

Figure 3 © Reader's Service Center of the Shanghai Library

from China. They connected online for a dynamic discussion, sharing their creative experiences and design insights with the readers.

Half an hour before the online sharing session began, librarian guided the readers through the Most Beautiful German Books (Figure 3.). The event then officially started with Ms. Wu Yimeng showcasing her studio in Berlin, Germany. She referred to her exchange study experience in Lyon, France, as a starting point to narrate the nearly five-year process of creating the Most Beautiful Book "The Chinese Characters in Lyon": from collecting materials and designing fonts to the collage style and anecdotes from communicating with publishers in China and Germany. This allowed readers to feel as if they were part of the creation of the book "The Chinese Characters in Lyon". Meanwhile, Mr. Shao Nian shared several books from his studio that were either in progress or already completed, providing readers with insights into innovative design aesthetics and visual arts. The audience responded enthusiastically and found the session highly beneficial.

2.3 Professional training

In addition to activities for readers, the Goethe-Institute and the Shanghai Library also jointly organized professional training for librarians (Figure 4.). In May

2021, a special lecture titled From Learning Spaces to Shared Spaces was held at the Shanghai Library. The lecture featured Dr. Klaus Werner, the Director of the Library of the Department of Languages and the Library of the Department of Philosophy and Humanities at Freie Universität Berlin. Dr. Werner delivered the lecture via Zoom from Berlin, Germany, to the Shanghai Library. The lecture lasted about two hours and concentrated on the conditions for creating shared workspaces in libraries and how they differ from commercial shared workspaces. The traditional image of libraries as learning places have embarked on the path to change. Libraries are increasingly using innovative thematic spaces to meet various needs of readers. In addition to traditional "quiet study areas" and discussion zones, libraries in recent years have set out to offer professional discussion spaces for small workgroups and multifunctional classrooms designed for activities such as maker workshops and shared workspaces.

Dr. Werner, by citing the Library of the Department of Languages and the Library of the Department of Philosophy and Humanities at Freie Universität Berlin, approached the topic by analyzing the transformed shared spaces in libraries across Germany and Europe. His presentation, richly illustrated, focused on the following three key aspects: (1) typical characteristics of learning spaces in libraries; (2) characteristics of shared workspaces: identifying elements that libraries could adopt to

Figure 4 © Reader's Service Center of the Shanghai Library

enhance their own spaces; (3) differences and similarities between maker spaces and the previous two types. He discussed their similarities and differences from multiple perspectives, including functional zoning, spatial design concepts, psychology, and staff roles. This analysis aimed to help the audience understand the variety of shared workspaces in international libraries and grasp the foundational ideas behind them.

The lecture took place during the stage of thematic exhibition and service planning for the Shanghai Library East, providing fresh inspiration and insights for the attending librarians. During the interactive Q&A session after the lecture, an in-depth discussion on the theme of space functionality took place. Dr. Werner encouraged librarians to boldly experiment, embrace risks, actively understand user needs, and even consider allowing users to have a say in certain aspects of space design.

In addition to professional training for all librarians, the Goethe-Institute offers targeted German language and library professional training to librarians responsible for German Language Materials Sections at partner libraries. Each year, the Goethe-Institute provides a scholarship to one librarian in charge of the German Language Materials Section to support their advanced German studies in Germany. Since 2000, four librarians from the Shanghai Library have received this scholarship, with training durations ranging from 1 to 2 months. During their stay in Germany, these librarians not only improve their German language skills but also take the opportunity to visit local public libraries and participate in library events. Moreover, the Goethe-Institute periodically conducts both online and offline professional training for libraries. In 2016, during the trial run of the Onleihe eLibrary, the Goethe-Institute organized several training sessions, covering everything from introducing eLibrary resources to hands-on guidance on downloading the app, registering, and accessing resources. The thorough training provided ensured that every participant gained valuable insights. In 2019, the Goethe-Institute held a "Digital Libraries" training session in Beijing for librarians from partner libraries. Over two days, Ms. Weisendorf from the Goethe-Institute's Munich headquarters library department led the training on "The Digital Race" and "German Learning Apps," and participants experienced the use of these apps in library settings, which offered excellent examples for future practices in public libraries.

3 Insights into the Goethe-Institute and Public Library Cross-Boundary Cooperation

3.1 Standardized processes + communication mechanisms: dual assurance

Cross-boundary projects between libraries and other fields are not uncommon, but those that thrive over time and grow more vibrant are rare. The cooperation between the Goethe-Institute and Chinese public libraries is one such successful example. This success is attributed to the dual assurance of standardized processes and effective communication mechanisms, which ensure long-term stability.

Standardized processes break down tasks into a series of repeatable steps to ensure efficiency and quality. This method allows consistent results even when personnel change. A formal agreement is signed when the Goethe-Institute and public libraries agree to collaborate, which provides essential guidance for the project:

(1) Clarification of rights and responsibilities: The Goethe-Institute provides free information on German culture, society, politics, economics, law, and history, as well as stipulate the category and quantity of the equipment and document newly offered. Spatially, the public library must offer an independent space to display these resources to get rid of the mixture of with self-purchased volumes and ensure they are accessible to the public for free. The library also designates staff for necessary training by the Goethe-Institute and agrees on dispute resolution and termination procedures.

(2) Detailed workflow: Public libraries have a well-defined process for handling materials from receipt to shelving for reader access. This includes daily maintenance and repair of materials and equipment, as well as guiding readers on how to use the resources and promoting the German Language Materials Section. Many cross-boundary projects struggle due to personnel changes and transition issues, which introduce uncertainty. Standardized procedures documented in writing help prevent such problems, ensuring project stability and continuity.

(3) Supplementary negotiations for unresolved matters: As times change and projects progress, new issues may arise that were not fully covered in the original agreement. In recent years, the frequency and variety of activities have increased, necessitating specific agreements for different events. This approach not only addresses current unresolved matters but also establishes a stronger foundation for future cooperation, ensuring the ongoing and healthy development of the partnership.

• **Establishing a communication mechanism**: Establishing a communication mechanism is crucial for ensuring smooth information transfer, promoting understanding, and fostering cooperation. In the partnership between the Goethe-Institute and public libraries, project leaders from both sides have developed an effective communication mechanism. Each year, public libraries submit an annual report to the Goethe-Institute, which includes details such as the leader's name, contact information, and German language proficiency. This allows both parties to be promptly informed of any changes. The Director of the Library and Information Center at the Goethe-Institute visits public libraries annually to inspect the operation and accessibility of the reading rooms and to discuss any challenges and future plans. Additionally, the Goethe-Institute holds an annual conference at the end of each year, inviting all domestic public library partners to attend. The conference typically lasts 2-3 days and includes three main components: sharing updates on each library's reading room activities for the year, presenting plans for the next year's activities, and providing professional training for librarians. This multi-channel communication approach ensures that both parties maintain a close and ongoing connection.

3.2 Resource co-construction and sharing

As is well known, the cost of foreign language resources is typically high and has been increasing, which starkly contrasts with the limited procurement budgets of public libraries. Additionally, the smaller number of users for these resources means that the available procurement funds are extremely limited. If the acquisition of foreign language materials continues to decline, the foundational service scope of existing collections will gradually shrink, and the target audience will decrease. Over time, this creates a vicious cycle that negatively impacts the development and service of foreign language resources in libraries. However, the cross-boundary cooperation between the Goethe-Institute and public libraries can break this real-world impasse.

Taking the Shanghai Library as an example, its German language resources consist of two main parts: one is the collection purchased by the library itself, and the other is the collection donated by the Goethe-Institute. The Shanghai Library has approximately 2,700 German books in open access, with an annual procurement of around 500 new volumes. In the German-language materials section, there are nearly 8,000 German books available, with the Goethe-Institute donating about 100 books each year, which accounts for 16% of the annual new German books received. The focus of the book categories differs: the Goethe-Institute's new books mainly cover German language learning, children's picture books, and German novels; whereas the Shanghai Library's new acquisitions center around Germany's strong industries, Shanghai's five-center construction, and key development disciplines, such as chemical engineering, automotive, energy, and manufacturing. Moreover, based on readers' actual needs, the Goethe-Institute also provides book recommendation services. Compared to the library's own procurement, this results in shorter acquisition cycles and relatively lower procurement difficulties. Through resource co-construction and sharing, the collaboration reduces redundant investments, coordinates resource allocation, and saves costs, achieving a synergy effect that is greater than the sum of its parts and laying a solid foundation for future reader services.

3.3 Complementary strengths and win-win cooperation

In the construction of literature resources, the Goethe-Institute has provided significant support to public libraries, helping them gradually develop German language resources into distinctive foreign language collections. Through its extensive global network, the Goethe-Institute not only invites experts from German libraries to visit China but also organizes various lectures, seminars, and training sessions, and actively promotes cooperation between libraries and other cultural institutions. For example, in 2001, through the Goethe-Institute's library department, the Guangzhou Library established an annual professional exchange mechanism with German public libraries. In 2007, it facilitated a study tour to Germany organized by the Chinese Library Association. In 2020, the Goethe-Institute facilitated a partnership between the Shanghai Library and the German Academic Exchange Service.

Public libraries entail extreme expertise. Librarians often have backgrounds and expertise in library science, information science, and related fields, and are familiar with library operations. They emphasize meticulous operations and standardized management in their daily work. For instance, in the book cataloging process, libraries use advanced cataloging software and tools to ensure accurate and standardized cataloging. In 2014, the Goethe-Institute cooperated with the Jiangsu Education Services for International Exchange (hereinafter referred to as "JESIE") to establish the German Language Materials Section. JESIE is the largest comprehensive institution in Jiangsu Province engaging in international education exchange and is the only non-public library partner of the Goethe-Institute in the Chinese library field. This project was a collaborative experiment between the Goethe-Institute's library and language departments, with JESIE responsible for the venue and staff, while the Goethe-Institute providing training and book acquisition. However, during the implementation, basic library processes, such as cataloging and reader services, were not ideal, which highlighted the advantages of public libraries.

Furthermore, as a primary platform for public cultural services, public libraries inherently offer broad coverage, continuous service, and universal sharing, maintaining high reader engagement. Initially, the German Language Materials Sections co-built by the Goethe-Institute and public libraries mainly attracted German language learners. The rich original resources and the latest information services met their needs, including students studying in German, scholars researching German culture, and professionals in the automotive sector. Over the years, with the efforts of librarians, a variety of engaging activities (such as exhibitions, German corners, and book fairs) have been organized, attracting more ordinary readers interested in Germany and Europe, even if they do not speak German. In recent years, the service audience has continually expanded, and participation in events has increased. Leveraging the platform of public libraries, the Goethe-Institute not only promotes the German language and spreads culture but also builds bridges for mutual understanding, exchange, and cooperation between China and Germany at different cultural levels.

In cooperative projects, if only one party contributes while the other simply benefits, the cooperation will not be sustainable. Internationally renowned management expert Robert Axelrod conducted a significant experiment known as the Axelrod Experiment, which revealed that the optimal strategy for long-term interactions is reciprocity (tit-for-tat); a strategy's success should be based on the success of the other party. This also tells us that only through cooperation can one achieve a win-win situation. Cooperation is not only the optimal choice for individual interests but also aligns with the ethical principle of maximizing public benefit [8]. The cross-boundary cooperation between the Goethe-Institute and Chinese public libraries achieves long-term stable development through mutual benefit and cooperation.

3.4 Shared goals for sustainable development

Currently, explorations of cross-boundary cooperation in public libraries tend to focus on short-term collaborations. One of the reasons of hindering long-term partnerships lie in the differing interest orientations of the cooperating parties. Public libraries are public cultural facilities open to the general public for free, typically affiliated to local cultural authorities and funded primarily by government grants, reflecting their public welfare nature. Public libraries collaborate with a diverse range of partners across various fields and industries. In partnerships with profit-oriented organizations, the profit-driven nature of these partners often conflicts with the public welfare goals of public libraries, leading to potential disagreements. The Goethe-Institute, as a registered association, covers one-third of its budget through revenue from German language courses and exams, while also receiving support from the EU, federal ministries, domestic and international companies, and foundations. Fundamentally, neither the Goethe-Institute nor public libraries are profit-driven. Both share a high degree of alignment in educational, service-oriented, and cultural aspects. In terms of education, public libraries are not only centers for literature and information but also important venues for social education. They conduct various reading promotion activities, cultural lectures, and exhibitions to guide the public in developing good reading habits and enhancing reading and thinking skills. The Goethe-Institute aims to integrate German into the host country's education system, providing high-quality German courses and promoting further training and certification for German teachers. Regarding service, public libraries are reader-centered, committed to providing high-quality services. They continuously improve service facilities and quality to meet diverse reader needs. The Goethe-Institute focuses on reader demands and designs various activities to engage participants. Culturally, public libraries serve as crucial carriers of cultural heritage and innovation, preserving a vast amount of cultural heritage and valuable documents, offering the public important means to understand history and carry on cultural traditions. The Goethe-Institute is dedicated to promoting international cultural exchange and supporting the free development of culture and science.

In cross-boundary cooperation, the alignment of goals between both parties is a key factor in ensuring stable and sustainable cooperation. This alignment not only provides a clear direction for cooperation but also fosters trust, effective resource integration, and collaborative efforts in facing challenges.

Conclusion

The cooperation model between the Goethe-Institute and Chinese public libraries not only serves as a valuable reference for building and serving foreign language resources in public libraries but also provides insights for cross-boundary cooperation in other fields. On one hand, it is challenging for public libraries to independently manage all aspects of foreign language resource development and services; thus, cooperation has become an inevitable trend. Future potential partners for public libraries in foreign language resource development and services could include institutions such as the Alliance Française, the Instituto Cervantes, and the Camões Institute. By incorporating more high-quality resources, public libraries can enrich their collections, expand service areas, enhance service effectiveness, meet diverse and personalized reader needs, and promote cultural heritage and innovation. On the other hand, cross-boundary cooperation projects in libraries have gained popularity recently, including regional collaborations, industry partnerships, and digital services. These projects have yielded impressive results and widespread acclaim. However, many of these collaborations have encountered the destiny of short lifecycles due to reasons such as funding shortages, policy changes, a lack of specialized talents, to name a few. The partnership between the Goethe-Institute and public libraries stands out, with the German Language Materials Section at Shanghai Library having been in existence for 25 years. This experience demonstrates that, with effective strategies to address challenges, cross-boundary cooperation can still play a significant role in long-term projects.

Moreover, as an innovative and forward-looking cooperation model, cross-boundary cooperation breaks traditional industry boundaries, optimizes resource allocation, and maximizes value. Such cooperation brings multiple benefits, including resource sharing, service innovation, enhanced community cohesion, cultural heritage and innovation, and improved brand image. These benefits not only contribute to the growth and development of libraries but also make a positive impact on societal cultural prosperity and progress.

References

1) Wer wir sind Das Goethe-Institut [EB/OL]. https://www.goethe.de/de/index.html
2) Bibliothek Sprache [EB/OL]. https://www.goethe.de/ins/cn/de/bib/cbt.html
3) Bibliothek in 798 [EB/OL]. https://www.goethe.de/ins/cn/de/bib/798.html
4) 中国图书馆年鉴编委会. 中国图书馆年鉴（2006）[M]. 北京：现代出版社，2008：346.
5) 张茜. 图书馆与图书馆漂流 [M]. 哈尔滨：哈尔滨出版社，2021：80.
6) Kooperationen in China [EB/OL]. https://www.goethe.de/ins/cn/de/ueb/koo/mlz.html
7) 张白影，荀昌荣，曹曹晓莉. 中国图书馆事业1996—2000 [M]. 长沙：湖南科学技术出版社，2002：996.
8) 吴建中. 转型与超越：无所不在的图书馆 [M]. 上海：上海大学出版社，2012：143.

戦前の図書館講習に見る図書館サービスの理解
受講生の視点から

三浦　太郎

はじめに

　日本の図書館学教育は、明治期以降、講習制度を中心に推移した。これについては、以前、論考にまとめたことがある[1]。簡単に振り返れば、1903年（明治36）に日本文庫協会（1908年に日本図書館協会に改称）が実施した図書館事項講習会を皮切りに、日本図書館協会や文部省、各地の図書館が講習を通じて図書館員に実務家としての技能の伝達を図った。内容面では分類・目録など整理技術が主体であり、1921年（大正10）に設立された修業年限1年の文部省図書館員教習所、および1925年にこれを改組した図書館講習所のカリキュラムもこれに沿っていた。その範とされた米国のライブラリースクールで教えられていた図書選択、貸出法、児童サービスといった内容は除かれた。また、教習所が正規の教育体系に位置づけられることはなく、図書館講習所への改組は、長期の講習を行う機関という位置づけを明確とするものであった。戦前に大学で図書館学が講じられた唯一の例外として、大正期に東京帝国大学文科大学教授の和田万吉が米国のライブラリーエコノミーを紹介し、「図書の置場に関する研究」である「図書館管理法」と、「図書其物に関する研究」である「書史学（書誌学）」に大別した上で、とくに前者を重視した。しかし、そうした高等教育における図書館学の教授体制が全国に広がることはなかった。

　図書館員養成の手段として戦後も講習は行われた。1947年（昭和22）に、図書館講習所を引き継ぐ形で図書館職員養成所が再開されたが、学校体系の外側

に位置づけられる点に変化はなかった。いくつかの大学で図書館学講座が開始されるとともに、1950年には大学で教えられるべき図書館学の内容として「図書館員養成課程基準」が定められたが、実効性に乏しかった。図書館法制定とともに省令科目が定められると、各地で司書講習が行われるようになった。従来の整理技術の内容を踏襲しつつ、利用者の視点や多様な資料・サービスに配慮した新たな傾向も見られた。1951年にGHQ/SCAPとアメリカ図書館協会（ALA）の協働により慶應義塾大学に創設されたジャパン・ライブラリースクール（JLS）では、社会における図書館の役割や市民にたいするサービスなどの側面が強調された。ただし、全国的に見れば、その後も各大学における図書館学の教授内容は司書講習に準じるものとされ、戦前からの講習主体の図書館員養成の形は存続した。

　講習制度のもとでは、どのような図書館観やサービス理念が教授され、受講生たちにどう理解されていたのであろうか。整理技術中心の教授内容にあって、図書館サービスとしてどのような捉え方がなされたかについては、日本の図書館学の展開を考える上で研究課題の一つである。以前の論考では、1950年代前半に東京大学で行われた司書講習の受講生の声について言及した。今回は戦前期を中心に、講習を通じて図書館サービスに関する理解がどのように見られたかを検討する。特に利用者と直接関わるパブリックサービスの考えがどのように理解されたかという点に焦点を合わせたい。検討対象となる史資料としては、受講生や修了生の記した雑誌記事や日記、感想文などがある。

（1）戦前の講習における受講生の考えに関して、2023～24年に『図書館の教育・調査・交流誌史—文部省図書館講習所から占領期の大学へ』「第一編：図書館講習所関連の雑誌」（第1～4巻, 金沢文圃閣）が刊行された。そこには『学友会雑誌』を中心に、図書館講習所の同窓生らが発行した雑誌の一部が復刻されており、講習を修了して得られた知見などが数多く載せられている。

（2）戦後占領期に実施された指導者講習と司書講習に参加した各務謙作・南蒲原郡加茂中学校教諭のご遺族から、彼の書き残した「東北大学・慶應大学派遣　研究報告—図書館講習会に参加して—」（手書き、和綴じ、33丁）[2]を拝借した。各務が、1951年7～8月に東北大学で開催された第1回の司書講習に部

分的に参加し、同年8～10月に慶應義塾大学で開催された第3回指導者講習会に参加した際の個人的記録である。

(3) 東京大学教育学部の初代図書館学講座教授・裏田武夫の関連文書（「裏田文書」）に、1952～53年度の司書講習受講者のアンケートなどが含まれる。

(4) 同志社大学に、1946～51年度に開設された同志社大学図書館学講習所の文書・資料群が残されており、そのリストがウェブ上で公開されている[3]。時間割や受講者名簿が含まれるほか、第4回（昭和24年度）記録に受講生のレポートと思われる文書、第6回（昭和26年度）記録にアンケートが含まれる。

関連して、1950～60年代を中心とする資料に、慶應義塾大学文学部に、JLSおよびその後継の図書館・情報学科の授業シラバスや学生の編集した会報などが残されている。初期JLSの関連資料もわずかに含まれる。また、1951年（昭和26）に第6期教育指導者講習（IFEL）が行われたのち、図書館学の受講生を中心に結成されたIFEL図書館学会において、1952～63年に機関誌『IFEL図書館学』計12号が刊行された。ただし、IFELそのものよりも、修了生の寄稿時点での職場等での関心を反映した内容が中心となっている。

本論文では、これら史資料のうち(1)を主な検討対象とし、(2)についても取り上げながら、戦前を中心に講習受講生の図書館サービス理解について検討する。日本では整理技術中心に講習内容が推移したが、特に利用者向けサービスに関する理解について見ていきたい。

1　戦前の講習受講者の図書館理解

文部省図書館員教習所では、第1期修了生の波多野賢一が中心となり、同窓生の組織として芸艸会が結成された。芸艸会では、1922年（大正11）4月に『芸艸会会報』（回覧雑誌）第1巻1号が作成され、その後、同誌は翌年4月の第2巻2号から『芸艸会雑誌』に、また1924年7月の第3巻1号から『図書館研究』に改題され、1936年（昭和11）8月まで発行された。一方、1931年には同窓会の集まりである芸艸会と、講習所の管理者である帝国図書館長・松本喜一の対立から、図書館講習所同窓会が発足し、1934～43年にその『会報』が刊行された。さらに、これら同窓会が並立していた1931～40年に、受講生と職員を会員と

する図書館講習所学友会による『学友会雑誌』も刊行されている[4]。

このうち『学友会雑誌』には、一部の講師や20～30名程度に上る受講生の声が載せられており、講習を通じてどのような図書館観が伝えられ、受講生に理解されていたかといったことや、利用者サービスの考え方がどのように理解されていたかということを把握する手がかりとなる。個々の受講者の理解は一様ではないが、講習の科目内容として扱われた事柄とその理解のされ方を知るには有用であり、以下、検討していきたい（なお、雑誌記事の本文を引用する際に、旧字体の一部を新字体に改めた）。

1.1　カリキュラム

最初に文部省図書館員教習所の開設科目を確認しておく[5]。開所当時、「図書館管理法」「図書館史」「分類法及演習」「書架及法規」「和漢書目録法及演習」「洋書目録法及演習」「書史学」「印刷術」「英語」「仏語」「独語」「自然科学史」「日本絵画史」「社会教育」「国民道徳」「現代思想」「一般教育」の17科目が開講されており、整理技術のほか、語学や現代思想、一般教育など教養的な科目も盛り込まれた。米国ニューヨーク州のライブラリースクールのカリキュラムを踏襲しつつ、米国で扱われていた貸出法、解題法、図書選択、児童図書館といった内容の扱いが、図書館員教習所では見られなかった。図書館講習所に改組されてからもカリキュラムの大枠に変化はなく、分類や目録などの整理技術の伝達に主眼が置かれた。1931年（昭和6）時点では、「図書館管理法」「図書館史」「目録法（和漢書・洋書）」「書誌学（日本・支那・西洋）」「図書分類法」「英語」「独語」「仏語」「実習」「文化科学（社会教育概論・日本絵画史・印刷及製本）」が開講され、科外科目の「視察見学」が加えられていた。その後、1941年にカリキュラムが改編され、図書選択法、児童図書館管理法、巡回文庫、参考事務の内容が加わったが、ほどなくして閉鎖されている。

1.2　図書館員の心構え

1.2.1　図書館への熱情

1932年（昭和7）11月発行の『学友会雑誌』第3号に、松本喜一による「ライ

ブラリー・スピリット」と題する緒言が載せられている。図書館令改正の前年のことで、社会における「図書館精神」の必要性と、受講生に「ライブレリアンス・スピリット」を持つことを訴えた文章である。「図書館が学校とコーオージネート［引用者注：対等］の関係に立って、其教育的文化的大使命を全うせんがためには、之れが経営の局に当るものならびに普く社會人に対して図書館精神の涵養を緊要なりと感ずるものである。殊に斯業に従事する人々が、社會教育者として名利を超越して事業を熱愛し、其社會的利用に関して渾身の努力を傾注するところの所謂ライブレリアンス・スピリットの涵養に精進する事が、法規の改正と相俟って斯業の前途を光あらしむる所以なりと信ずるものである」と記される[6]。「米國人が年少にしてよくこの図書館精神を涵養せられ」とも述べられており、「図書館精神」とは、社会の人びとの側で図書館にたいする認識・理解を指す言葉であった。図書館員自身による仕事への熱意を示す「ライブレリアンス・スピリット」とは異なった。松本は、「図書館事業の如きは、其発達をただに法規の改正のみに俟つべきではない。斯業にたづさはる人々の燃ゆるが如き熱情と不断の努力こそは実に其発達の根本的要件であらねばならぬ」とも記しており、図書館発達の基礎に、図書館員の「熱情」と「努力」を置いている。

　ここで言及された図書館精神は、約10年後の中田邦造と秋岡梧郎の個別記事の中にも見られ、図書館実務に関わるキー概念として提示されている。ただし、意味するところは同じではない。中田は1927～40年に石川県立図書館長、その後、東京帝国大学附属図書館司書官や東京都立日比谷図書館長などを務め、国民読書運動を展開したことで知られる。一方の秋岡は、1922年（大正11）に図書館員教習所を第1期生として修了し、波多野とともに当時の東京市立日比谷図書館などに勤務した後、戦後1948～51年に図書館職員養成所で講師を務めるなどした。いずれも戦前から戦後にかけて館界で影響力を持った人物である。

　まず中田であるが、1941年（昭和16）1月に『図書館雑誌』に「町村図書館の経営方法」の一文を寄せる中で、「図書館精神と図書館計画」の項目を挙げ、「1. 図書館ないし図書館的なるものは、直接間接図書館精神に発していることを認

め、経営者みずから内にこれを長養するとともに、広く民衆の図書館精神を涵養することに意を用いること」、「2. ここに図書館精神というは、図書を通じて民衆生活の文化的充実を図らんとする生産的なる文化精神のことであって、これは図書館員はもとよりすべての文化的生活者にも宿っているものである」、「3. 図書館精神の自覚は、偶然的なる図書館機能を必然とし普遍化する働きとなって現われる。すなわち、図書館なき町村ではその創設計画となり、既存の図書館では経営の組織化計画となって現われる」と挙げている[7]。「図書館員はもとよりすべての文化的生活者」が社会に図書館を必要視するような概念として図書館精神を規定しており、松本の示した考えにも近いと思われる。

これにたいし秋岡は、同じ年の9月に『図書館雑誌』に「図書館員教育論」を寄稿し、図書館員が「火の如き図書館精神」を持つべきであると主張した。「図書館には書物の形に圧縮された多くの知性を伝へて居る。従って図書館員は知識的には他の社会人に比して有利な立場に置かれて居る。然しながら、そのためにこそ却って図書館員には所謂インテリ型が多く、仕事に対する情熱と実行力に欠けて居る者が多いのである。そこで図書館員の養成に当っては知識の獲得に関する方面は図書館に譲って、その大部分の時間を、指導者の人格をとほして、図書館精神の昂揚と実行力の錬成に全力を注ぐべきである」と述べている[8]。

秋岡の図書館精神の意味するところについて、1970年代に秋岡と知遇を得た竹内悊は、秋岡からの手紙に、「私の"図書館精神"と申しますのは、図書館を辞めてからでもその仕事に打ち込んで行く精神とでも申しましょうか。……私は図書館精神を人にお説[教]をする資格はありませんので、私が座右の銘としている言葉を、私の発明したカタカナの草書体で書いて見ました。(1981年8月19日)」とあることを紹介し、「そして、添えられた色紙には、／ヒロクヨミ／フカク　カンガエ／ツヨク　オコノウ／と、書いてあった。これから見れば、先生の図書館精神は図書館員として生きる心構えとでも言うべきものであって、一方向のみ突っ走る偏狭なものではないことが知られよう」と記している[9]。秋岡の意図が図書館員の基本的態度を示すことにあり、戦時中に見られた精神主義とは異なったことを述べている。

松本は、図書館員に「ライブレリアンス・スピリット」、熱情と努力を求め、社会の人びとには、中田と同様に、図書館理解の促進を図る図書館精神の広がりを説いた。ただし、図書館精神の理解は一様ではなく、「透徹せる知性によって裏づけられた火の如き図書館精神」を挙げた秋岡のように、図書館員にとって不可欠な資質として呼び表す者も出ている。図書館での仕事に対する熱意、情熱を図書館員に求める点では共通した認識が示されている。

1.2.2　図書への愛着

　『学友会雑誌』第5号（1935年3月）に兼歳一正という受講生が記した「図書館事業への一考察」には、図書館で収集・提供される資料への「愛着」が図書館員の資質として重視されている。兼歳はまず図書館事業として、「総括して言へば、図書館として当然為すべき事務即ち、内面的には図書目録の統一、統系法の劃一、各図書館の有機的な連絡或は又図書館員の事務的政治的才能の養成と言った事であり、外面的には有効且有力なる協会、團體の設立、読者をよせる為の色々の催し、図書館以外の社會公共團體との接觸、相互援助とか、さうした組織的な事業」を挙げ、「然して現時の図書館界としては、寧ろ内面的な事業の充實を緊要とする」と内部作業の重要性を述べている[10]。「図書目録」や「統系法」（おそらく主題分類のことか）といった整理技術の面の重視や、図書館員の事務能力などの開発を優先事項としつつ、関連団体の設立や図書館間の相互協力の重要性についても挙げている。ただし、図書館の「内面的」事務の中に利用者にたいする直接的サービスの記述はない。

　続けて兼歳は、以下のように技術偏重を戒めている。

　　真に図書館事業に貢献出来得る人も自づと決って来ると思ふ。即ち、これは単に事務的才能の優れた者に依るとのみは断定出来ないであらう。……唯技術のみでは全體的な図書館としての発展は、到底達し得るものではないと思ふ。社会進化に對する優れた、そして鋭利な洞察力、敏感なる順應力を必要とする。如何に精巧優秀なものであっても、それが時代の要求に即したものでなければ何の価値もないものだ。尚、之等事業に携わる人として、図書に對する趣味、愛着を抱き得る人でなければな

らないと言ふ事が根本的な重要性を持つものではあるまいか。

　図書館員の資質として、「洞察力」や「順應力」と並び、図書への愛着に重きを置いている。松本は図書館事業への熱情の必要性を訴えたが、ここでは収集・提供対象である図書を愛でる気持ちが挙げられている。

　図書への愛着については、後年の『学友会雑誌』第10号（1940年4月）にも「読書について」と題する一文を寄せた受講生・長井文彦が、次のように記している。「我々は多くの本の中から選び出し、愛し、教へられる書物を持たなければならない。その時我々に必要なのは魂である。我々は付焼刃的知識のみで、よい書物を選び親しむことは出来ない。書物を通して語る偉大な魂に感じなければならない。それに感ずることが出来る魂を我々が持ってゐなければならない。知を愛し、教へられ、高められそれに依って、人格を形成されやうと求める魂である」と[11]。良書を渇愛する姿勢であるが、長井は「単に知識を得る為にのみ読む時は、その本の著者の魂も読者の魂も無視されてゐる故に、それは畸形的な読書である」とも断じている。今日的には、図書館員に期待される役割として、利用者からの文献要求に応じて図書や資料を提供することが想定されるが、そうした知識・情報の提供といった考えよりも、利用者の心に触れる図書の提供が本旨とされている。

1.3　図書の利用
1.3.1　「自由」な読書

　『学友会雑誌』第3号には受講生・立木健吉の「偶感」も載せられており、そこには、「僕も世間一般人と同じく入学する迄は図書館について何らの概念も持たなかった。図書館は本の沢山ある所、そこに務める人は多分本の番でもしてゐるのだらう位に思ってゐた。しかし今になってはそんな概念は脱して、図書館が社会教育上如何に重要なものであるかが分ると同時に私等のなすべき事も亦多しの感じがする。図書館には華さはない。しかし民衆の真の精神の糧を与へる、そして社会の進化の原動力となるものだ」と述べられている[12]。受講を通じて図書館にたいする理解が深まり、社会教育における図書館の重要性が認識されたことが分かる。ただし、「本の沢山ある所」であるという以上の理

解について、具体的にどういった図書館観が形成されたかは文章化されていない。

　図書館が単に図書の置き場ではなく、所蔵されている図書を自由に利用できることが重要である点について、『学友会雑誌』第5号で受講生・松久嵩は「図書館の効用」の一文を記し、自学自習のための施設としての図書館について具体的に記した。「図書館は社会全般に対して貴重な知識の寶庫であって而も惜気もなく開放して公衆の前に提供して居る。然らば図書館が吾人の効用に直接適合する最も顕著な點は、先づ図書館の新刊書は今日社会百般の事実の進歩にしたがって向上発展を図る覚悟が必要である故に吾人に取って指導者とも、忠告者ともなる」と述べられている[13]。図書館は「知識の寶庫」であり、多くの新刊書が備えられる。そうした新刊書の種類は多岐にわたり、「且図書の分類、目録まで秩序整然として居る故、検索上に於ても至極都合が良い。又閲覧に供するカードの排列に就いても系統的に秩序が立って居るから何時何人が行っても数分で所望の図書を提供して呉れる。斯く時間上に於ても図書館の効用は文明人の繁劇な生活に取って至極必要の事である」と記されており、利用提供を下支えする組織化についての理解が示されている。

　続けて松久は、図書館では静寂な雰囲気が守られており、このために利用者は、「頭脳が清涼明確になって之に依り不知不識の間に新知識を得らるると同時に、身體も休養する事が出来る。……図書館は青年子弟の行く處で、紳士などの行くべき場所にあらずといふ人が往々にして在るが、之は全くの誤謬である」とした上で、「かくして図書館は青年となく、大人となく、男女の別を問はず、其處に這入って自から教育する所、教師を要せず、教具を用ひず、各人の必要と趣味に従ひ、時間の許す範囲内に於て読書し、研究し、以て自由に自発的学習をなす事を得る教育機関とも云へる」と結んでいる。「読書の自由に読める図書館の利益は莫大」と記された箇所もあり、主に新刊書を適切に揃えて、目録を通じて検索できるように整理し、利用者に図書を提供する環境を整えている点を、図書館の活動の柱としている。その際、利用者は自ら学習する存在であり、図書館員から利用者にたいする働きかけへの言及はない。

　図書の閲覧について、『学友会雑誌』第7号（1937年4月）に受講生・橋爪規

矩夫が記した「図書館雑感―ザツクバランに―」にも、「「図書館はあくまで閲覧が主體である。」と思ふ。元来図書館は閲覧と云ふ動的なものである。否閲覧を通じて民衆に働きかけると云ふ積極的動性を有するものである。決して保存と云った様な静的な、消極的なものではない」と記されている[14]。「動的なもの」と記されるが、これは今日的なアウトリーチのような活動を意味するのではなく、資料の保存機能に比して見た場合に、閲覧には「民衆に接し直接彼等に働きかける」側面があるために「動的」だという捉え方である。

　1915〜31年に東京市立図書館の館頭を務め、図書館員教習所の設立当初から1940年（昭和15）まで講師として関わっていた今澤慈海は、「生涯的教育」の枠組みを志向し読書趣味の涵養を目指した実践を行ったことで知られる。教育者すなわち図書館の側が、個人の趣味能力に応じてふさわしい図書を利用者に示し、利用者をして自発的に教育修養させる点を重視する教育思想であった。松久の「自発的学習をなす事を得る教育機関」として図書館を捉える点や、橋爪の「閲覧が主體」という理解の背景には、そうした今澤の教育観の影響を見て取ることができる。ただし、山梨あやの指摘するように[15]、今澤は読書趣味能力の高低に応じて指導の必要性に幅を持たせたものの、教育者の示す方向に向けて非教育者を指導することを教育の要諦とした。図書館の役割はあくまで「悪書を排し、良書を撰擇する鑑別力」[16]を果たすことであった。図書を利用する人びとが自発性を発揮する範囲についても、選書の権限をもつ図書館によって規定されることが前提であり、読書すべてについて「自由に読めること」が保証されているわけではなかった。松久も「図書館で図書を集むるには一定の目的標準に依拠し、時代の要求を斟酌して行ひ、決して手当り次第蒐集するのではない」ことを記している。

1.3.2　図書の内容

　受講生の読書への理解の中には、図書を読むこと自体に、ある種の文化指導を受ける意義があるとする考えも見られる。『学友会雑誌』第10号に「図書館と権威」を寄せた受講生・木元正明は、「図書館は何を手段として社會教育、或は社會の文化指導をするのか？勿論図書である。即ちある一人のものが、図書

館に於ける自己の要求する図書を読むことによって文化的に指導せられることである。而してその指導は図書のもつ教育的な内容要素であり、そこに読者に對してその図書の権威が働く故に権威ある図書といふ図書撰擇の一つの規準が形成される可能性があると私は思ふ」と述べている[17]。木元は、読書を通じて図書の権威性に触れることを重視し、「読書といふことがその読む図書が良書であり、自己の権威に合った図書であればある程、この根本的絶對的な図書の権威に心うたれて、没我的になって行き、眞の図書の世界がひらかれる」としている。ここでは、図書との邂逅の機会を利用者に提示することが図書館にとって重要な機能であり、とりわけ図書の「権威の正しい価値判断」を行う図書選択に重きが置かれることになる。

　一方、提供される図書の内容について、教養的な内容よりも娯楽を重視する考えも見られている。「図書館といふものを稍内面的に観察し始めてより僅かに一年足らず」であるという受講生の潮田能子は、『学友会雑誌』第8号（1938年4月）に「雑感」をしたためている。今後の図書館に望まれることとして、「図書館の建物の何か人を容れない傲岸さ陰鬱さ冷たさ、閲覧係、出納係等の民衆を軽視したがる態度即ち所謂官僚タイプ」のような「官僚的臭を去る」ことと、図書館が「娯楽的な趣味の読書場」となることを主張している[18]。「會ての読書は殆ど修養のための読書のみが尊ばれた。現在に於ては娯楽又は實用に傾いた一面と、修養若くは狭義の實用即ち知識の方面を可とする一面とがある。前者は一般民衆の向上するまで、若しくは図書館が現在よりも生活の必需となる迄でも、もっと娯楽的な民衆の慰安所となる必要があると思ふ。即ち民衆はもっと愉楽的な図書館を慰安所としての図書館を希望して止まないのである」とし、「文学的な読書を強調する事がひいては社會全般の情操教育に資する」と述べている。

　「眞の図書の世界」を志向し図書の権威性を主張した木元とは対照的に、潮田は「娯楽的」「愉楽的」な図書の提供を図書館の機能として挙げている。図書館における図書の提供を重視しながらも、そこで図書に込める意味は、講習受講生によって必ずしも一様ではなかった。

　「文学的な読書」については、講師であった今澤も肯定している。今澤は著

書『図書館経営の理論及実際』の中で、米国の公共図書館の小説の閲覧率が40～60％に上ることを引きながら、小説が読まれる理由として、「第一、小説は現在に於ける説話體の圖書中にて最も讀み易き形のものなり」、「第二に、時間の上より云へば、硬き讀物に費やさるる時間が、小説類を讀むに費されたる時間に比して非常に長きことなり」の2点を指摘し、「此等の小説が善き種類のものならば何等恥づべき理由なし、蓋し、今日に於て、文學的記述の最も優秀なる樣式は小説なればなり。随ひて、此樣式は、若しも著者が自己の思想を讀者の最大多数に傳へんと欲するならば、探らざるべからざる樣式にして、此樣式に代る他の優れたる樣式の發明せらるるまで、小説的記述は圖書館に於て十分に認められざるべからず」と記している[19]。ここでもすべての小説を図書館の蔵書として認めているわけではなく、内容的価値があるものを選ぶ点において一定の留保はあるが、人びとの閲覧状況も参考に、娯楽的読書の効用を説いている。図書館講習所で初めて図書館学を学んだ潮田の理解は、今澤の図書館観とも調和的である。

1.3.3　貸出

　図書館蔵書を提供する上で閲覧と並び重要なのは貸出である。農村部における貸出について、『学友会雑誌』第5号に受講生・橋本幸造が「地方町村図書館ニ對スル一考察」を寄せ、町村図書館における図書選択や貸出の重要性を述べている。大衆の知識の程度において、町村図書館は都市の図書館と異なるとした上で、橋本は次のように主張している。

　　　　先ズ第一ニ異ル點ハ都市ノ場合ト異リ、地方町村ノ人々ハ図書館ニ對シテ頗ル消極的デアル點デアル。彼等ハ多クノ場合自ラ図書館ニ歩ヲ運ンデ読書スルダケノ知識慾ヲ有サナイノデアル。カカル消極的ナ大衆ニ對シテハ徒ニ書庫ニ図書ヲ山積シ、閲覧人トシテノ彼等ヲ待ツ事ハ図書館機能発揮ノ上カラシテ、非難サレル事ハ免レナイ。須ラク大衆ニ對シテハ図書館側ヨリシテ積極的ニ家庭ニ図書館ヲ延長シナケレバナラヌ。其ノタメニハ各種ノ手段ヲ講ジ、大衆ニ對シ積極的ニ呼ビカケネバナラヌ。是ノ點ヲ考ヘタラ、町村図書館ハ宜シク貸出本位トス可キ事ハ何人［原文

ママ]モ是ヲ首肯シ得ヨウ[20]。

　図書利用の重要性を念頭に、地方において人びとの知識欲は低調であり、書庫に図書を置いたままにしてしまうとほとんど利用されないため、人びとに「積極的ニ呼ビカケ」貸出を導入すべきとの考えが示されている。また、「彼等ノ読書材料トシテ提供サレル物ハ僅カニ簡単ナル文学書ヤ、修養書ニ過ギナイ。夫レガ精々彼等ノ消化シ得ル精神的糧デアル」とした上で、町村に独立した建物を新たに建てることは実際的でなく、「町村図書館ハ小学校ニ附属サセルノガ妥当」とも述べている。

　農村部での図書提供については、『学友会雑誌』第6号（1936年3月）にも橋本孝蔵という受講生（第5号の橋本と名前の読みは同一）が寄せた「農村青年團図書部を中心に」でも扱われている。地方における青年団図書部の活動を10点、列記する中で、橋本は次のように記した。

　　　四、団員各位の趣味、希望書を調査する事、これは範囲が狭いから容易だと思ふ。／五、各人の趣味に適した書物、並に希望図書を、係員がその各人に配達してやる事。農村の多くの人が読書に對して、非常に消極的である為に、彼等の封建的な悪習慣打破の為には最も積極的活動をせねばならぬ。同一図書を多数の人が要求せる場合は、その氏名を記し、その人々の間で自由に読ませる事、出来るだけ自由に、出来るだけ手軽にする事[21]。

　青年団図書館において、読書に消極的な利用者に図書を「配達してやる」ような働きかけの必要性を述べたものである。

　今澤の関わった東京市では（地方町村や農村部には当たらないであろうが）、1910年（明治43）に日比谷図書館で館外帯出が始められたことを皮切りに、各館で貸出が実施され、1913年（大正2）には「東京市立図書館図書帯出規程」がまとめられた[22]。1915年に機構改革が行われ、日比谷図書館を中心とする図書館網が構築されて、当時の貸出（館外帯出）者数14万6千人が、6年後には45万6千人に増えている[23]。貸出が利用者の便に資することを踏まえ、橋本は、特に振興を要する農村部にこのサービスを適用することをまとめたと思われる。

当時、町村図書館における貸出の必要性を主張したのは中田邦造である。先述の1941年1月の「町村図書館の経営方法」という『図書館雑誌』記事の中で、中田は「図書館閲覧施設と館外貸出」の項目を設け、「1. 町村図書館は社会の生産活動に多忙なる町村民全体を対象とするものであるから、役所的なる閲覧時間に一定の閲覧室において閲覧せしめんとすることは全然不可能である。従って館外貸出を原則とし、各家庭や職場を閲覧所として、それぞれの寸暇を読書に充当せしむべきである」……、「3. 貸出は必ずしも当人の出頭を必要とせず、厳密なる手続に拘束されず、代人もしくは中間斡旋者を通しての貸出方法を講ずることが望ましい」と述べており[24]、地域の図書館振興を図る手法として貸出を捉えていたことがわかる。

　国内における総力戦体制が進み、図書館界でも国策推進への関与を求める議論が高まると、受講生の中にも、農村部以外の地域で館内閲覧にとどまらず貸出をすべきとの意見が出てきている。『学友会雑誌』第9号（1939年4月）に「時局と図書館振興策」を寄せた受講生の小野榮は、「國民を正しい健全な思想の持主とし、時局を認識して以て愛國心を増し、銃後の守りを固めるようにさせねばならない」との認識に立ち、以下のように記している。

　　館内閲覧に来る人丈を目的とすることは、前時代の図書館の消極的活動であって、いくら世人に図書館の重要性を認識して貰はうと思っても、このやうな方法では図書館自體が乗氣になってゐない證據であるから、斯かる図書館の発達しないのも無理はない。この舊式を打破して時局に相應した活動を為すべきである。即ち館内閲覧に来る人丈を目的とせずに、團體、會社、個人等に出来る丈時局に関する図書やそれぞれの専門書やを［原文ママ］貸し出すことは、眞にそれぞれの實務にも役立ち、又世間への宣傳方法ともなるから、積極的に図書館から館外に貸し出すようにすべきである[25]。

　小野はまた、他の図書館振興の「良策」として「永久的に維持費を確實にすること」なども挙げて「文献報國」に進むべきことを主張している。その根底には「今日の聖戦」に勝利するという国家主義的な見方があることに疑いはないが、図書館が人びとに利用されるには、財源を保障した上で、閲覧にとどま

らず、団体や会社、さらには個人にたいして館外貸出を行うことが必要だとする発想自体は、他の受講生に見られないものであった。

同じく『学友会雑誌』第9号に「出納法に就きて」を記した受講生の梶山治男は、図書館の「近代的経営法」として「一、館外貸出を盛んにすべきこと」など5点を挙げるが、「然し我が國の図書館界は欧米に比較し未だ発達してゐない、従って大なる理想勿論必要であるが、徒らに大なる理想は實現に困難なる故に、社會教化といふ一大目標を以て一歩一歩進歩発達を計らねばならない」と述べており[26]、小野とは対照的に抑制的である。

1.4 勉強の場

図書館において図書の提供は十分に行われていないという現状認識も、受講生の中に散見される。そうした認識に基づいて、自学自習のための場所として図書館の活用を主張する向きもある。戦後、図書館職員養成所の講師や1964〜79年に図書館短期大学教授などを務めた服部金太郎は、図書館講習所の受講生として『学友会雑誌』第7号に「現代社会と図書館の対象」の一文を寄せている。公共図書館は社会教育を目標とするものではあるが、効果が不十分だとして、次のように述べる。「端的に言へば利用者のあたまの中には、図書館は勉強する所か、乃至は小説を読む所以外には何ものもないのである。／前者に属するものに學生、受験生あり、後者に属するものに失業者がある」と記し、さらに、「生活の不安に脅え、生存の苦悩を體験し、日夜営々として働ゐている」社会人は図書館を利用するだけの「精神的に餘裕もな」く、「図書館に関心なく、図書館自體も彼等を誘引すべき何等の魅力をもち得ない」以上は、図書館は現実の利用者である学生、受験生、失業者に注力すべきであると主張している[27]。その際、対象の第一とすべきは学生であり、「彼等の大部分は図書館の利用者であって、図書の利用者でないことを考慮せねばならぬ。……彼等が眞に要求する所のものは、閑静なる読書室であり、自己が買ふべく餘りに必要なき新聞雑誌の備付である」と指摘し、「読書にふさはしき、閑静照明等の條件を有する閲覧室をもつ図書館にその存在意義を認める傾向がある」と、勉強の場としての活用を説いている。

図書館で蔵書の利用よりも学習空間としての利用が期待される点に関して、同じ『学友会雑誌』第7号で受講生・山路美智の記した「一般婦人への読書奨励について」にも、「萬朝報に載せられた日比谷図書館の調査記事」として、「ここに面白いのは一冊の書物も閲覧せずに図書館に来る御婦人が二割弱もある事で、これは多くご自分で本を持参して静かな所へ勉強に来るので、自學の婦人達が如何に都會の騒音を逃れたがってゐるかといふこれも文化の一副産物でせう」との記事が紹介されている[28]。

1.5　読書指導

　図書館資料の閲覧場所や学習空間の提供は、利用者と図書館員の関わりの点では間接的である。図書館員からの直接的な働きかけのあり方のひとつが読書指導である。『学友会雑誌』第5号の中で、受講生の藤代清吉は「巡回文庫に関する私の覚書」を記し、人びとの求める図書を提供する意義について次のように指摘している。「［巡回文庫に］備付の図書の選択の標準は青年向きの良書であるは勿論であるが、或る一部の人の如く文學殊に軟文學書も一概に排斥すべきではない。堅苦しい修養書のみに依って蔵書が占められるべきでなく、「小説は人生の教科書なり」と極論する人もある程であるから、俗悪低級な一部分を除いて文壇大家の作品も備附け、閲覧申込に應じて回附すべきである。此處に注意すべきは青年處女とても何時迄も軟文學を読み耽るのでなく、どうせ読むなら真面目な有益な本を読み度いとなって来るのは驚くべき事實で、其處に巡回書庫の生命があるのである」と記し[29]、低俗な図書を足掛かりに有益な書物へと読書の質が向上するとの認識を示している。そして結語は次のようであった。

> 　眞に図書館員の使命を知り青年團の幹部と手を握り合ひ、始めは程度の低い團體を指導し、次第に向上する有様を読書傾向並に報告書等に依り、知り得るのは眞に図書館員のみが味ふ喜びである。然しそれに至る迄は所謂役人気質を捨てて、眞に青年の氣分を知り、或る程度迄同化して談笑の裡に読書指導、一歩進んでは全般的の指導をもする様にしなければならない。

読書習慣を広めることを「図書館員の使命」と位置づけ、そのために利用者の日常生活の中に「同化」し、読書指導を行うべきことを主張している。これは、図書館に図書を置いたり貸し出したりすれば利用者は自発的に学習するものであるという利用者像に比べ、図書館員の関わりを重視する考え方である。ただし、読書指導は、図書館員の側が利用者の読書傾向を指導するという立場に根差しており、利用者の求めるところの資料を図書館員が提供するような奉仕（サービス）の意識は薄いように受け止められる。

　読書指導については、戦前の中田もしばしば言及したところである。例えば、1943年（昭和18）3月の『図書館雑誌』には「読書指導法―青年学校教師のために―」が掲載されている。中田は読書指導の目的を、「単にその場その場の読書を巧みにさせるとか、一つの文章一冊の図書を十分に理解納得させるとか、といった事にあるのでなく、その中心が生涯を通じて読書修養ができるように自己教育力を養成するにある」とした上で、読書指導方法は個人に応じて異なり、「例えばまだ一応の読書力すら十分にないような者に対しては、基本的にそれを涵養する道を講じてやらねばなりませんし、貧困にして図書の入手に困難するものには、適良なる図書の供給を第一に考えてやることが必要」であるなどと述べている[30]。そして、「読ませるべき図書の問題」として、「青年たちのごとき読書生活の初心者にあっては、そうした努力を完全に健実にみずからする能力をもたないのでありますから、指導者がこれに代って、適良の図書を選び出し、これをその手の届く所まで送り与えて、読書修養を実践せしめることが大切」としている。

　1930年代に中田は、図書館による社会教育の対象をいくつかの段階に分けて整理しており、自己教育力や読書能力のある人びとには資料・教材の提供で十分であり、他方、読書能力はあるが読書経験のない人びとには相談相手となる必要や、読書能力そのものが不足する人には立ち入っての指導を行う必要のあることを説いている[31]。中田が図書館講習所で講義を行った形跡はないが、藤代の記したような、読書能力が低いと考えられる地方青年にたいして、「眞に青年の氣分を知り、或る程度迄同化して談笑の裡に読書指導」するという姿勢は、当時の中田らの読書指導の考えに通じていたと言うことはできよう。

1.6 利用者サービス
1.6.1 奉仕の理念

　『学友会雑誌』第5号に受講生・倉田勤の寄せた「図書館を認識せしめよ」には、図書館の位置づけとそのサービスについて、他の受講生にない捉え方が記されている。倉田は、不況下の農村で図書館の図書費が削られている話を聞いたことを紹介した上で、「真に農村に缺乏せるものは米か？　金か？　道徳的精神か？　思ふに恐らく道徳的精神であらう。義務的責任觀念であらう。結局実践主義的教育であらう。然し学校教育の程度は不況の為め次第に低下した。中途退学者は続出した。此処に於て益々必要を感ずるのは、経済的・時間的・年齢上の束縛を受けない普遍的教育機関、即ち図書館である」と述べ、「一般の人々に高尚な慰安を与へる経済的な娯楽機関」である図書館の重要性を説いている[32]。そして、「一般大衆へ図書館を理解せしめ利用増進せしむる方法」を述べる中で、「一體図書館に於て如何に良書を多く蔵し、如何に完全なる設備を持っても、その利用の程度が低かったなら或は殆んど利用されなかったなら特殊の図書館を除外するなら、図書館としての使命の半分も果たしてゐないのである。それでは単に書物を保存するに過ぎないのである。極端な例を挙げれば私の村の村立図書館―小さなもので小学校内に設置され閲覧室は無く館外貸出図書館である―はこれを利用する人は大部分学校に時々来る所の補習学校の生徒であって、村に図書館があるかどうか知らない人が半分以上あると思ふ」と記し、蔵書が置かれているだけでは不十分な点と、村民の図書館にたいする無理解の現状を指摘している。

　その上で倉田は、こうした状態を解消するための「宣伝の方法を先輩の意見に私の考へを加へて記したい」と述べ、全7点にわたって図書館員のあるべき姿や図書館関係者として行うべき事柄を列記している。例えば以下である。

　　1. 図書館の設備の完全を期し、出来るだけ良書を多く蔵するやうにするは勿論、図書館員の人格完成の最大の努力を拂ふべきこと。／図書館員は人々を指導し教育する者であると同時に、人々に仕へる者でなくてはならぬ。学校教育家の少しの失敗も非難されなければならぬと同様に、図書館員といふ社会教育家も非難されなければならない。殊に児童図書

館員などに於ては図書館員の一挙手一投足でさへ閲覧に来る児童へ影響することは小学校の先生に勝るとも劣らないであらう。……図書館員は親切で、甘んじて閲覧人に仕へ得る程の心を持ち、彼等に尊敬の念と親しみの情を湧かしめる人でなくてはならぬ（傍点引用者）。

ここで図書館員を「人々に仕へる者」、すなわち利用者にサービスを行う主体として位置づけている点は注目される。利用者と図書館員の関係性をサービス対象と実施主体として捉える考え方が見られている。

サービスという理解の仕方については、『学友会雑誌』第9号（1939年4月）に受講生・佐藤誠一が寄せた「雑」に「図書館サーヴィス」の項目が立てられ、次のように記されている。

　　或る人が、或る話の中で、／「帝国図書館みたいな所は、もっと権威があってもいいと思ふんです。三銭やそこらで、来る人来る人をお客さんとして、何でも御無理ごもっともとして、ペコペコする必要はないと思ふんです。云々……」と。／さうだらうか。成程、閲覧人の中には、没常識なのがゐて、つまらぬことで図書館員を困らせたり、何かと迷惑を掛ける者、少なくないであらう。併し図書館員といふ者は、矢張りサーヴィスといふことを心懸くべきだらうと思ふ。官立の図書館であらうと、少しでも官僚臭があってはならない。矢張り一般公共図書館應接が必要であらう。これ一人でも多く図書館に友をひきつける所以である（傍点引用者）[33]。

「官僚臭」を否定すべきとの意識は他の受講生の文章にも見られていたが、これを図書館サービスの対極に位置づけている。また、具体的に何を指すかは明らかにされていないが、少なくとも「サーヴィス」という具体的な言葉を用いて、図書館をサービス機関として捉えた点は特徴的である。

1.6.2　参考事務

図書館講習所の受講生の中には、参考事務について書き記している者もいる。『学友会雑誌』第5号に大野澤緑郎という受講生の記した「参考事務について」がこれであるが、「吾國図書館の現状は割合此の事〔引用者注：参考事務を

指す]に對する閑却を持續し又案内係の貧弱も通有状態」と、現状、日本では広がりのないことが記されている[34]。授業では米国の事例が扱われたらしく、「ワイヤー氏」の言の紹介と、それにたいする大野澤の所感が次のように記されている。

> 参考事務員として直接質疑に應答する者にとっては閲覧者の求むる處のものを閲覧者の隠蔽性とかその言辞の粉飾とかを取り去って、直ちにその目的物を推察することが仲々至難なことと思はれます。併しながら多くの場合、結局對者にそれを究極してゆく事が多いだらうと思はれます。ワイヤー氏の云ふ参考事務員たる資格の一つである聯想とは、勿論正しき聯想でせうが、此の聯想は記憶と共に大切なものの一つです。けれ共如何に豊富な推理力や、聯想であっても、その對照となるべき文献書目の知識を缺いてゐる場合には何の用をも為すものではありません。……正しき聯想ならば必ずやそれに適合した文献の知識と相俟って満足な答辯と指導とを為すことが出来ると考へます。

そこでは、利用者の書誌的な質問には、利用者がまだ言語化できていない内容も含まれているために、図書館員が「聯想」を働かせることの重要性が指摘されたものと了解されるが、これを受けて大野澤は、職員と利用者の間のやりとりそのものには目を向けず、「文献書目の知識」の必要性に焦点を合わせている。そして、「實際参考事務は如何にも難かしい仕事の様に考へられ、そして又煩はしい事に違ひありませんが、参考事務の妙味は問題を扱ひつつ知らず知らずの中に書誌的能力を養い「如何なる書物に依り如何なる材料に依れば解決し得るといふ研究的能力」を貯へ得、読者の満足の程度に依っても自己の喜びを見出し、又不足の點を補ふといふ様な事にあたると思ひます」と続けている。

今日的な目で見れば、利用者の真の関心の所在を把握し、利用者にとって必要な事柄を伝えるという「難かしい仕事」は参考事務の本質であろうが、大野澤には「煩はしい事」と捉えられた。むしろ、利用者の問いに答えることができるような文献に関する知識、いわば「書誌的能力」を図書館員自身が高めることを「参考事務の妙味」であると認識している。利用者への直接的な奉仕（サ

ービス)を第一義とは捉えていない。図書館講習所の授業で利用者サービスの側面について扱われることがあっても、その内実を十分に咀嚼するだけの素地が、受講生や、ひいてはそれを教授する日本人教員の側で、十分になかったことの現れではなかろうか。

　参考事務などの図書館サービスが日本で認識が低かった点については、ほかにも、『学友会雑誌』第6号に受講生・小出松雄が、「一般民衆に図書館認識を與ふるに際し如何なる點を強調すべきかは重要な事で、図書館基礎の一般概念を築くには、以下の諸點を幾度も強調すべきである。……／三　参考事務、成人教育、児童教育は勿論、他のあまり知れない方面を取扱ふ積極的図書館の全面的機能」と、「あまり知れない方面」の図書館機能の筆頭に参考業務を記している[35]。

　1940年代末から1960年代前半まで神戸市立図書館長を務め、戦後の公共図書館におけるレファレンス・サービスの議論をリードした志智嘉九郎は、日本のレファレンス・サービスの画期として、戦後占領期に第2回指導者講習会で米国人講師チェニーによる講義が行われたことを挙げている。大正時代からサービス自体は始まっていたが、戦前に大きな発展はなかったと考えられる。薬袋秀樹の指摘するように[36]、1962年(昭和37)に志智の編集執筆した『レファレンス・ワーク』が1950～60年代における「レファレンス・サービス開拓期」の成果として評価されており、そこでは実務面から、レファレンス・ツールの解題と並んでレファレンス・サービスの方法が検討された。

　なお、大野澤の「参考事務について」に名前の出てきたワイヤー氏については、後年、『IFEL図書館学』第3号(1953年10月)に井上幸次郎(秋田県立秋田図書館長)の記した「レファレンス・ワークの一コマ」と題する記事が参考になる。井上は北日本図書館研究集会で岡田温による「レファレンス・ワークについて」の講演を聞き、触発されたことを述べ、岡田が、「アメリカで一九三〇年に出版されたJ. I. Wyerの"Reference Work"と一九四四年出版されたMargaret Hutchinsの"Introduction to Reference Work"とを引合いに出して、レファレンス・ワークについての定義としては前者の説は後者の説に比べて漸次陳腐になりつゝあることを指摘」したことを紹介している[37]。そして、「ワイヤ

ーのいうところの、研究調査のために資料を提供し、援助する以上に、ハッチンズは殊更直々の援助を強調し、特定の図書館活動であると主張するところから、必然的に専門的なReference Workを豫想しているところに、両者の相違が見出されるのである。尚岡田先生は、われわれの求める者に助力を與えるにしても、熱心のあまり相手を極限された知識の範囲に追込むようなことでなく、なるべく幅のある廣汎な視野の中において、あくまでも文献を通してこれを援助し、これに協力する態度であること、又Reference Questionsの摑み方にしても、豫め相手の能力と、何を要求するかを見極めた上で、適宜そのcapacityに應じて答えることが望ましいと附け加えられた」としている。

井上はIFEL講習会でチェニーの授業を受けたことも記しており、レファレンス・サービスについて理解を得ていたものと思われる。岡田の講演内容を受けて、「レファレンス・ワークの限界については、意見區々であろうが、私はあくまで相手に對し従属的、補助的であることを忘れないで、それからのことは、相手の出方により、相手を見ての上の相談で、場合によっては積極的な協力を示してもよいのではないかと思う」と述べている。利用者とのやりとりを想定する中に、米国流の利用者サービスの考えを受容していることが窺える。

本節では、戦前の講習における図書館機能の理解や図書館サービスの認識を見てきたが、こうした考えは戦後に米国流の図書館学が紹介される中で徐々に転換されていったと考えられる。次節では、冒頭に触れた各務謙作「東北大学・慶應大学派遣　研究報告—図書館講習会に参加して—」(以下、各務報告)から、米国流の図書館学の考え方に触れた関係者が、戦前の講習との間のどういった点に相違を見出したかを確認する。

2　各務報告に見る図書館理解

戦後、1950年（昭和25）に図書館法が制定され、図書館法施行規則で省令科目が定められた。司書講習の実施に先立ち、翌年に文部省では司書講習で用いるテキストを編纂するための指導者講習会が3回開かれた。第1回は6〜7月に東京大学附属図書館で開かれ、『図書館学講義要綱』が作成された。第2回は7〜8月、第3回は8〜9月にそれぞれ慶應義塾大学で開催された。

同じ時期、東北、東京、名古屋、京都、九州の5つの国立大学で司書講習が実施された。省令科目では、必修として「図書館通論」「図書館実務」「図書選択法」「図書目録法」「図書分類法」「レファレンス・ワーク」「図書運用法」「図書館対外活動」「児童に対する図書館奉仕」「視聴覚資料」の10科目、選択として、甲群に「学校教育と公共図書館」「成人教育と図書館」「特殊資料」「図書館施設」「図書館史」、乙群に「社会学」「社会教育」「ジャーナリズム」「図書解題及び図書評論」「図書及び印刷史」が配された。従来のように整理技術の科目が中心ではあったが、図書館の対外活動や図書選択、レファレンス・サービス、児童サービスなどにも配慮された内容であった[38]。

各務報告には、1951年に東北大学で行われた司書講習と、慶應義塾大学で開かれた第3回指導者講習会に参加した際の感想が記されている。報告のあらましを述べたのち、図書館サービスに関する記述を見ることとする。

2.1 講習参加

各務は冒頭で、戦後、新教育の始まりとともに、教師や教科書を中心とする「古い型」から、「児童生徒の自発的活動を重視し、彼等がのびてゆこうとするちからを育成する事を強調」する「児童中心の教育にかわってきた」ことを記し、「新しい教育の企画は広く多様な学習環境や施設を必要とし、今や学校図書館がその中心的役割を担って急速に価値が認められてきた」と述べている[39]。そして、司書講習の実施にあたって学校図書館関係者にも受講が認められるや、「教育長の派遣研究生」として選抜されたという。

各務は1951年8月10日〜9月15日に仙台に滞在し、まず、東北大学で開講された司書講習に参加している。朝9時から夕方4時までの講義が続き、公共・大学図書館関係者を中心に約100名が受講していた。各務は期間途中からの受講となったため、受講科目は以下の7科目であった（カッコ内は担当講師。肩書は各務報告に記載のまま（以下同））。「図書館通論」（文部事務官・武田虎之助）、「図書選択法」（東大附属図書館司書・青野伊予児）、「図書目録法（洋書）」（東北大附属図書館司書・伊木武雄）、「レファレンス・ワーク」（新潟県立図書館長・渡辺正亥）、「視聴覚資料」（お茶の水大学教授・波多野完治）、「児童に

対する図書館奉仕」(宮城県立図書館長・菊地勝之助)、「社会学」(東北大講師・佐々木徹郎)である。「図書選択法」と「視聴覚資料」を特に「面白かった」と述べている[40]。各科目で何を学んだかについて、具体的なところは書かれていない。

その後、上京し、9月17日〜11月10日にかけて慶應義塾大学で開かれた第3回指導者講習会に参加した。全国各地から43名が参加し、受講者として、新発田図書館長・三浦茂、大阪学芸大学図書館学課講師・三輪計雄、慶應大学医学部図書館司書・海老原正雄、関西大学図書館主事・天野敬太郎、国会図書館・大西寛、学習院大図書館司書・関野眞吉、全国学校図書館協議会事務局長・松尾彌太郎、大阪市教育委員会指導主事・尾原淳夫らの名前を挙げている。受講者が講師を務めるケースもあった。講義だけでなく、問題を分担し研究するワークショップも行われ、各人は5班に分けられ討議を行った。主に第1回指導者講習会で作成された『図書館学講義要綱』にたいする評価が目指された。

開講科目は以下の14科目である。「図書館通論」(慶應義塾図書館副館長・柄沢日出雄)、「図書館実務」(文部事務官・武田虎之助)、「図書選択法」(上野図書館長代理・彌吉光長)、「図書目録法」(関西大学図書館司書・天野敬太郎)、「図書分類法」(学習院大学図書館司書・関野眞吉)、「レファレンス・ワーク」(慶應医学図書館司書・海老原正雄)、「図書運用法」(図書館職員養成所講師・服部金太郎)、「図書館対外活動」(千葉県立図書館長・廿日出逸暁)、「児童に対する図書館奉仕」(東京学芸大学教授・坂本一郎)、「視聴覚資料」(小田原市立図書館長・石井富之助)、「学校教育と公共図書館」(文部事務官・深川恒喜)、「図書館史」(国会図書館整理部長・温田温[原文ママ])、「社会教育」(慶應大学教授・奥井復太郎)、「図書解題及図書評論」(日本大学教授・石井幹之助)であった。各務は天野のグループに属したが、その「リーダーシップには教えられる所が多かった」ことや、廿日出の「熱意」、深川の「適切な指導」、坂本の「有意義」だったオリエンテーションなどについて短く感想をしたためている[41]。各科目で学んだ具体的な事柄の記載はない。

授業以外に、東京滞在中、各務は複数の図書館を見学に訪れたり、図書館関

連行事に出席したりしている。訪問先は、上野図書館及び図書館職員養成所（9月16日）、宮内庁書陵部（9月29日）、学校図書館振興対策協議会（於氷川小学校）（10月8日）、講和記念図書館大会（於科学博物館）（10月9日）、図書館協会創立六十周年式典（於科学博物館）（10月10日）、六十周年記念講演会及音楽会（於日比谷公会堂）（10月11日）、比々谷CIE図書館［原文ママ］（10月16日）、皇居・NHK・毎日新聞社（10月18日）、国立国会図書館（10月22日）、千葉県立第二高校図書館・船橋市立船橋高校図書館（10月23日）、伊藤伊図書館用品店（10月24日）、小田原市立第二中学校・小田原市立第四中学校（10月26日）、製本講習会（於千葉二高）（10月28日）、成蹊小学校図書館（10月31日）、千葉県学校図書館研究協議会（於千葉市学芸大附属小学校）（11月4日）、憲法資料展（於国会図書館）（11月6日）、梅ヶ丘中学校図書館（11月7日）、図書館研究会（於国会図書館エジプトの間）（11月8日）、深川先生を囲んでの座談会（於藤山工業図書館）（11月8日）と、多岐にわたった[42]。

　このうち、9月16日に図書館職員養成所を訪れた際は、「養成所は貧弱な施設であったが、学生たちが熱心に勉強していたのには敬服した。養成所の経営をどうするか、は今後の問題であるとのこと」との感想を記している。また、10月16日に日比谷CIE図書館を訪れた際は、「終戦後の我国図書館活動にとって、CIEライブラリーの果した役割は実に大きいと思う」と一言、短い感想を述べている。10月26日に訪問した小田原市立第二中学校と第四中学校は、「この両校ともIFELの講習者が見学に来た所であり、エーカーズ女史（IFELの指導者）もこられた学校である」ことが触れられている。11月8日の図書館研究会では、同研究会会長の天野敬太郎の司会のもと、森清、武田虎之助、中田邦造といった館界の重鎮が「熱心に」議論していたことが記されている。

2.2　図書館サービス

　こうした記述の中で、各務が講習で聞いた内容について具体的な感想を記しているのは、指導者講習期間中にJLSの教授陣による講義が行われた箇所である。すなわち、「レファレンスワーク」（チェニー教授）、「視聴覚資料」（ラーソン教授）、「青年及児童」（ハント教授）、「目録」（フリック教授）、「図書館財政」

（ギットラー教授）の5科目を挙げたのち、特にギトラーの言葉について、次のように記している。

　　就中、終講式の席上行われたギットラー教授の特別講義中、サービス（奉仕）についての例話は深い感銘を与えた。
　「奉仕という言葉の概念、その使用法は辞書をみればいくつもある。然し、その使用法のうち、サービスという言葉を私は庭球のサービスという言葉と結びつけてみたのである。庭球のサービスにおいて、若しも球をネットのこちら側でのみ持ちつづけて相手側へ打ちこまないならば庭球は成り立たないであろう。図書館の中には、この球を自分の側にのみ持っていたり、ネットの内側だけに打ちこんでいるようにみえる人がある。それではゲームは成りたたない。球を公衆の側へ打ちこまねば奉仕とは言えないのである」と言うのであった。
　　これは主として公共図書館人を対象として話された言葉であるけれども、学校図書館としても全くの同様である。
　「例え内燃機関—たとえば、自動車の外形がどのように立派につくりあげられたとしても、外形だけでは自動車は動かし得ない。自動車を走らせるものはオイルである。図書館という外形がつくられたとしても、図書館を動かすところのものは外形でなくてオイルたるところの奉仕精神なのである」
　　我々図書館関係者にとって、このサービスの精神がつよく自覚されなければならないであろう[43]。

　各務報告の他の箇所を見ても、これほど具体的に講義で話された内容を記載した箇所はない。ギトラーは、図書館サービスをテニスに喩えながら、図書館がサービスを通じて利用者とやりとりを行うことを、それなくしては「成りたたない」本質であると語った。また、それは自動車の「オイル」（ないしガソリンか）のように、「外形」を動かすために不可欠であるとも述べている。利用者とのやりとりこそが図書館の本質であるとする考え方は、戦前の講習で顕著に見られた、図書や資料を提供することで図書館の使命を果たすことができるとする考え方からは生まれることがないものであった。

バックランドによれば[44]、ギトラーは、1951年（昭和26）4月に行われたJLS開校式でも、「概して1946年までは、日本の図書館は欧州の伝統に即した図書館であった。図書館は、貴重書の保管と保存を主な目的としていたのだ。しかし、それらの蔵書の利用や提供が目的ではなかった。日本の図書館は、新しい目標に向かって前進することで、図書館における図書館サービスの進歩的な考え方に対応できる図書館員を必要としている」と述べている。この「図書館サービスの進歩的な考え方」が、整理技術の偏重と対比的に用いられていることは明らかであろう。ギトラーはスタッフ会議でも、「日本人の図書館員にもっとも必要であると感じたこと、それはサービス（奉仕）であると強調した。これは、彼［引用者注：ギトラー］がレファレンスに関するワークショップの提供に力を非常に入れた理由」となった。レファレンスワークショップは、1951年夏に文部省と協力して12回開催された。各務報告に記されたテニスの比喩は、こうした日本側関係者への説明を重ねる中で、わかりやすい喩えとして考え出されたことが窺われる。

各務報告ではもう1か所、11月8日に、図書館研究会の後に深川恒喜を囲む座談会を訪れた際の記述でも、図書館のサービスの感想が次の言で結ばれている。

　　在米三ヶ月有余の視察旅行談は示唆深いものであったが、中でもアメリカは富める国だから、学校図書館もさぞかし立派な設備や内容を持っているだろうという考え方に対して、アメリカでも完備された図書館というのは少く、色んな困難な問題を沢山持っていること、更に、それを補っているのがサービスの精神であることが語られ、奉仕ということの崇高さに胸をうたれることであった。"May I help you?" これは、図書館人が利用者に対して常によびかけていることばであるが、この言葉の持つ積極性的な［原文ママ］意味について考えねばならない[45]。

深川の語った、施設・設備の整備に先んじて、図書館員がサービス精神を発揮することが重要である点を、印象深く捉えたことがわかる。

深川は1939年（昭和14）に文部省に入職し、1947〜58年に学校図書館振興担当として学校図書館行政を担ったことで知られ、1961年に退職して以降は東

京学芸大学教授などを務めた。根本彰によれば[46]、学校図書館振興担当になった当初、深川は、教科書の教え込みを中心とした戦前の教育にたいして、児童生徒が自ら多様な観点をもって学びを進めることが新教育の特色であると把握し、学校図書館について、教科書以外の図書・資料を集めて各教科の学習を助け、自主的な学習活動が営まれる場所として位置づけた。1951年3～7月に米国視察に訪れた際には、小学校22校を含む66施設を訪問した。各務も記しているように、米国では完備した設備をもつ図書館はなかったが、週一回は必ず学級単位で学校図書館を利用する学習指導計画が用意されていることや、図書係の教師のいない場合には図書委員の生徒が交代で図書室につめて開室していることなど、日本での振興にあたって課題となる可能性のある点について、帰国後に『学校図書館』に報告した。当日の座談会でどのように話が広がったか定かでないが、各務の主関心が向けられたのは、ギトラーから聞いた話と同様に「サービスの精神」についてであった。

おわりに

　戦前の講習では分類・目録など整理技術が中心視され、図書館サービス、とりわけ利用者サービスに関する意識づけは強くなかったと考えられるが、本論文に見たように、講習受講生の書き残したものからは、図書館機能についての理解や、図書館サービスにたいする認識も見られたことがわかる。

　図書館講習所で発行された『学友会雑誌』からは、まず図書館員に求められた資質が図書館の仕事に対する熱意、情熱であり、対象とする図書への愛着であったことが指摘できる。図書の提供にあたっては、館内閲覧だけでなく貸出にも意識が向けられた。閲覧の際には、選書の枠内という制限の中で、利用者の「自由」な読書が肯定されており、今澤慈海の「生涯的教育」の影響を窺うことができる。提供される図書としては、受講生の考えに応じて、修養書から娯楽書まで幅広い内容が想定された。貸出が必要とされる場は、特に農村部においてであった。また、図書提供が低調であるという状況に鑑みて、自習のための場所として図書館の活用を主張する向きもあった。

　これらは利用者の自発的学習を前提とする考えであったが、図書提供の際、

図書館員から利用者に働きかける読書指導も図書館の機能として理解されていた。ただし、図書館員が利用者の読書傾向を指導するという見地に立つもので、利用者の求めに応じて図書館員が資料を提供するというようなサービス意識は薄かった。概して利用者サービスに関する捉え方は強くないものの、一部には図書館員が「人々に仕へる者でなくてはならぬ」という認識も見られた。米国流の「参考事務」も紹介されたものの、レファレンス・サービスの方法の有用性が注目されることはなかった。

利用者とのやりとりを図書館の本質に据える考え方は、戦後に米国流の考えが紹介される中で、初めて日本の図書館員や関係者に気づきを与えることとなった。各務報告に、最も印象的な事柄としてギトラーの説明したサービス理念が記されているのも、それが戦前の日本の図書館利用においてほとんど意識されない考え方であったからに他ならない。

1954〜55年に慶應義塾大学図書館学科教授を務めたジョージ・ボンは、1955年（昭和30）の『慶應図書館学科ニュース』に、受講生に向けて次の言葉を送っている。

　　日本では、囚サーヴィスを行うという考えは、かなり新しく、又それを受けると云う考えも又新しいものです。（この事に関しては、いかなる種類のサーヴィスを礼をも失せずに受けると云う考えも又非常に新しいように思える。）そこで、囚でのあなた方の仕事はそれが何であろうとも、（あなた方の側から云えば）自由にサーヴィスをする、又（お客さまの側では、）それを礼を失せずにうけると云う今迄になかった考え方を発展させるための開拓者の仕事は、あなた方の働く囚であなた方に負わされる責任全体の中で非常にやりがいのある部分となるであろう[47]。

日本において、図書館サービスの提供や利用という慣習が根付いていなかったことを端的に指摘した文言である。利用者との関わりを図書館の重要な機能として見なす捉え方を、図書館員養成の場でどのように伝え、図書館現場でどのように実践するかは、戦後の図書館界で検討されるべき課題となる。

JLS 4期生であった今まど子も、在学当時を振り返る中で、「英語と日本語の言葉の違いが困った問題でした。ギトラーさんは「図書館サービスとは何か」

という話をされたけど、サービスという言葉が日本語にないから、英語のまま使われていたでしょう。日本語に無いことはわれわれの概念にないからでしょう。当時文部省は、カタカナの科目名を認めていなかったのよ。だから、「図書館サービス」は「図書館奉仕」と訳される。サービス＝奉仕ではないでしょう。それに「レファレンス・サービス」は「参考奉仕」と訳されていて、この4つの漢字を見ても何のイメージも湧かないでしょう。だから先生の話される英語の意味というか内容と学生の理解する言葉の意味にギャップがあったのね」と述べている[48]。『日本国語大辞典』など手近な辞典を引くと、客に対する接し方という意味でのサービスという言葉については、1930年代から文献での使用例のあることが確認できるが、敵性語の使用が禁じられた戦時中を経て、一般に使われる用語としては馴染みが薄かったことも考えられる。日本の図書館界におけるサービスという概念自体の受容過程については、今後の検討課題としたい。

注

1) 三浦太郎「明治期から戦後占領期における日本の図書館員養成：講習・養成所・図書館学」相関図書館学方法論研究会（三浦太郎・川崎良孝）編著『公立図書館の思想・実践・歴史』松籟社, 2022, p. 121-160.
2) 各務謙作「東北大学・慶應大学派遣　研究報告―図書館講習会に参加して」（手書き、和綴じ、33丁）（市川純子氏所蔵）. 汐﨑順子氏（慶應義塾大学非常勤講師）に仲介いただいた。
3) 「同志社大学図書館学講習所関係文書 アイテム一覧」に文書目録が掲載されている。[https://library.doshisha.ac.jp/library/attach/page/LIBRARY-PAGE-JA-162/158120/file/koshusho_202109.pdf]（最終アクセス日：2025-01-24）.
4) 鈴木宏宗「『図書館の教育・調査・交流誌史―文部省図書館講習所から占領期の大学へ』解題」『図書館の教育・調査・交流誌史―文部省図書館講習所から占領期の大学へ』別冊, 金沢文圃閣, 2023, p. 7-30.　松本喜一と図書館界の関係については、以下を参照。鈴木宏宗「帝国図書館長松本喜一について」『図書館人物伝：図書館を育てた20人の功績と生涯』日外アソシエーツ, 2007, p. 47-69; 長尾宗典『帝国図書館―近代日本の「知」の物語』中公新書, 2023, p. 181-204.
5) 前掲1), p. 130-136.
6) 『図書館の教育・調査・交流誌史―文部省図書館講習所から占領期の大学へ』第1

巻, 金沢文圃閣, 2023, p.131-132.
7) 梶井重雄編『中田邦造』(個人別図書館論選集) 日本図書館協会, 1980, p. 109-121.
8) 『秋岡梧郎著作集：図書館理念と実践の軌跡』日本図書館協会, 1988, p. 90-95.
9) 同上, p. 27-45.
10) 前掲6), p. 315-317.
11) 『図書館の教育・調査・交流誌史―文部省図書館講習所から占領期の大学へ』第3巻, 金沢文圃閣, 2024, p. 140-143.
12) 前掲6), p. 178.
13) 前掲6), p. 313-314.
14) 『図書館の教育・調査・交流誌史―文部省図書館講習所から占領期の大学へ』第2巻, 金沢文圃閣, 2023, p. 163-166.
15) 山梨あや『近代日本における読書と社会教育：図書館を中心とした教育活動の成立と展開』法政大学出版局, 2011, p. 138-153.
16) 今澤慈海『図書館経営の理論及実際』叢文閣, 1926, p. 192-193.
17) 前掲11), p. 114-116.
18) 前掲14), p. 208-211.
19) 前掲16), p. 191-192. 今澤が児童図書館において小説や物語を多く置くよう主張した点については、以下を参照。松山鮎子「大正期の通俗図書館事業における「知識」観に見る草創期社会教育の特質―日比谷図書館の児童サービス活動を事例として―」『関東教育学会紀要』no. 49, 2022, p. 49-60.
20) 前掲6), p. 317-319.
21) 前掲14), p. 64-67.
22) 吉田昭子『東京市立図書館物語：戦前の市立図書館網計画をめぐる夢と現実』日本図書館協会, 2024, p. 130-138.
23) 小川徹・奥泉和久・小黒浩司『公共図書館サービス・運動の歴史1：そのルーツから戦後にかけて』日本図書館協会, 2006, p. 144-151.
24) 前掲7), p. 109-121.
25) 前掲11), p. 25-27.
26) 前掲11), p. 27-29.
27) 前掲14), p. 169-173.
28) 前掲14), p. 180-183.
29) 前掲6), p. 325-328.
30) 前掲7), p. 133-147.
31) 福永義臣『図書館社会教育の実践―中田邦造の読書指導と自己教育論―』中国書店, 2006, p. 64-67.「自己教育」を行うという当初の読書指導の理念が、戦時下の翼賛体制で変質した点については、以下を参照。松下浩幸「戦時下の国民読書運

動―読むことをめぐるプログレマティック―」『日本文学』vol. 65, no. 11, 2016, p. 40-50.

32) 前掲6), p. 310-312.
33) 前掲11), p. 40-41.
34) 前掲6), p. 328-330.
35) 前掲14), p. 21-24.
36) 薬袋秀樹「志智嘉九郎『レファレンス・ワーク』の意義」三浦逸雄・朝比奈大作編『現代レファレンス・サービスの諸相』日外アソシエーツ, 1993, p. 131-165. 現代でも「レファレンスサービス」を利用者向けにわかりやすく表現することが課題である点について、以下を参照。糸賀雅児「日本のレファレンスサービス 七つの疑問」根本彰・齋藤泰則編著『レファレンスサービスの射程と展開』日本図書館協会, 2019, p. 218-256.
37) 井上幸次郎「レファレンス・ワークの一コマ」『IFEL図書館学』no. 3, 1953, p. 27-29.
38) 前掲1), p. 146-153.
39) 前掲2), 1丁表〜2丁裏
40) 前掲2), 5丁裏〜7丁裏
41) 前掲2), 9丁裏〜11丁裏
42) 前掲2), 13丁裏〜30丁裏
43) 前掲2), 13丁表〜裏
44) マイケル・K. バックランド『イデオロギーと図書館：日本の図書館再興を期して』高山正也監訳・著作協力, 樹村房, 2021, p. 149-156. レファレンスワークショップについては、以下を参照。同書, p. 159-161.
45) 前掲2), 27丁表〜28丁表
46) 根本彰「文部省初代学校図書館担当深川恒喜の図書館認識」『図書館文化史研究』no. 40, 2023, p. 103-146.
47) 『慶應図書館学科ニュース』慶應義塾大学文学部図書館学科学生委員会発行, no. 6, 1955年9月30日（慶應義塾大学文学部図書館・情報学系図書館・情報学専攻所蔵）.
48) 今まど子・高山正也編著『現代日本の図書館構想：戦後改革とその展開』勉誠出版, 2013, p. 317-330.

公立図書館における成人教育サービス前史
読書案内サービスとの関わりで

川崎　良孝

はじめに

　マーガレット・E.モンロー（Margaret E. Monroe）は1963年に『図書館成人教育』[1)]を発表した。モンローは図書館成人教育の全国的展開の時代を1920-1955年と定めて、アメリカ公立図書館界での思想と実践をまとめ、さらにカリフォルニア州のカーン（Kern）・カウンティ図書館、ボルティモアのイノック・プラット・フリー・ライブラリー（ボルティモア公立図書館）、ニューヨーク・パブリック・ライブラリーでの重厚な事例を添えている。モンローは図書館成人教育、すなわち公立図書館界による組織的な成人教育サービスへの取り組みの開始を第1次世界大戦後に設定している。

　これは無理のない把握である。アメリカ図書館協会（ALA）は第1次世界大戦中に戦時図書館サービス（Library War Service）を展開し、成人男性に多大なサービスを行ったし、帰還兵についての教育や教育機関情報の提供は重視された。ALAが戦後に構想した拡大プログラム（Enlarged Program）は寄付金が集まらずに失敗したものの、成人教育への関心は高まっていた。ここで重要な役割を果たしたのはカーネギー財団（Carnegie Corporation）である。図書館については、1924年にカーネギー財団の支援によるウィリアム・S.ラーネッド（William S. Learned）の『アメリカ公立図書館と知識の普及』[2)]が重要で、図書館による成人教育サービスの提供とカーネギー財団によるALAへの財政支援を主張した。この提言はいずれも実現する。ALAは、1924年に「図書館と成

人教育に関する委員会」(Commission on the Library and Adult Education) を発足させ、専任の職員を張り付けた。同委員会は1926年に報告書『図書館と成人教育』[3]を完成させた。これらすべてにカーネギー財団からの支援があった。

　図書館成人教育としてALAが定めた具体的なサービスは、(1) 読書案内 (Readers' Advisory) サービス、(2) 成人教育の機会情報提供サービス、それに (3) 他の成人教育機関との協力であった[4]。この3本柱の内、図書館の直接的な成人教育サービスは読書案内サービスで、他の2つは間接的な成人教育サービスという位置づけであった。とりわけ読書案内サービスは、他の成人教育機関が実施していない徹底的な対個人サービスという点を特徴としていた。読書案内サービスは、読書案内担当による対個人サービスで、目的のある読書と読書の質の段階的向上、それに1回限りのサービスではない持続的、継続的なサービスを目指していた。そのためには人間性に富み図書の内容に精通している熟練図書館員が必要とされた。読書案内担当は個人的なインタビューを重視して、対個人対象に読書コース（当該主題に関する展望と具体的で順序を踏んだ図書の提示）を作成し、その読書状況をさらにインタビューで把握して、適切な案内を行うという螺旋状の構造を土台にしていた。なお目的のある読書にはフィクションは含まれていない。モンローはこうした組織的な図書館成人教育を、公立図書館における成人教育サービスの開始としている。

　成人教育 (adult education) という語に触れれば、1926年3月、カーネギー財団主導でアメリカ成人教育協会 (American Association for Adult Education) が成立する。その初代事務局長はフレデリック・P. ケッペル (Frederick P. Keppel) 理事長の補佐から転出したモース・A. カートライト (Morse A. Cartwright) であった。カートライトは1935年に『成人教育の10年間の軌跡』を発表し、成人教育運動の10年間を総括した。その序文の冒頭は、「1924年6月以前、『成人教育』(adult education) という語はアメリカでは用いられていなかった」[5]となっている。それが10年後になると、「継子あつかいで、衣服もままならず、食料も乏しかった状態から、教育家族の完全な成員に成長してきた」のである。このカートライトの言及は、直接的には1924年6月にカーネギー財団が成人教育運動に乗り出すために、著名な関係者を集めて会議を開いたことを指してい

る。

　カートライトは1924年以前には成人教育という語は用いられていなかったと述べた。これは大枠では正しいと思われるが、少し図書館界でのこの語句の用いられ方をみてみよう。例えば1923年9月に開かれたイリノイ州図書館協会の年次大会で、シカゴ公立図書館長カール・B. ローデン（Carl B. Roden）は、公立図書館は「成人教育（adult education）において高まっている指導力を発揮するように、ほとんど運命づけられている公費支弁の機関と思える」[6]と発言している。それよりも数か月前に、ミルウォーキー公立図書館は図書館と市内の成人教育機関とを結びつけるために成人教育部（adult education department）を立ち上げていた[7]。さらに遡れば1921年6月にハーバード大学学長チャールズ・W. エリオット（Charles W. Eliot）がALA会長アリス・S. タイラー（Alice S. Tyler）に手紙を送り、この手紙はALA年次大会で読み上げられた。その冒頭は、「1921年1月にあなた［タイラー］に書いたように、この数年間をみると、成人教育（adult education）という主題は思慮深いアメリカ人の関心をますます引き付けている」となっていた[8]。こうした断片的な記事をみると、カーネギー財団の取り組み以前にも成人教育という語が散発的に使われていたといえる。

　周知のように19世紀中葉に成立したボストン公立図書館は、子どもを対象とする義務的な公立学校と、学校を終えたという意味での成人を対象とする自発的な教育機関である公立図書館で、ボストンの公教育制度は完成するとされた。そうした意味で公立図書館は、もともと成人を対象とする教育機関という位置づけであった。成人への教育サービスは公立図書館設立時に埋め込まれた土台となる思想であり、レクリエーションや参考サービスなどは、そののちに加わってきた。既述のようにモンローは図書館成人教育の起点を第1次世界大戦後としたのだが、ロバート・E. リー（Robert E. Lee）が1966年に刊行した『アメリカ公立図書館と成人継続教育』は、いっそう広く1833年から1964年までの図書館における成人継続教育を扱っている[9]。ただし19世紀の記述をみると、図書館法の採択、図書館数の増加、図書館拡張、カーネギーの図書館寄付、レクリエーションや参考情報提供サービス、さらに教育の重要性を主張す

る多くの発言を取り上げている。いわば全般的な公立図書館の思想やサービスの発展を示しており、成人教育サービスの中身に大して踏み込んではいない。これは同時に、19世紀の公立図書館にあっては、組織的にして継続的な図書館成人教育サービスがなかったことを示唆していよう。

　本稿はこうした研究状況にあって、図書館界が成立した1876年から19世紀末までに行われた成人一般への読書支援サービスをいくつか紹介することにする。それは1920年代の組織的にして継続的な図書館成人教育サービス（その中心は読書案内サービス）の前史をなす。既述のような読書案内サービスと区別する意味で、本稿では読書支援サービスという語を用いる。成人へのサービスというと、分館、巡回文庫、停本所、配本所の設置なども教育機会の拡大ということになるが、そうした施設整備は本稿でいう成人への読書支援サービスには入らない。また移民や障害者といったグループを意図するサービスも範囲外である。展示や新着図書を利用者の目立つ場所に置くこと、主題を絞った図書の展示なども読書支援サービスと言えるだろうが、この種の試みも取り上げない。さらに主として中産階級を意図する情報提供サービス、参考サービスは、たしかに対個人サービスではあるが、こうした参考部門でのサービスも本稿の枠外である。あくまでも成人一般への読書支援サービスに的を絞ることにする。そのことで1920年代からの図書館成人教育サービスの前史を構成することができると考えるからである。

　第1章では1876年の図書館員大会、および創刊期の『ライブラリー・ジャーナル』での読書支援サービスに関わる主張をまとめる。第2章では目録、貸出カウンターと目録デスク、2冊貸出方式、開架制を取り上げて、公立図書館の読書支援サービスの内実を探る。さらに第3章ではセントルイス公立図書館を事例として、新着図書を伝える『ブルティン』と案内デスクの読書支援機能を明らかにする。第4章ではこれまでの章を踏まえて、1920年代の図書館成人教育サービス、その中心である読書案内サービスの構成要素が明確に出現していることを確認する。と同時に読書案内サービス、読書案内担当、読書コースといった1920年代の図書館成人教育サービスのキーワードが、図書館界での共通言語になっていないことを指摘し、本稿が図書館成人教育（読書案内サービ

ス)の前史に位置づけられることを示す。

　なお読書案内サービスの時期区分について補足しておきたい。読書案内サービスの歴史について明確な時期区分を示したのはビル・クローリー(Bill Crowley)とジュリス・ディレブコ(Juris Dilevko)である。クローリーは2005年に読書案内サービスの歴史を、(1) 1876-1920年、(2) 1920-1940年、(3) 1940-1984年、(4) 1984年以降に時期区分を行った[10]。そして第1期を「読書案内サービスの創案(invent)期」、第2期を「ノンフィクションの読書案内サービスの活動期」としているが、この創案期について具体的な記述を展開している訳ではない。単に第2期の前置きとして第1期を置いているに過ぎない。このクローリーの解釈を批判する業績が2007年に刊行されたディレブコの『北アメリカ公立図書館における読書案内サービス：1870-2005年』[11]である。ディレブコは読書案内サービスの歴史を、(Ⅰ) 1870-1916年、(Ⅱ) 1917-1962年、(Ⅲ) 1963-2005年と大きく3つに区分した。第Ⅰ期は「読書案内サービスの形成期」、第Ⅱ期は「組織的な図書館成人教育サービスが展開された時期」である。第Ⅱ期が第1次世界大戦期に始まるとの点では両者は一致している(両者の時代区分、解釈、視座の違いは注を参照)。

　本稿が扱う時期はクローリーとディレブコの最初の時期に相当し、その点では時期区分上での論点はない。クローリーはこの時期について実質的な記述を行っていないが、対照的にディレブコは詳しく論述している。そして本稿は同書を大いに参考にした。ただしディレブコは本稿が定めた読書案内サービスというよりも、一般名詞として読書案内という語を用いている。本稿は読書案内サービスを際立たせるために、新たに読書支援サービスという語を導入し、ディレブコよりも読書案内サービスに結びつく思想と実践を重視して掘り下げ、読書案内サービスの前史を追究する。

1　『アメリカ合衆国のパブリック・ライブラリー』(1876)を中心として
1.1　サミュエル・S.グリーンの考え
　合衆国教育局はアメリカ100年祭に備えて、アメリカの図書館状況をまとめ1876年に『アメリカ合衆国のパブリック・ライブラリー』[12]として刊行した。

さらに同年には『(アメリカン) ライブラリー・ジャーナル』が情報交換誌として創刊された。この時期、最も重視されたのは教育機関としての公立図書館という思想であったが、それを具体的に展開したものとして、特に利用者との対個人関係に踏み込んだものとして、常に指摘されるのがマサチューセッツ州ウースター (Worcester) 公立図書館長サミュエル・S. グリーン (Samuel S. Green) の論考「図書館員と読者との個人的関係」[13] である。まずグリーンは「通俗図書館に調べもの目的に来館する人は、大体において手厚い助力を必要とする」[14] と述べて、避雷針について知りたい、貿易や製造業について統計が欲しい、特許庁の報告書を調べたいなど、20を越える事例を示した。これらは「調べもの」を目的に来館する人の事例で、参考サービスに関係する。いま1つグリーンが指摘したのは、「しばしば図書館員は、どんな本をどの順番で読めば良いかと相談される。異国の歴史についての必読書、諸々の学問分野に関する必読書について、図書館員の判断を求める人は多い」[15] と述べている。そしてグリーンは、図書館員と利用者との自由な交流が運営方針になれば、健全かつ各利用者の読書能力や啓発の度合いに適した本を利用者が得るについて、図書館員の取り組みの効率が大いに高まると断じ、次のように主張した。

　　周知のように、利用者が図書館長や図書館員に自分のための物語を選んでくれるように依頼するのはありふれた行為である。この機を逃してはならない。あなたが率いる図書館員グループの中で最も熟練した人……を貸出部門に配置すべきである。彼女は相手を心地よくさせるマナーを身につけていると同時に、適度な威厳があり、来館者と打ち解けようとする姿勢と社交的な気質を備えていなくてはならない。……このような図書館員に、本を選ぶための助けを求めるすべての人の相談に応じるように指示せよ。この助力の提供をその図書館員のすべての仕事にすべきではない。というのは、この種の業務は偶然に行われているとの様相を呈する時に、最もうまく進むからである。つまり通常の業務に従事させ、読む本の選択が求められると、直ちに通常業務を脇に置いてサービスをすればよい。私はこのような方法が良書の利用促進に大きな良い影響をもたらすと確信している。この担当者に気配りは欠かせないが、おせっ

かいが過ぎないように注意しなくてはならない。もし相談にきた人が、担当者が扇情的（sensational）な小説を提供しないなら相談をやめるというなら、私は担当者にこの種の本を提供させる[16]。

　このグリーンの主張はウースター公立図書館長としての実践を土台にしており、「図書館員たるもの、質問者に回答を与えずに退館させるということではいけない。それは商店主が客に何も買わないまま立ち去らせるのと同じである」[17]と断言している。ここにはその後の公立図書館と利用者の関係についてのあるべき姿が凝縮されている。まず参考部門での参考情報サービスと貸出部門での読書支援サービスの区別である。そして後者については図書館の教育的目的を土台に、読書支援を強調したことである。その場合、扇情的な小説などの提供を否定せず、それらを踏み台により良い図書に導くことを主張した。利用者の読書能力や現実の読書関心を否定せず、それを元に段階的に良書に導くという考えである。そのためには利用者との対個人的接触が重要で、図書館を繰り返して訪れるように仕向けることが重要になる。

　さらにグリーンは1879年の論文で、公立図書館は教育を目的にするが、レクリエーションも必要と述べ、扇情的なフィクションにも寛容であった。それはこの種の本が無為、悪徳、犯罪を阻止するという考え、および読書習慣の形成によってすぐれた読書に移行するという考えからであった[18]。当時の公立図書館界はフィクションの下限をめぐって意見は相違していたが、不道徳なフィクションや犯罪を助長するようなフィクションは拒否していた。

　こうしたグリーンの思想や実践と対照をなすのが、ペンシルベニア州ジャーマンタウンのフレンズ・フリー（Friends Free）図書館のウィリアム・カイト（William Kite）であった。カイトは1877年の論文「公立図書館でのフィクション」[19]で、公立図書館を教育機関と確認した後、図書館員は「良書と悪書、有用図書と有害図書をすべて利用者の前に示し、何の防御もなしに未熟な利用者の掌中にさらすのか」、あるいは「生半可な利用者をコミュニティの良き市民にするために、教員のように利用者を導くのか」[20]と問うた。そしてカイトは後者が公務員としての図書館員の明らかな義務であると断じている。そして8年間の館長としての経験を踏まえて、同館がフィクションを完全に排除してい

ることを正当と主張した。すなわち無意味な図書の提供を拒否し、図書館員が少しばかりの手助けをすれば、よりよい本に導き、役立つ読書に向かわせることができると主張した。

> 小説への要求はほぼ毎日デスクに寄せられる。しかし小説がないことを知ると、概して図書の選択に導かれる。ここに私たちの図書館運営の秘密がある。私たちはそうした読者がより良い読書の好みを形成するまで導く必要がある。これは、単に求められた図書を提供し、その責任を読者に帰するという安易な方式とは異なる[21]。

カイトは利用者の要求をそのまま充足する図書館を無責任と批判し、フィクションを排除し、適切な指導によって読書の向上、ノンフィクションの読書に導くのが図書館員の義務であり、そこには図書館員自身の教員としての役割を重視したといえる。

このように図書館を成人のための教育機関と合意し、図書館員の個人的な助力の提供を重視しても、提供するフィクションの下限、さらにはフィクション自体の扱いには大きな幅があった。

1.2　ジャスティン・ウィンザー、ウィリアム・F.プールの考え

当時の図書館界の第1人者であるボストン公立図書館長ジャスティン・ウィンザー（Justin Winsor）、およびシカゴ公立図書館長ウィリアム・F.プール（William F. Poole）の考えを押さえておく。ウィンザーは『アメリカ合衆国のパブリック・ライブラリー』で、「通俗図書館での読書」[22]を執筆した。ウィンザーの考えは、「AはBを上昇させる図書を屑本として撥ねつける。そうしたBはCにとって最高度の読書を見下す」[23]、そしてこれは連鎖状に連なっていくという言に集約できる。ウィンザーはこの原則を理解すれば、対処の仕方は明らかになるという。すなわち、利用者の現在の読書の好みや読書能力を土台にしなくてはならないということである。それを前提に次のように述べている。

> 図書館員が読者の図書の好みを向上させるために努めなければ、図書館員に担わされた義務を十全にまっとうしているとは言い難い。図書館員は読者の好みを向上させることができる。それは大多数の読者が求める

本を遠ざけることではなく、図書館を頻繁に利用する習慣の育成によって、また読者が求める本を提供することによって、そしてそののち読者の図書選択を助けることによる[24]。

こうした読書支援によって、通俗小説から歴史小説、さらには歴史書、旅行書などに導けるし、導くべきということである。さらにウィンザーは『アメリカ合衆国のパブリック・ライブラリー』で「図書館の建物」[25]を執筆した。そこでは出納室の奥に貸出カウンターを置き、その後方に書庫を設ける。利用者と図書との接点は貸出カウンターに限る。すなわち閉架制で図書の出納は職員が行い、利用者は図書には近づけない。この貸出方式は当時の主流の考えで、ウィンザーと並ぶ公立図書館界の指導者プールも推奨した。この論文でウィンザーは次のように述べている。

> 貸出担当者は利用者へのサービスを願っており、担当者の持ち場は柵あるいはカウンターでのみ利用者と分離しているべきである。そのことによって、担当者は利用者と必要なコミュニケーションを容易に交わすことができる。利用者用カード目録も貸出担当者の直接的な監督下に置くのがよいだろう。なぜなら貸出担当者は読者が本を見つけたり選んだりすることを助けるために、常に利用者用カード目録を使う必要があるからである[26]。

カード目録の扱いはともかく、ウィンザーはカウンターを通しての対個人的接触を重視し、そのことによる利用者の読書の向上を意図していた。プールは1876年の『ライブラリー・ジャーナル』に「公立図書館への一般的反論」[27]を投じ、図書館の目的は民衆の教養の向上にあると確認し、この目的の達成には「民衆が楽しんで読めて理解できる本を民衆の掌中に置くこと、また読書習慣を身につけるために民衆を刺激することによる」[28]と断じた。そして教育する前に、まず読者に読書への関心を持たせる必要がある。そのためには民衆の知性の水準から着手しなくてはならないとする。そのことによって、まず読書習慣が身につき、そののち読者の図書への好み、したがって読書の質は次第に向上するとの理解であった。なおフィクションを軽視し、ノンフィクションを重視する全般的な風潮にあって、不道徳なフィクションは論外としながらも、フ

ィクションとノンフィクションを同等視した点で注目に値する。さらにプールは『アメリカ合衆国のパブリック・ライブラリー』で「公立図書館の設立と経営管理」[29]を執筆した。この論文は公立図書館の設置と開館までを順を追って解説したマニュアルである。実務全体を要領よく説明する文献はこの論文以前にはなく、貴重な文献である。プールは、公立図書館の目的の1つは全住民に読書を提供することにあると確認した。そして読書は住民の多様な能力に適合させなくてはならないと主張し、以下のように続けている。

> 住民の多くは文学的教養を欠いているので、公立図書館の目的は住民の読書習慣を育成し、文学的教養の向上をもたらすことにある。概して人びとは、自分自身の知力や道徳力よりも高い水準の本を読むので、読書によって利益を得る。読書の好みが向上するにつれて、いっそう良い本を読むようになる。自分の知力に適応しない本は読まないだろう。したがって読者の多様な欲求に合致するためには、教養ある人が決して読まない本も書架に置かねばならない[30]。

これは読書習慣が育成されれば、おのずと読書の質が向上するという点で自然向上論と言えるだろう。

1.3 メルビル・デューイの考え

メルビル・デューイ（Melvil Dewey）は『(アメリカン)・ライブラリー・ジャーナル』の創刊号に「プロフェッション」[31]を執筆した。冒頭では「図書館員が何の留保もなしに自分の職をプロフェッションと話す時代が、ついにやってきた」と述べ、いまや図書館員は積極的で活動的な性格を持ち、「牧師や教員と並んで、コミュニティにおける教育者として最前線」に立たなければならないと強調した。すなわちデューイはコミュニティの知性や道徳を守り育成する機関として、教会、学校、図書館を把握し、図書館員に教育者としての役割を求めたのである。さらに図書館実務に踏み込み、もはや図書を整理、配列、保存するだけでは不十分であるし、請求された図書を直ちに提供できても十分ではないとした。問われた場合に、当該主題に関する蔵書中の最善書を助言できても不十分である。デューイは続けて以下のように主張した。

図書館員は自分のコミュニティに特有の欲求を慎重に評価し、……最善書を備えた後には、これらの図書への読書欲求を住民や生徒の間に創り出す必要がある。図書館員は読者にあらゆる便宜を提供し、読者を良い本から、いっそう良い本へと導かなくてはならない。読者自身が自分の欲求を知り、読者自身が読む本を賢明に選ぶことができるように、図書館員は選び方を教える必要がある。……有能で熱意ある図書館員ならば、まもなくコミュニティ全体の読書を形づくり、読書を通してコミュニティの思想を形成できるだろう[32]。

　こうしたデューイの思想はその後も一貫している。例えば1886年には「教育者としての図書館」[33]を執筆した。デューイは最低でも3脚がなければテーブルを支えられないと述べ、同じように「偉大な教育事業の3角形を十分に開始するには、教会を土台に、その両側に学校と公立図書館を配置しなくては完全にならない」[34]と確認した。デューイによれば、図書館の仕事は公立学校教員と大学教授の仕事という2つの分野を提供する。一方は学徒の利用のための参考研究図書館、いま一方は人びとのための通俗的な貸出図書館である。そこでは図書館員は「読者と絶え間なく接触し、助言や助力を提供して、人びとの生活を向上」[35]させる。熟達した図書館員にとって、読書習慣の育成、新しい有益な分野へのいざない、より良い本への欲求の創出は、完全に現実的なことである。デューイによれば、図書館プロフェッションに目を向ける教員がいるという。というのはそうした教員はいっそう広大な機会を図書館プロフェッションに認めているからである。このように述べて、デューイは図書館員にプロフェッションとしての使命感を持たせようとした。

1.4　1876年当時の読書

　読書支援サービスを現在にも通用する形で明確に打ち出したグリーンは、参考情報サービスと一般成人を対象とする読書支援サービスを打ち出した。特に後者は利用者への対個人サービスを重視していた。図書館界の指導者であるウィンザーやプールは、教育機関としての公立図書館という思想を土台に、読書習慣の形成によって、読者は次第に段階を踏んで良書に達するとの考えを持っ

ていた。カイトのようなフィクションを全面的に排除する主張とは異なり、不道徳なフィクションは論外だが、フィクションにはレクリエーション機能があり、また悪徳、街路徘徊、犯罪の防止になるとの合理化がされた。また両者が主張したのは、読者の読書能力や関心を土台に、読書支援をしなくてはならないということで、そのためには図書館への数多い訪問と図書館員との対話、図書館員のさりげない助力の提供が必要ということである。デューイはウィンザーやプールと同じ考えであったが、図書館職を牧師や教員と同列のプロフェッションと認識し、図書館員に使命感を持たせた。その使命感というのはコミュニティの知性や道徳性の維持と向上であり、そこでは牧師による教会員や教員による生徒よりも幅広く、図書館員による住民一般への指導を措定していた。

　デューイは1879年にALAの標語「最善の読書を最低の価格で最大多数の人に」を作成した。19世紀末までの公立図書館をみると、「最低の価格で最大多数の人に」を実現する動きが目立つ。それはレクリエーション機能の増大、フィクションの提供、そして貸出冊数の重視に現れている。「最善の読書」の「最善」が各図書の持つ固有の価値によるのか、あるいは各利用者というベクトルを加えた意味での「最善」をいうのか明らかではないが、各公立図書館は「最善」をめぐって苦悩することになる。そのための実践を断片的ではあるが次章で取り上げる。それは公立図書館の読書支援機能を探ることに他ならない。

2　公立図書館の読書支援活動

2.1　目録の読書支援機能

2.1.1　ボイルストン街中央館ローアー・ホール

　1858年にボストン公立図書館のボイルストン（Boylston）街図書館が扉を開いた。この建物で最も言及されるのは2階の壮大なアッパーホール（ベイツ・ホール）で、1階のローアー・ホール（出納室、貸出室、会話室）に触れられることは少ない。1階の玄関を直進するとローアー・ホールがあり、ホール内から2つの閲覧室に入ることができる。ローアー・ホールの奥には貸出返却のための長いデスクがあり、その後方が通俗書の閉架書庫になっている。利用者が図書や職員と接するのは、このデスクを介してである[36]。

このローアー・ホールで貸出の大部分がなされていた。例えば1873/74年の活動をまとめた第22年報によると、ローアー・ホールの貸出は245,244冊（1日平均822冊）、館内利用7,853冊、ベイツ・ホールの貸出は34,441冊、館内利用37,872冊となっている[37]。利用者が圧倒的に多いローアー・ホールだが、2階のベイツ・ホールと比べると、備品、調度、環境などの点ではるかに劣悪であった。1868/69年の活動をまとめた第17年報で、理事会は「多くの人がこのように混雑し換気の悪い不便な部屋を甘受しているのは驚きである」[38]と記した。また多くの男女が最も都合の良い時間に来館しても、不快感を抱くだけで、図書館の有用性を損なっていると書いた。市民の代表で構成される図書館審査委員会は、1876/77年の第25年報で、ローアー・ホールの環境に触れている[39]。それによると州保健局長はローアー・ホールについて、混雑した冬期の午後、州内のどの部屋よりも空気が濁り、健康に悪いと診断したという。これには建設時に換気に配慮しなかったこと、および1階の2つの閲覧室と異なり、中2階を設けて雑誌などの倉庫としたので、天井が非常に低いことが影響していた。

　このようなローアー・ホールを利用者の大部分が使っていた。1871年12月号の『アップルトン・ジャーナル』は、ローアー・ホールの利用について次のように報告した。

　　　訪問者が図書館の大規模な活動に最初に気づくのは、この少々狭い部屋においてである。

　　　昼間は常に利用者が群がり、静かに自分の目的を追求している。1つのデスクでは、利用者が本の返却や請求をしている。いま1つのデスクでは、職員が単調ではあるがはっきりした声で、折々に利用者の名前を呼んでいる。請求された図書が書架から出てきたこと、あるいは本がなかったことを知らせるためである。

　　　学校が終わり、男女労働者が帰途につく午後6時になると、出納室はボストン市の1つの名所になる。部屋は一杯になる。……

　　　出納室に押しかける利用者は雑多である。当然ながら、雑多で多種多様な人が利用すればするほど、図書館の大きな影響力を証明することにな

公立図書館における成人教育サービス前史　　**195**

る。富者も貧者も一様に集い、この狭い精神の診療所を利用する。非常に多くの人がそのようにしている[40]。

2.1.2 目録の読書支援機能

　1章で指摘したように、公立図書館は教育機関であり、コミュニティの知性や道徳の向上を目指していた。それは具体的には読書の質の向上を求め、定評あるフィクションはともかく、フィクションからノンフィクションの読書に移ることを意味した。こうした向上を導くものとして、まず目録が注目された。一口に目録といっても、カタログ、ファインディング・リスト、リスト、インデックス、ブルティンなど、さまざまな名称が使われた。ファインディング・リストは簡略目録といえるだろうし、ブルティンは定期的に発行される新着図書目録と考えてよい。そうした目録は著者名を中心とするアルファベット順の辞書体目録が多く、1876年当時では冊子体目録が中心で、カード目録はいまだ主流とまではいえなかった。新着図書の情報は目録に挟み込んだり、手書きで張り出したりしていた。そうした目録の名称や形態に加えて、フィクション、歴史といった主題別の目録も作成されたし、主題を割り振ったアルコーブにある図書の目録もあった。

　ボストンでは1854年、1858年に目録が作成された。1866年11月、市民の代表で構成される審査委員会は、図書館は年毎にローアー・ホールの追加目録を刊行し、刊行後は現実にその年に配置した図書の利用が増加したと確認した。続けて、委員会は刊行頻度を多くすべしと勧告し、『マンスリー・ブルティン』の発足を提言した[41]。これを受けて図書館は2か月から3か月ごとに『ブルティン』を刊行することで、新着図書を知らせることになった。『ブルティン』は1867年10月から2か月ごとに刊行され、これはその間の新着図書を紹介するものだった[42]。さらに英文フィクション、芸術や科学、歴史フィクションなど主題別の目録も作成され、版を重ねる。1つだけ面白い目録を紹介すると、1868年の『ローアー・ホールのアルコーブIV、VII、XIV、XVIIのファインディング・リスト』[43]がある。これらのアルコーブにはフィクションや青少年図書が置かれ、ローアー・ホールで最も利用される図書である。ローアー・ホー

ルの貸出デスクの端の方に、大きな表示板が置かれている。そこでは各札に図書が示されており、貸出中だとその札を反転させるので、利用者は当該図書が書庫にあるか否か確認できる。この表示板に記されている図書の目録が上記のファインディング・リストである[44]。この表示板と目録を合一させることで、利用者に便利になるのだが、それ以上に職員の労力を大幅に削減することが可能になった。なお当時の図書の請求の仕方は、まず利用者が出納室にある多数の冊子体目録を用いて、複数の図書を記したスリップをデスクに提出する。職員が書庫でスリップに記されている図書の順番に当該図書を探し、貸出冊数は1冊なので、最初に書棚にあった本を取り出し、デスクで利用者に示して貸出手続きをする。人気のある本は書庫にない場合が多いので、表示板によって職員の作業量は非常に軽減されることになる。

　基本的に目録は当該館が所蔵する図書の広がりと深さを示すものだが、上述のように職員の労力を大幅に削減するという役割を担った目録もあったし、「教育的」目録とされるものもあった。これが読書支援に結びつく。その代表がウィンザー館長時代の1873年に刊行された『歴史、伝記、旅行に関する中央館ローアー・ホール蔵書目録』[45]である。この目録には文学、政治、地理、礼儀作法などの歴史も含まれている。著者名を中心とする辞書体目録だが、書名や件名にも対応している。そして著者名や伝記などの人物名には、生没年や職名などを添えている場合もある。作品集や伝記集については内容や取り上げている人物名を添え、一定の図書については注釈や説明を付して、その典拠も示している。また重要な雑誌論文や図書の章などを参考として示している場合もある。目録の序文によれば、これらの追加事項は「各読者のニーズに沿う図書選択を助けるため、少なくとも読者に作品の特徴や評判を助言するため」[46]に添えられている。

　1876年の図書館員大会でプールの発表「公立図書館への一般的反論」を受けて、活発な議論が展開された[47]。その場で、フィラデルフィア商事図書館長ジョン・エドマンズ（John Edmands）は、低質の小説さえ読書の質を向上させるという主張を信じないわけではないが、この主張を支える明確な証拠を目にしたことはないと発言した。またロチェスター（Rochester）大学のオーティス・

H. ロビンソン（Otis H. Robinson）教授は、図書館利用者の小説読書を統制する手立てはないのかと問い、図書館員が良き影響力を個々の利用者に発揮するように期待した。これらの質問にたいして、グリーンは対個人サービスとともに、ウィンザーの下で刊行した1873年目録を指摘した。続いてウィンザー自身が、「読書の質の向上は可能で、実行できる」[48]と応じている。このウィンザーの応答は以下のことを意味していた。

　ウィンザーは1873/74年の活動をまとめた第22年報で、この新たな特徴を有する1873年目録は「私たちが期待する成果を直ちに生み出した」[49]と述べている。それはフィクションの貸出比率の低下を意味する。すなわち、1870/71年77.2％、1871/72年76％、1872/73年74％であったのが、目録が刊行された1873/74年には71％に低下していること、すなわちノンフィクションの貸出比率が高まっていることである[50]。参考までに翌1874/75年はさらに69％になり、翌々年は70％であった。ウィンザーは読書支援、要するに読書の質の向上に目録が果たす役割を重視したことになる。1873年目録や職員との接触が読書の質の向上に欠かせないと考えるウィンザーにとって、フィクションの排除は論外で、「第1に重要なのは多くの読者が足繁く図書館に通うことである」[51]と強調している。

　この1873年目録は好評を獲得し、1つの典型になっていく。例えばブルックリン商事（Brooklyn Mercantile）図書館の1881年3月31日付の理事会報告は、「明らかに1880/81年のみならず、新館への移動［1869年］後の図書館の歴史で最も重要なことは、目録の完成と刊行である」[52]と記した。これは館長スティーブン・B. ノイズ（Stephen B. Noyes）[53]による1,100頁の3冊本という目録の刊行を意味し、ハーバード・カレッジの図書館長ウィンザーなど、多くの著名人から高い評価を受けていると報告した。この目録はウィンザーの1873年目録に準じる目録であった[54]。ウィンザーは1881年2月に開催されたALAワシントン年次大会の開会あいさつで、ブルックリン図書館の目録を単なる目録ではなく、「教育的」目録と絶賛した[55]。

　このように目録は単に所蔵する蔵書を示すだけではなかった。ウィンザーのアルコーブ目録は、最も頻繁に利用される本（主題分野）に限定した目録で、

それは貸出中か否かを示す表示板と結びつき、利用者や特に職員の労力の軽減を意図していた。そしてウィンザーの1873年目録やノイズの1881年目録は、単に所蔵する蔵書を示すだけでなく、さまざまな情報、注釈、説明を加えていた。それはまさに読書支援といえるものだが、そこにはフィクションの利用抑制とノンフィクションの利用促進という関心が明確に窺われ、より良い本、いっそうすぐれた読書に向かわせるという、図書館側の意図と期待が担わされていた。そしてウィンザーによると、1873年目録はこの期待を実現したのである。

2.2　貸出カウンターの読書支援機能

1774/75年の活動をまとめたボストン公立図書館第23年報で、市民代表からなる審査委員会は以下のように論じた[56]。貸出冊数の多さで多額の公費投入を十分に説得できるわけではなく、健全な知識の成長という目的に方向づけられる必要がある。刺激だけを求める本、現実とあまりに乖離している本、悪徳を言い逃れたり正邪の境界を曖昧にしたりする本、ごく普通の生活に不満を抱かせる本など、この種の短命本が大量に出回り、読まれている。コミュニティが読書欲を欠いているのではなく、読書欲が向上する方向に向いていないことが問題である。この種の短命本の提供は公立図書館の仕事ではないが、当座はこの種の欲求にも応じて、読書の質の向上を待つのが良い。続けて審査委員会は、読者を短命本や悪書から引き離し、読書の質を向上させる手段に触れた。そこではまず1873年版『歴史、伝記、旅行に関するローアー・ホール蔵書目録』を指摘した後、若者の読書に学校教員が大きな役割を果たすと指摘し、図書館と学校、図書館員と学校教員との結びつきを重視した。これは「教育的」目録を越えて、図書館員による読書の質の向上に向ける取り組みの提言であり、図書館員の導きを求める主張である。

図書館長メレン・チェンバレン（Mellen Chamberlain）は1878/79年の活動をまとめた第27年報で、楽しみのための図書館というのは正当な機能ではあるが、決して主目的ではないと確認した。そして最も軽薄な本を受け入れるについて、2つの理由が示されてきたという。まず、余暇時間をこの種の本の読書に用いることで、犯罪とはいわないまでも悪徳を防ぎ、いわば警察官の補助機

能を果たすということである。次に、読書習慣が形成され次第に読書の質が上がるとの理由である。チェンバレンはこの2つの主張の真実性を留保しつつ次のように述べている。

　［読書の］好みや判断が外部からの影響によって向上するなら、そのような影響力を発動すべきであり、若い読者の気まぐれにすべてを委ねるべきではない[57]。

チェンバレンの主張は、最善書への好みは自然な進化の過程から生じるのではなく、教えられる必要があり、そうした教えは外部および上からもたらされるということである。こうした外部からの働きかけとして、すなわち読書支援の手段として、チェンバレンはウィンザーの1873年目録を取り上げ、「貸出図書館の歴史にとって画期的な出来事」[58]と高く評価した。ここまでは1875年審査委員会とほぼ同じ内容だが、さらにチェンバレンは展開していく。そして各図書の後ろに良き教育者が必要とされ、ある図書が他の図書への教育者になることもあるとしつつ、チェンバレンは図書館員と利用者との直接的で個人的な接触による導きを重視した。と同時にチェンバレンは「現在のところ当館では個人的影響力を発揮できない」と実情を認めた上で、以下のように主張している。

　当館を公教育システムの一部分と把握し、それに相応する成果を得たいなら、その手立ては明らかである。教育システムの名に値するシステムは、いずれも教育者個人を含んでいる。校舎を建てて生徒に無料で本を提供する、公立図書館を設置して無料公開しているだけでは十分ではない。学校も図書館も最善の成果を得るには教育者が必要である[59]。

チェンバレンは対個人サービスを重視したのだが、同時に現状ではそうした措置を講じる余裕がないことを確認したことになる。しかしこの年、対個人サービスにつらなる動きが、まったく異なる方向から生じてきた。ボイルストン街の建物は20年間を経過し、建物自体が狭隘になっていた。チェンバレンは図書館全体の移転は現実的ではないとし、ローアー・ホールを他所に移し、閲覧室などの拡大を構想していた。またベイツ・ホールも狭くなっていた。チェンバレンはローアー・ホールを他所に移すことを視野に入れ、ベイツ・ホールのスペースを増やすために、ベイツ・ホールに置かれているローアー・ホール

のカード目録をローアー・ホールに移すことを勧告した[60]。ローアー・ホールの移転は実現しなかったが、目録のローアー・ホールへの移動は実現した。

　1879年9月、ローアー・ホールのカード目録の担当者としてトマス・H. カミングズ（Thomas H. Cummings）が、ローアー・ホール目録主任という新設の地位についた[61]。この職位は目録を作成するのではない。職務内容は「来館者が望む図書を見つける助力を提供する」こと、それにいっそう重要なことは「若い読者や経験不足の読者の注意を最善の図書に向ける」ことにある[62]。カミングズの報告によると5か月間に、特定主題の資料を求める特定利用者7,351名、フィクションや青少年図書などを求める全般的読者10,000名以上に助力を提供したということである。1日平均128名で、前者が57名、後者が84名となっている。このようにしてボストンは対個人サービスを開始したのだが、そこでは読書の質の向上が重視されていた。なおローアー・ホールへ移動したカード目録を一般利用者は使えず、目録主任のデスクを介して主任がカード目録に接するという方式であった[63]。

　審査委員会は1880/81年をまとめた第29年報で、カミングズのサービスを高く評価した[64]。有能で親しみのある職員カミングズは目録自体よりも立派なサービスを行い、助言を提供し、相談に応じているという。若い利用者の図書選択を導き、最善の読書に導いている。カミングズが非番の時は、ローアー・ホールの部門長と副部門長がこのサービスを行っている。このことは熟練した高位の図書館員が担当していることを示している。そして審査委員会は分館でもこの種の対個人サービスを実施するよう期待した。

　カミングズの報告によると、1880年5月1日からの1年間に目録デスクで45,664名に助力を提供した。その内の16,939名は専門的主題を求めるノンフィクションの利用者、8,000名は青少年図書、残りの20,725名は単なるカード目録での番号や通俗フィクションの書名の確認といった内容であった。そしてこの新設部署の成果を測る最良のテストは助力の提供数ではなく、助力提供の結果生じた読書の質の向上であると述べ、次のように記している。

　　ローアー・ホールの読書をみると、明確な進歩があった。この1年間をみると、無意味なフィクションの読書が大幅に減じただけでなく、貸出

されるフィクションの質自体が向上している。この向上はローアー・ホールの貸出統計をみると明白である[65]。

ただし貸出統計をみても、カミングズが主張するほど質の向上は定かでない。ローアー・ホールの貸出冊数は、1879/80年の306,148冊から、1880/81年には257,592冊と約50,000冊減じていた。貸出に占めるフィクションの比率はいずれも70％となっている[66]。

審査委員会は翌1881/82年の第30年報でも、ローアー・ホールでの読書支援サービスを非常に高く評価し、「老若を問わず、利用者が適書を獲得するのを助け、最善の読書に仕向けるについて、すべてのことが行われている」[67]と報じた。カミングズは、サービスへの理解が高まり、夕刻にも職員を配置したという。そして年齢や知的水準を問わず、多くの人が目録デスクに詰めかけ、図書の選び方や目録の利用法を問うてくると述べた。11か月間に43,928名に助力を提供し、16,000名は特定主題に関する図書、9,000名は青少年図書に関する助力の提供である。カミングズは、ローアー・ホールの貸出統計でサービスの効果を知ることができると指摘し、科学部門、詩、旅行、語学が目立って増加していると強調した。カミングズはこれを読書の向上と把握し、この向上の持続を望んだ。

> 私たちは、良書の好みは真の文化への入口にすぎず、成功への鍵は忍耐にあると考えている。この目的のために、私たちは読者が規則的に一定の間隔で来館することを望んでいる。そうすることで読者は忍耐強くなるし、私たちは読者を個人的に知る機会を得る。このようにして確立した個人的関係によって、読者の良書への関心を刺激し、読書欲を促進することができる[68]。

表　貸出冊数とフィクションの比率：1880-1885年報

	1879/80	1880/81	1881/82	1882/83	1883/84	1884/85
貸出冊数	306,148	257,592	239,601	163,811	168,926	150,826
フィクション比率	70	70	64.23	61.49	62.37	61.11

［出典］各年報の付録 "Circulation," "Lower Hall and Branch Reading" による。

表「貸出冊数とフィクションの比率：1880-1885年報」に貸出冊数と貸出冊数に占めるフィクションの比率を示しておいた。1880年5月からカミングズはサービスを開始したが、1880/81年報では前年と同じフィクション比率70％であった。それ以降、フィクション比率は64％、61％、62％、61％と大きく低下した。そうした点ではカミングズの指摘のように、読書支援の対個人サービスの効果が現れたといえる。ただし貸出冊数を視野に入れると、カミングズや審査委員会のように、単純にフィクション比率の低下とノンフィクション比率の上昇で、読書の質の向上の証拠とはできないと思われる。表1によると、1879/80年と比べて1884/85年は貸出冊数が半分の150,826冊になっている。5年間の間に貸出が2分の1になったことの説明には、分館が増加した、受入冊数とりわけフィクションの購入を制限した、通俗フィクションの複本購入を少なくした、経済不況によって図書費が減少したなど、さまざまな要因が考えられる。貸出の比率ではなく絶対数をみると、1879/80年は貸出300,000冊の内のノンフィクションの比率は30％なので、冊数としては90,000冊になる。一方、1884/85年は150,000冊の内の40％に相当する60,000冊がノンフィクションの貸出である。ノンフィクションの貸出比率は30％から40％に上昇しているとしても、貸出冊数では90,000冊から60,000冊と大きく減少していることになる。このように考えると、ノンフィクションの貸出比率だけを取り出した図書館側の説明は、説得力がないという結論になるだろう[69]。ただしこのことをとって、筆者はローアー・ホールの目録担当のサービスが無益だといっているのではないことを確認しておく。

　審査委員会は1883/84年の活動を評価した第32年報で次のように書き込んだ。

　　ローアー・ホールのカード目録を利用者は使えないが目録主任が担当している。目録主任は常に相談を受けている。目録で書架番号を探せなかった読者からの問いかけ、図書選択についての助言の申し出、特定主題に関する図書についての問いかけなどに応じている。読者と図書になじんでいる職員との個人的接触は最も有益で、当館で最も価値ある特徴になっている。このサービスは読者の掌中に最善書を置く機会、読書の質

を向させる機会になっている。このサービスが上手かつ忠実に行われており、喜ばしいことである[70]。

2.3 貸出方式の読書支援機能
2.3.1 ボストン公立図書館と2冊貸出方式

　貸出方式は純粋に手続き的なことであり、読書支援機能という側面を有するのは理解しにくいかもしれないが、ここにも読書の質を向上させるための取り組みがあった。ボストン公立図書館の1873年規則では、閲覧は14歳以上のあらゆる人、貸出は市に居住する16歳以上であった[71]。そして1875年規則では、閲覧は14歳以上のすべての人、貸出は14歳以上の市の住民となった。また1873年利用規則で貸出冊数制限を2冊に増加させた。すなわち中央館のカード保持者は中央館のベイツ・ホールとローアー・ホールから各々1冊の計2冊、分館カードの保持者は分館とベイツ・ホールから各々1冊の計2冊、あるいはベイツ・ホールとローアー・ホールから各々1冊の計2冊である。貸出冊数2冊というのは先駆的であった。この2冊貸出方式には2つの考えが組み込まれていた。まず中央館のベイツ・ホールとローアー・ホールを基本的な性格が異なる別の図書館としての把握である。端的にいえば前者は中産階級を対象とする参考研究図書館であり、後者は労働者階級を対象とする貸出図書館である。このように把握すると、当時の公立図書館や商事図書館の貸出冊数は1冊なのだが、ボストンが2冊にした根拠が理解できる。この2冊方式には分館の設立が関係していた。中央館ローアー・ホールと分館は同じ性質の図書館と把握されていたので、上述のような2冊貸出方式になった。いま1つは、フィクションの利用抑制とノンフィクションの利用促進が意図されていた。すなわちフィクションや通俗的な図書を中心とする分館やローアー・ホールから2冊を借り出すことは不可能で、少なくとも1冊は参考研究部門とでもいうべきベイツ・ホールから借りる必要があった。さらに未成年者の図書貸出には図書館が裁量権を有するとの定めは、1853年規則から一貫していた。すなわち未成年者に不適な図書の利用を拒否できるということである。

2.3.2　2冊貸出方式の増加

　こうした2冊貸出方式が広まるのは1890年代中葉からである。1894年1月、ハーバード大学で目録を担当していたチャールズ・K.ボルトン（Charles K. Bolton）が、ボストン郊外のブルックライン（Brookline）公立図書館に着任した。ブルックラインは1890年にアメリカ最初の児童室を設けた公立図書館として有名である。ボルトンは着任後すぐに、イギリスのクラーケンウェル（Clerkenwell）公立図書館が、利用者の申し出によって通常のカードに加えて特別カードを発行して、2冊貸出方式を採用していることを知った。この2枚目の特別カードはノンフィクションの貸出に限る。この事例を参考に、早くも2月にはクラーケンウェルの方式を参考に、1枚の貸出カードで2冊の図書を貸出し、1枚の貸出カードを左右に分けて、「フィクション」と「その他の図書」（Other Works）の貸出返却日を記入する欄を設けるという措置を講じた。そして2冊の貸出の内、フィクションの貸出は1冊に限ると定めた。ボルトンは1894/95年のブルックライン公立図書館第38年報で、2冊貸出方式を「明らかに本年度の最も重要な革新」[72]と記している。ボルトンは2冊貸出方式の結果について、付録の統計を参照するように指示している。付録「分類別貸出冊数：1894-95年」[73]によると、貸出冊数は81,234冊、内訳はフィクション45,713冊、青少年図書8,526冊、ノンフィクション27,184冊となっている。フィクションと青少年図書の貸出比率は66.6％、ノンフィクションが33.4％である。この表だけでは2冊貸出方式の結果はわからないので、前年度の数値を挙げると、貸出冊数66,395冊、内訳はフィクション33,260冊、青少年図書15,037冊、ノンフィクション18,098冊で、フィクションと青少年図書の比率は72.7％、ノンフィクションの比率は27.2％であった。2冊貸出方式の結果、全体的な貸出冊数は増加したが、貸出比率でみるとノンフィクションの利用が大きく伸びたといえるだろう。

　ボルトンはこうした2冊貸出方式の採用後、2か月の実践を踏まえて、1894年5月号の『ライブラリー・ジャーナル』[74]に報告した。ブルックライン公立図書館の理事会は2冊貸出方式について、「この方式は全国の公立図書館で採用されるだろう」[75]と予測していたが、これは現実となった。1894年11月号

の『ライブラリー・ジャーナル』で、コネティカット州のニューヘイブン（New Haven）公立図書館は、9月に導入した2冊貸出方式を報告した[76]。そこでもフィクションの貸出は1冊に限定され、貸出冊数の増加、フィクションの貸出比率の低下を報じている。さらに1895年2月号の『ライブラリー・ジャーナル』では、マサチューセッツ州のセーレム（Salem）公立図書館長ガードナー・M.ジョーンズ（Gardner M. Jones）が、2冊貸出方式の手続きを問うた[77]。1つはブルックラインの方式で1枚の貸出カードを用いる方式、いま1つはノンフィクションに利用を限定した2枚目の特別カードを発行する方式である。ジョーンズはこれらの方式の優劣を問うたことになる。

　この問い合わせの結果が、1895年5月号の『ライブラリー・ジャーナル』に掲載された[78]。そこでは18館の実践と3名の図書館員の意見が詳しく紹介されている。18館の内、4館は2枚のカード、14館は1枚のカードを用いていた。この18館の内、フィクションの貸出を制限せず、単に2冊の貸出を明確に回答したのはボストン公立図書館だけであり、それもここ数年の間に前項で紹介した方式を撤廃したのである。他の館はすべてフィクションの貸出を1冊に制限していた。この調査は貸出手続きを問うているので、2冊貸出の思想や目的に触れてはいない。唯一、そうした意見を示したのは、ペンシルベニア州のスクラントン（Scranton）公立図書館長で、1900-01年にALA会長を務めるヘンリー・J.カー（Henry J. Carr）であった。カーは2冊貸出方式ではフィクションの貸出を1冊に限ることで、「正しい方向への真の励ましを与えることができる」[79]とした。

　フィクションを1冊に限定する2冊貸出方式の利点をまとめると以下のようになる。2冊貸出によって貸出冊数が増加する。しかしフィクションの利用が大幅に増えることはなく、フィクション読者がノンフィクションを利用する機会が増える。一方、ノンフィクションの読書には時間がかかるが、そうした読者にはフィクションも手に取る機会を提供する。ただしこの側面に注目する報告や回答はほとんどなかった。フィクションからノンフィクションへの移行を読書の質の向上と把握し、それを図書館の目的とする図書館界、図書館員にとって、限定付きの2冊貸出方式は魅力的であった。この方式には利用者への便

宜の拡大という以上に、図書館側の意図がみられる。

ところでジョーンズの調査は2冊貸出方式の手続きを探っていたのだが、この方式の意図や目的を探る調査報告を、ウィスコンシン図書館協会の会長E.A.バージ（E.A. Birge）が1898年3月号の『ライブラリー・ジャーナル』に発表した[80]。バージは400館以上の公立図書館などに調査票を送り316館から回答を得ていた。その内、2冊貸出方式を用いているのは140館で、この方式の導入年は1892年以前22館、1892年1館、1893年3館であった。ボルトンの記事が『ライブラリー・ジャーナル』に掲載された1894年15館、1895年28館、1896年36館と続き、ボルトンの紹介文が2冊貸出方式の採用に刺激を与えたと考えてよい。また140館の内、23館を除いてフィクションの貸出を1冊に制限していた。さらに新着図書の貸出を1冊に限定していた館もあった。

バージの報告は多岐にわたる詳細なものだが、フィクションの制限とその期待や効果について簡略にまとめておく。バージは、「2冊貸出方式の読書の質への影響は貸出冊数への影響よりもはるかに重要」[81]とし、それを探るのが調査の主目的と断言した。また導きを受けない読書や単なる楽しみのための読書はフィクションに向かうので、もし2冊貸出方式に読書向上という影響があるなら、フィクション貸出の絶対数や比率が下降し、ノンフィクションが上昇すると措定している。この前提には、図書館員にとって、貸出の質の向上が目的であるとの考えがあった。

バージは、日々の生活の圧力、時代の流れ、人びとの精神的な不活性から、読者はフィクションの読書に流れ、フィクションしか読まない読者も多いと考えている。そして「教育者としての図書館員の主たる義務は、各読者が楽しみと利益を見出す読書の範囲を拡大すること」[82]にあるとした。それには助力の提供、それも多大な助力の提供が欠かせないのである。と同時に、利用者の改革を試みること、学習を強いること、上からの目線での助力の提供を避けるように主張した。

バージは貸出の質にたいする2冊貸出方式の影響の決定は難しいとしつつ統計数値や図書館員の意見を示して、次のようにまとめている[83]。大多数の図書館員は2冊貸出方式を好み、多くは熱心な支持者である。多くの図書館員は

2冊貸出方式によって、特に若い利用者の読書の質の向上に資すると考えている。2冊貸出方式の図書館は1冊貸出方式の図書館よりも、フィクションの貸出比率が低い[84]。多くの図書館はフィクションの制限を不可欠と考えており、確かに1冊貸出方式の館の方がフィクションの貸出比率が高いものの、両者に大して目立つほどの差はない。

さらにフィクションを1冊に限定する2冊貸出方式にしても、読書の質を向上させるには役立たず、図書館員の助力の提供と合わさって効果が生じるとの回答など、図書館員の関与を重視する館もあった。バージはこの種の意見を取り入れ、「教育上の成果は教育者[図書館員]の生き生きとした影響があって生まれる」とし、次のように論文を結んでいる。

> 教育者は用いる手段によって、助かりもするし、妨げられもする。筆者が得た統計や図書館員の意見から、次のことが明らかになった。2冊貸出方式は、教育者としての影響力を最大限に用いようとする図書館員にたいして重要な手段となり、新たな[読書の]範囲に利用者を導く、扱いやすい手段になる。図書館が提供する他の教育的手段と結びつけて、賢明に共感を持って2冊貸出方式を用いることで、図書館がコミュニティに最高度のサービスを実施するに際し、最も重要な助力の1つになる[85]。

2.4 開架制の読書支援機能[86]

2.4.1 開架制の導入と開架制をめぐる論議

大都市公立図書館での開架制はクリーブランド公立図書館の増改築に際して、館長ウィリアム・H.ブレット（William H. Brett）が1890年に開架制を導入したことを起点として普及していった。開架制の支持者と批判者の主張をまとめると次のようになる[87]。まず開架支持者が指摘する開架制の利点は以下である。(1)利用者の支持、(2)貸出冊数の増大、(3)ノンフィクションの利用の増加、(4)職員数の削減による経済的利益、(5)利用者を信頼するといった道徳的側面、(6)利用者自身が自由に図書を吟味して選択するといった教育的側面。一方、開架制の批判者は次のような欠点を指摘した。(1)書架の乱れ、(2)紛失本、盗本、切除、図書の摩耗の増加、(3)書架整理などに人手が必要で必ず

しも節約にならない、(4) 利用者がむやみに書架を歩き回るよりも、目録と職員によるサービスの方が効率的で教育的、(5) いっそう広いスペースの必要性。

　このような批判に開架支持者は次のように応答した。書架の乱れは、取り出した本を書架に返却せず、所定の机に置き、職員が定位置に戻すことで一定の対処ができる。書架の乱れによって出納カウンターを通して請求された本が所定の位置にないとの意見には、実際にそうした状態が生じるのは、特にノンフィクションの場合は多くないと答えた。紛失本や盗本については、安価な本が多く、その額は人件費の節約で十分に埋め合わせができる。切除については、開架でも閉架でも変わりがないと主張した。経費の節約については、もっぱら開架による人件費の節約を主張したが、必ずしも反対者が納得したわけではなかった。そこで開架支持者は、かりに経費が削減できなくとも、出納業務に必要な時間が少なくなるので、いっそう利用者へのサービスに時間をあてることができると答えたりした。また批判者は概して目録と職員による助力提供を重視していた。これについて開架支持者は、開架制になっても目録や職員の重要性に変化はないと応じている。さらに開架制は広いスペースを必要とするとの意見には、出納室や閲覧室に閉架制ほどのスペースは不必要なので、一般に思われるほど図書館全体のスペースが多く必要にはならないとか、すべての蔵書を開架にする必要はないと応答した。

　上記の主張をみると、開架、閉架のいずれの支持者も読者への教育的効果を意識していた。前章で2冊貸出方式の読書支援機能を取り上げたが、1895年のジョーンズ調査でカーはフィクションの貸出を1冊に制限する2冊貸出方式で、「正しい方向への真の励ましを与えることができる」との意見を示していた。さらに続けて「私は書架へのアクセス［開架制］がはるかにすぐれた方式と思う」[88]と指摘しつつ、既存の建物の大幅な改造が必要で早急には困難との意見を付した。さらに1898年のバージによる2冊貸出方式の調査の回答で、モンタナ州ヘレナ（Herena）公立図書館の回答を、バージは大きく取り上げて引用している[89]。それによると、フィクションを1冊に限定する2冊貸出方式でフィクションの貸出比率が低下したと思われるが、それは「全体的な観察によるもので、統計では完全には解明できない」とした。そして対個人的な助力の提供

とともに、フィクションを除いて貸出部門の全蔵書を開架にしたことが、フィクションの貸出比率が低下した大きな要因と主張した。すなわちヘレナは、フィクションを制限する2冊貸出方式の採用、対個人サービスの実施、フィクション以外の開架によって、フィクションの貸出比率を下げ、それによって図書館の教育機能、読書の質の向上に努めたということである。

2.4.2 バッファロー、プロビデンスの開架制、アメリカ図書館協会1899年年次大会

　バッファロー公立図書館は開館前夜の1897年9月1日に1階開架室で公式の開館式典を行った[90]。そこではニューヨーク・パブリック・ライブラリーの館長ジョン・S.ビリングズ（John S. Billings）が招待され、ビリングズは公立図書館を公教育システムの構成要素と把握して重視するとともに、貸出冊数の増大に専念することの危惧を表明し、一定の限界を超えて「貸出冊数が大きくなればなるほど、民衆を教育するというよりも、民衆を堕落させる場合が多くなる」[91]とさえ述べた。同年6月15日に赴任した館長ヘンリー・L.エルメンドーフ（Henry L. Elmendorf）が館内の説明を行った。そこでは開架室に最も力を入れて報告し、次のように訴えた[92]。開架室では各主題の最善書を置くことになる。こうした図書を開架室に配置するのは、だれの介入もなしに個人的に図書を選んで、吟味するためである。気に入った図書があれば、その場で読むこともできるし、家で読むこともできる。さらに興味があるなら、書庫にある80,000冊の図書を利用し、借り出すこともできる。

　1897年の状況を記したバッファロー公立図書館第1年報で、館長エルメンドーフは「開架制部門」という見出しを設け、「この部門は当館の目玉といってよい」[93]と書いた。続いて利用者に書架へのアクセスを許す是非は、図書館界で長期にわたって問題になってきたと記した。そしてバッファローでは増改築に際して精選書架からなる明るくて大きな開架室を設け、開設時には6,700冊の図書を並べた。図書は細心の注意で選び、各主題の図書およびフィクションを代表している。さらに1,000冊の複本を別に取り置いたが、開館2日目にはこの1,000冊で書架を満たす必要が生じたという。開館後に3,517冊を追加したので、開架室の蔵書冊数は11,217冊である。1897年9月2日から1898年1月1日

までの4か月間、貸出冊数は105,781冊、開室は102日なので1日平均1,037冊である。フィクションの貸出比率が目立って低下しているが、これは開架室の影響によると説明した。エルメンドーフは次のように締めくくった。「精選書架の成功は顕著で、開架制に関わる問題を解決している」[94]。

ウィリアム・E.フォスター（William E. Foster）を館長とするロードアイランド州プロビデンス公立図書館の新中央館は1900年3月に扉を開いた。フォスターはすでに1896年8月号の『ライブラリー・ジャーナル』で新館構想を紹介し[95]、図書館管理層が非常に重視しているのがスタンダード文庫室であると強調した。「この部屋には世界で最善の著者の最善の作品があり、それも最もすぐれた版の本で、あらゆる点で完璧に備えられている」。1898年10月号の同館月報はスタンダード文庫室の構想を具体的に記した[96]。2階にはスタンダード文庫室（38×12フィート）、それに隣接して特別閲覧室（20×20フィート）を置く。特別閲覧室には精選図書などを編纂した書誌や目録が置かれている。また図書館員および利用者向けの机と椅子がある。ここには2名の職員がおり、1人は利用者へのサービス、いま1人は書庫からの出納を担当する。スタンダード文庫室は窓のない内側の壁にそって5段の書架（幅3フィート）が10本（30フィート）並び、著者名順に本が並べられ、約1,000冊を配架できる。書架の反対側（窓側）には、椅子、ベンチ、低いテーブルがあり、読書に没頭できる。この部屋の基本的な思想は「本があなたを招いています。それは調べるためではなく、味わい、読むためです」である。フォスターによると2つの部屋を設けているのには理由がある。スタンダード文庫室で利用者は本を選び、窓側の居心地のよい椅子で本を読める。しかしこの部屋は静寂を要求しない。静かに読みたい人は隣接する特別閲覧室を利用する。スタンダード文庫室で会話が許されるのはこの構想の前提に関係する。すなわち図書になじむ手段として、図書館員と利用者の個人的接触を重視しているということである。スタンダード文庫の担当者は熟達した高給の職員でなくてはならず、必要に応じて案内や手引きといった助けも提供する。そこでは利用者と職員との対話が前提となる。

1899年のALA年次大会は5月中旬から下旬にかけてアトランタで開催された。この大会をまとめた『ライブラリー・ジャーナル』5月号は、開架制論議

は最も興味深く刺激的であったと総括した[97]。予定時間の1時間は満場一致で1時間半に延長された。実際には3時10分から開始され、4時45分に終了したのである。題目は「実践にみる開架制をめぐる議論」[98]で、まず登壇したのはクリーブランド公立図書館長ブレットである。ブレットは「もはや開架の必要性を主張する必要はない。制限する側に立証責任がある」[99]と断言した。ブレットは住民の税で住民のために図書を収集提供する図書館の場合、利用者と資料との間の障壁を最小にすべきだと確認し、開架制の経済性と教育力を指摘した。そして、より良い図書の利用を促進する手段として開架制を用いることを強調した。続けて、この考えは図書館全体に適用されるが、とりわけ児童室とフィクション部門に当てはまると確認している。

続いてブレットは開架制の大きな進展としてニューヨーク州の西方の大規模公立図書館を指摘し、館名は匿名にしたのだが、明らかにバッファロー公立図書館を指していた。そこでは150,000冊の蔵書から16,000冊を取り出して開架図書としてまとめて配置している。この16,000冊はブレットによると「静かに推奨する」図書となる。閉架書庫にも利用者は申し込みによって入庫できるが、書庫には開架にある図書の余分な複本、少数の利用者しか関心を示さない図書、蔵書としては必要だが幅広い利用者に推奨できない図書などが収容されている。そしてこの16,000冊の開架図書が貸出全体の50％を超え、また読書内容も向上したのである。ブレットによると、この方式は「開架制の最も価値ある発展の1つ」[100]であった。さらにブレットは、いま1つの同じような考えに基づく発展が、プロビデンス公立図書館によって導入されたと主張した。そこでは開架のスタンダード文庫室を置き、この最善書で構成される開架室では自由に図書を手に取ることはできるが帯出できず、借り出し自体は出納カウンターを通して、職員が閉架書庫から複本を提供するというものである。

2.4.3 開架制の読書支援機能

1897年にエルメンドーフ館長のバッファロー公立図書館が開館し、「精選書架」を売り出した。これは貴重書、利用が少ない本、大型本、不必要な複本などは閉架におき、幅広く良書を精選して10,000冊ほどを開架室において自由に

利用者が手に取れるというものであった。一方、フォスター館長のプロビデンス公立図書館は「スタンダード文庫」室を設けた。これは古今東西の評価が確定した図書を精選し、読者が名著を味わうこと、図書館員と読者との対話を意図していた。

　それまで開架制は、利用者の自己教育という観点から教育的価値が主張されていたのだが、その教育的効果については賛否があった。しかし1900年代に入って教育的な書架の構築が前面にでてきた。プロビデンスはいわば「積極的に推奨する」図書の集まりを開架にし、バッファローは「静かに推奨する」図書の集まりを開架にしたということである。「精選書架」やスタンダード文庫は館界で歓迎され、開架制をめぐる実務的な問題はともかく、教育をめぐる論議は終息していった。

　開架制は単に利用者の便宜を向上させる民主的措置というだけではなかった。さらに開架制によって図書を配置する場所にも多様性が生じてきた。バッファロー公立図書館にしても、新着図書のすべてを開架室に置いたのではない。開架室の図書は精選されていた。すなわち開架制によって、図書の配置場所は開架室、閉架書庫、新着書架、さらには館長室やいわゆる「地獄蔵書」[101]など、さまざまな場所に置くことが可能となり、その裁量権は図書館員が持つとともに、この権限を図書館員は大いに活用した。教育機関としての公立図書館にとって、開架制はまたとない機会を提供した。開架制によって図書館員による資料の統制力は格段に高まったのであり、それを図書館の教育的目的、読書の質の向上に積極的に用いたことになる。

3　『ブルティン』、案内デスクの読書支援機能：セントルイス公立図書館

　本章ではセントルイス公立図書館[102]を例に、新着図書を紹介する『ブルティン』と案内デスクの読書支援機能を取り上げる。セントルイスでは1865年に会員制の公立学校図書館（Public School Library）が開館した。1874年に参考部門と閲覧部門は無料公開となったが、貸出には年会費を徴する会員制図書館であった。1884年に図書館名から「学校」を削除した。そして1894年6月にはすべての住民が無料で利用できる公立図書館になり、新しく建てられた教育委員

会ビルディングの最上階の6階と7階で開館した。7階には閲覧部門と参考部門、6階に貸出部門が配置された。1909年には至近の建物に移動した。セントルイスが壮大な中央館を開いたのは1912年1月である。

3.1 『ブルティン』の読書支援機能

　前章第1節でボストン公立図書館が1873年に刊行した『歴史、伝記、旅行に関する中央館ローアー・ホール蔵書目録』を取り上げ、読書支援機能を有する「教育的」目録として高く評価されたことを指摘した。また1867年からは新着図書を知らせる『ブルティン』を発行していた。この種の『ブルティン』は他館でも作成された。セントルイスでは、1879年1月から6月までの追加図書リストを、『ブルティン』第1号から第3号の合併号として発刊し、27頁であった[103]。『ブルティン』は隔月刊で、重要な図書には注釈や簡単な説明を加えて、利用者の図書選択の助けになることを意図していた。時には特定トピック（例えば、同館所蔵のシェイクスピア図書）に関する解題付きリストも含めている。刊行費の一助として、また浪費を防ぐために、1部5セント、年決めの場合は郵送料を含めて25セントであった。

　1882/83年報で館長フレデリック・M.クランデン（Frederick M. Crunden）は、『ブルティン』は次号で5年目をむかえ、第1巻を閉じると報じた[104]。『ブルティン』は価値があるものの、作成に必要な資金と労力はかなりのもので、継続できるか否か問題であるとした。ただし『ブルティン』が中止となっても、特定の主題やトピックについて学習方法と重要図書を示したリストの刊行が望ましいと述べた。そして政治経済についてハーバード大学のフランク・W.タウシッグ（Frank W. Taussig）が準備中と報告した。翌年の1883/84年報によると、『ブルティン』は28号を最終号として、1884年1月に終了した[105]。ただし地元新聞が毎週月曜日に紙面を提供し、そこで新着図書を紹介することで、新聞を見て即座に本を借りる利用者が多いと記した。最終28号には新着図書に加えて、タウシッグの政治経済のリストが掲載された[106]。そこでは1879年1月から1883年12月までに蔵書に加えられた政治経済の本も参考に、注釈や説明を加えて重要な図書のリストを10頁にまとめている。タウシッグは序文で、

一般読者や入門者向けの図書を数点掲げ、続いていっそう進んだ学習のために、英国の経済学の主流になっているジョン・S.ミル（John S. Mill）とジョン・E.ケアンズ（John E. Cairnes）を紹介するとともに、それらの理論への最近の代表的な批判者なども示した。さらにアダム・スミス（Adam Smith）、トマス・R.マルサス（Thomas R. Malthus）といった古典にも言及した。こうしたリストは読書支援ツールとしての役割を担わされていた。

1885/86年の年報はこれまでの動きをまとめている[107]。『ブルティン』の合冊本は各地から購入の申し込みがあったという。また学習方法を簡略に示し、重要な図書を掲げた参考リストを天文、仏教、子どもの育て方、フランス史、音楽、ルネサンス、旅行という主題について作成したと報じた。クランデンは、例えばワシントン大学の天文学教授で後にマサチューセッツ工科大学学長になるヘンリー・S.プリチェット（Henry S. Pritchett）に次の手紙を書いている。

「必読書の小リスト」シリーズを発行するというのが当館の意図である。すなわち多様なトピックについて最善書のリストで、最も好ましい学習方法についての簡略な指示を文頭に沿える。各主題について専門家に執筆を願い、執筆者の名前が序文とそれに続く図書リストの価値を保証する[108]。

さらにクランデンは1886年のALAミルウォーキー年次大会で、仏教、子どもの育て方、フランス史、音楽、ルネサンス、旅行という6つの参考リストを1886年春に刊行したと述べた[109]。これらは一般の人が関心を持っている主題で、新着図書リストよりも永続的な価値があるとした。各リストは各主題に造詣の深い人物が執筆し、学習方法などの案内を前置きにして、当該主題の最善書を紹介する。編者としての図書館員は図書館所蔵の良書などを加えたりする。一般読者を対象に、学習方法と厳選した図書リストを加えた参考リストの作成という方向が生まれてきたのである。しかしクランデンは資金不足で継続できないと指摘し、ALAが協力事業として、この種の企てに乗り出すことを期待した。

新聞による週毎の新着図書の紹介は持続していくが、1894/95年報は『マンスリー・ブルティン』の発足を報じ、第1号は1894年10月に発刊された[110]。

各号は前月に追加された本を示し、重要な図書には注釈や説明を加える。また時によって読書リスト（例えばラルフ・W. エマソン（Ralph W. Emerson））を組み込んだりした。さらに1896/97年報によると、『ブルティン』はセントルイス『公立図書館マガジン』として継続、拡大された[111]。その目的は、(1) 図書館と住民とのコミュニケーションの媒体としての役割、(2) 月間の追加図書リストの掲載、(3) 関心が持たれている図書リストの形成にあった。例えば1898年1月号の『マガジン』は75頁で、月間の追加図書は末尾の67頁から75頁に掲載されている[112]。その他は「最善書：1896/97」、「若者のための読書コース」といった図書リストに加えて、「セントルイスの発展」、「最新の教育状況」、「フリードリヒ・ニーチェ」（Friedrich W. Nietzsche）といった記事、さらに論説や図書館に関する情報を掲載している。ただし『マガジン』は長続きせず、1897年4月に創刊され、1898年11月には停止となった。

このように『ブルティン』は重要な媒体と認識されていた。広告や発売による収入があったものの、資金面で刊行を継続できなかった。しかし図書費や増加冊数の増大によって、追加図書を知らせる手段、さらに図書館が所蔵する資源を知らせるために、『ブルティン』の復活が不可欠とされた。そのため1903年に新シリーズの第1号として『マンスリー・ブルティン』が復活した[113]。その目的は、(1) 図書館と住民とのコミュニケーションの媒体としての役割（住民に必要な図書館規則を知らせ、図書館に関する興味あるニュースを掲載する）、(2) 月間の追加図書リストの掲載（重要な図書の性格や価値も示す）、(3) 昨今あるいは常に関心が持たれている多様なトピックについて、学生や読者に参考リストや読書リストを提供することにあった。この第1号は1903年1月と2月に加えられた主要図書を注釈や説明つきで掲載している。またルイジアナ地域の1821年までの歴史を扱ったリストを掲載し、続く2号では園芸に関するリストを掲載した。

このように一定の期間の追加図書リストを掲載するのが『ブルティン』の主たる目標であるが、さらに特定主題の主要図書リストを掲げる場合があったし、一般読者向けに学習の仕方を序文として、精選した基本文献の案内をするものもあった。この最後の読書リストが本稿でいう読書支援機能に関係する。

そしてこうした読書リストの作成について、セントルイスは早くから経験を蓄積していたということである。この読書リストは、1920年代の読書案内サービスで不可欠とされる読書コースの先駆と位置づけることができる。

3.2　案内デスクの読書支援機能

　セントルイス公立図書館副館長チャールズ・H. コンプトン（Charles H. Compton）がまとめた同館の1876年から半世紀の歴史によると、館長クランデンは図書館の新参者を歓迎し、新参者のニーズを満たす部門に導く「図書館ホステス」（library hostess）の必要性を、早くも1885年に提言していたという[114]。本章の冒頭で述べたように、1894年に図書館は新築の教育委員会ビルディングに移り、貸出部門はその6階に入った。スペースが大幅に増大したこともあり職員が増加し、貸出部門に統括図書館員（General Assistant）という職位が設けられ、ローラ・スペック（Laura Speck）が就任した[115]。発足当時はともかく、スペックの担当は案内デスク（Information Desk）であった。この職位はかなり高く、スペックは1904/05年の副館長不在の1年間、副館長代理として館長クランデンを補佐している。1910年の時点をみると、館長アーサー・E. ボストウィック（Arthur E. Bostwick）は図書館システム全体の長、スペックは中央館の長という地位にあった。なお案内デスクについては、本稿が対象とする19世紀末までの年報を通覧しても具体的な記述はない。

　しかし1900年4月号の『パブリック・ライブラリーズ』はセントルイス公立図書館の特徴となる活動を利用者の観点から1頁にまとめ、説明の大部分は貸出部門と児童部門であった[116]。この記事によると、同館の効果的なサービスや影響力について読んだり耳にしたりした人が、実際に図書館訪問を決心し、市中心部のビジネス街にある建物を訪れる。その人は図書館の狭苦しい薄暗い部屋に失望する。しかし図書館の扉の内側に入ると、そうした失望はなくなるとして、次のように書き込んだ。

　　　訪問者の当惑を察知して、明るい表情の女性が案内デスク（Information Desk）と表示された脇から進み出る。そして心温まる関心を示して、訪問者が求める資料と入手方法を示す。この貸出室には、カード目録ケース

の長い列は述べるまでもなく、リスト、参考図書、文献ガイドが、わかりやすく配置されている。

　この女性がスペックであることはまちがいない。6階の貸出部門を訪れた人の1つの流れは図書返却に向かい、さらに請求した図書が驚くべき短時間で貸出されるという。いま1つの来館者の流れは、回転式ゲートを通って開架室に入っていく。案内デスクは貸出部門の入口にあり、利用者とりわけ初めての来館者などに、図書館の案内、目録の使い方、利用者の図書選択の手助けや助言を行う。そして、この職に高位の熟達した図書館員を配したことになる。

　1912年に中央館が新設された時、1階の広大な貸出部門の入口の両脇に2つのデスクが置かれた。1つは利用者用カード目録のためのデスク、いま1つは案内のためのデスクで、スペックは後者を担当していた。前者は利用者用カード目録の案内が中心、後者は館内全体の案内、利用者が求める資料の案内や助言など、幅広いサービスを行った。スペックは1925年に死去し、館長ボストウィックは年報に次のように書いている。

> スペックは出納室への主入口で案内サービスを統括するとともに、多くの細かい管理業務にも携わった。「図書館ホステス」として、……新参の来館者を歓迎し、暖かいもてなしという第一印象を利用者に与えた。スペックは生涯をセントルイスで過ごし、市民の間で非常によく知られ、そのことはとりわけ案内サービスに重要であった[117]。

　1925年にスペックが他界すると、案内サービスは新しい部門として設けられた読書案内サービス（Readers' Advisory Service）の下、成人教育サービスと合同した。ALAおよび図書館界は成人教育サービスに注力していた。スペックの案内デスクは読書案内デスクになり、反対側のデスクはカード目録の利用案内デスクになった。

4　読書案内サービスの構成要素と語句

　本稿冒頭で1920年代の図書館成人教育サービスの中心としての読書サービスについて説明した。そこでは対個人サービス、読書の質の段階的な向上とノンフィクションの重視、利用者の継続的な来館と利用者と読書案内担当との対

話、手段としての読書コース、人間性に富み図書に精通している熟練図書館員が構成要素になっている。

　本稿は1876年から20世紀初頭までを中心に読書支援サービスを追究したのだが、これらの読書案内サービスの構成要素はすべて出現し、現場で実際に適用されていた。特に事例として取り上げたセントルイスの場合、読書コースが実際に作成され、案内デスクでは単なる目録利用の助力提供といったことではなく、利用者に読書の導きがされていた。そして案内デスクが1920年代になって読書案内デスクに移行した。モンローは1920年を図書館成人教育（その中心は読書案内サービス）の起点としたのだが、本稿は1876年を出発点に図書館成人教育前史、いっそう具体的には読書案内サービス前史が描けることを示した。既述のようにリーは1833年から図書館成人継続教育を記しているが、多分に公立図書館の思想やサービスの全体的発展を示す内容になっており、本稿はいっそう図書館成人教育サービスに近いところでの記述に力を注いだことになる。

　ところで読書案内サービスの構成要素は個別的、断片的、散発的に出現していた。この種のサービスには読書アシスタント、図書館ホステスといった語が用いられていたが、図書館界での共通言語にはなっていなかった。読書案内サービス（readers' advisory service）、読書案内担当（readers' adviso(e)r）という語が共通言語になるのは1920年代をまたなければならない。筆者が目を通した限り"readers' adviso(e)r"という語はほとんど使用されていない。以下では2つの例を示しておく。ALA年次大会の会長演説で読書支援機能、特に読書支援担当の配置に触れたのは、1889年5月のセントルイス大会でのチャールズ・A. カッター（Charles A. Cutter）の演説に限られるだろう。カッターは自身が専門とする目録や分類を含めて、幅広い内容の演説を行った。そして次のように主張した。

　　図書館委員会と委員会の後方に控える住民が、公立図書館と呼ばれる公立学校の補足機関について、教科書に加えて教員を配置するのが義務であると認識するようになれば、出納室の職員は1時間に300冊をカウンター越しに貸出すという単なる活発な機械を越えて、いっそう高位の願い

を抱かなくてはならない[118]。

　これは図書館員に図書の出納以上の活動を求めるもので、「[読書]案内担当（Adviser or Suggester）とでも呼べる職員」を配置すべきで、そうした職員は図書の知識、それに機知、熱意、忍耐が欠かせないとした。しかしこの種のサービスは効果が顕在化しにくい。フィクションの貸出比率が低下しても、それは取るに足らない数値でしかない。またフィクションにしても、いっそう良質のフィクションに移行したとの実証は難しい。それにフィクションがどのように読まれているかの実態も不明である。こうした認識の上で、カッターは特に経営管理層の希望や信念が欠かせないと訴えた。図書館に教育的役割、図書館員に読書支援機能を求める主張は目新しくないものの、"Adviser"という語の使用は新しく、1920年代から使用される語の先駆と考えられる。また読書支援サービスの効果の実証という問題は、1876年当時から一貫して現れていた。そこではフィクションからノンフィクションへの移行が効果とされたが、その実証は至難で、この点は1920年代以降も持続する。そしてカッターは「経営管理層の希望や信念が欠かせない」と強調したが、これも1920年代以降の図書館成人教育サービスでますます重要になる。語の使用とサービスにおける課題をカッターは的確に論じたことになる。

　読書案内担当（reader's advisor）という語を用いた早期の例を示すと、ワシントン・D.C.パブリック・ライブラリーの館長ジョージ・F.バウァーマン（George F. Bowerman）は、1907年に自館の抱負を論じた。同館は開架スペースが非常に限られており、カード目録の利用を助けたり、カード目録に苦労しなくても図書を入手できたりするように、主玄関の近くに案内デスクを設けた。読書案内担当は目録の利用法、利用者が必要とする本の確認、図書請求票への記入などを助けていた。さらにバウァーマンは、利用者の要求が漠然としていると、読書案内担当は利用者の状況や読書能力を判断し、いっそう良い本に導き、読書の質を向上させるという抱負を示した[119]。

　読書案内サービス、読書案内担当、読書コースといった語が図書館界の共通言語になるには1920年代を待たねばならない。

おわりに

　1876年から19世紀末までを図書館成人教育サービス（中心は読書案内サービス）の前史と位置づけ、読書案内サービスを準備するものとして、幅広く成人への読書支援サービスを取り出したのが本稿である。本稿をまとめると以下のようになる。

- 1876年のグリーン論文は対個人サービスを、参考部門が担当する参考サービスと貸出部門が担当する読書支援サービスにまとめた。そして利用者の読書能力や現実の読書関心を土台に、それらを段階的に導いて向上させることを主張し、そこでは利用者との個人的接触と継続的な来館が重要と主張した。
- 当時の図書館界の指導者のウィンザー、プール、デューイもグリーンと同じように把握していた。図書館が教育的役割を果たすとは、具体的にはフィクションからノンフィクションに導くことを意味した。その場合、まず利用者の読書習慣の育成が重要で、そうした習慣が育成されると、自然にあるいは助力の提供によって良書に進むと把握していた。不道徳なフィクションは論外だが、レクリエーションとしてのフィクションの読書は、読書習慣をつけるのみならず、無為、悪徳、犯罪を防ぐと考えていた。特にデューイは図書館の教育的役割を積極的に果たすことが、図書館員がプロフェッションになるための土台とし、図書館員に使命感を植え付けた。
- 読書支援機能を果たした実践をみると、ボストンの1873年の『歴史、伝記、旅行に関するローアー・ホール蔵書目録』は、注釈や説明などの情報の追加によって、単なる目録ではなく「教育的」目録として評価された。次に貸出カウンターの読書支援機能で、貸出カウンターでの利用者との単なるやりとりではなく、1879年にボストンはローアー・ホールのカード目録を2階から1階ローアー・ホールに移し、目録デスクを設けて図書館員を配し、利用者への読書支援サービスを開始した。そこでは利用者の相談に応じ、利用者の図書選択を導いている。さらに貸出方式の読書支援機能があった。1880年代から図書館は2冊貸出方式を導入

し、フィクションの貸出を1冊に限定した。以上のような読書支援サービスは、いずれもフィクションの貸出比率の低下とノンフィクションの貸出比率の上昇によって、図書館の読書支援サービスの成果が期待され、論じられた。
・1890年代から開架制が広まってきたものの、開架制については賛否があり、教育効果についても異論があった。しかしバッファローが良書を「静かに推奨する」手段として、またプロビデンスが良書を「積極的に推奨する」手段として開架制を主張したことで、開架制の是非についての議論は終結した。開架制は図書の配置場所を多様化し、図書館による利用者の図書選択を統制することができた。
・図書館の貸出部門に案内デスクを置いて職員を配置し、利用者に本の探し方、図書を案内するというサービスがあった。特定主題について、その主題と学習方法などを解説し、点数を絞って図書を案内するという読書リストも作成された。これらは1920年代の読書案内サービスに直接的に結びつくサービスである。しかし読書案内サービス、読書案内担当、読書コースとして図書館界の共通言語になるには1920年代を待たなければならない。

注

1) Margaret E. Monroe, *Library Adult Education: The Biography of an Idea*, New York, The Scarecrow Press, 1963, (550p).
2) William S. Learned *The American Public Library and the Diffusion of Knowledge*, New York, Harcourt, Brace and Company, 1924, (89p). 同報告については以下を参照。吉田右子「第4章：ウィリアム・S.ラーネッドのコミュニティ情報センター構想」『メディアとしての図書館：アメリカ公共図書館論の展開』日本図書館協会, 2004, p. 107-128; 川崎良孝「ジョンソン報告（1916年）からラーネッド報告（1924）へ：カーネギー財団の変容と方向の設定」相関図書館学方法論研究会（川崎良孝）編『図書館の社会的機能と役割』松籟社, 2021, p. 3-42.
3) The Commission on the Library and Adult Education, ALA, *Libraries and Adult Education*, New York, Macmillan, 1926, (284p).
4) この3本柱については上記の「図書館と成人教育に関する委員会」の報告書、お

よびアメリカ図書館協会会長ジェニングズの会長演説を参照。"Sticking to Our Last," *American Library Association Bulletin,* vol. 18, no. 4-A, August 1924, p. 150-156; "Sticking to Our Last," *Library Journal (LJ),* vol. 49, no. 13, July 1924, p. 613-618.

5) Morse A. Cartwright, *Ten Years of Adult Education: A Report on a Decade of Progress in the American Movement*, New York, The Macmillan Company, 1935, p. 3.

6) Carl B. Roden, "On a Certain Reticence or Inarticulateness among Librarians," *Public Libraries*, vol. 28, no. 9, November, 1923, p. 492.

7) "Milwaukee," *Wisconsin Library Bulletin,* vol. 19, no. 6, June 1923, p. 154.

8) Charles W. Eliot, "Adult Education," *American Library Association Bulletin,* vol. 16, no. 4, July 1921, p. 116.

9) ロバート・エリス・リー『アメリカ公立図書館と成人継続教育：1833-1964年』川崎良孝・鑓純香・久野和子訳, 京都図書館情報学研究会, 2014, (215p).

10) Bill Crowley, "Rediscovering the History of Readers Advisory Service," *Public Libraries*, vol. 44, no. 1, January/February 2005, p. 37-41. クローリーの解釈の骨格は以下のようである。第2期はノンフィクションの読書案内サービスの活動期、第3期は読書案内サービスが成人サービス（Adult Services）に埋没した時期、そして第4期は読書案内サービスが再生した時期である。この第4期は特にジャンル・フィクションを中心とする読書案内サービスである。クローリーの視座は、1984年以降の読書案内サービスの興隆を是とし、それを元に歴史を振り返っている。1920年代のノンフィクションを中心とする読書案内サービスから、1984年以降の読書案内サービスへの移行を好意的に把握し、それを図書館サービス思想と実践の進展と把握している。クローリーの時期区分と評価はわかりやすい。

11) Juris Dilevko and Candice F.C. Magowan, *Readers' Advisory Service in North American Public Libraries, 1870-2005: A History and Critical Analysis*, Jefferson, NC, McFarland and Company, 2007, (252p). 特にp. 53. ディレブコの解釈の骨格は以下のようである。ディレブコは第II期を1917-1962年までとし、組織的な図書館成人教育サービスが展開された時期とした。クローリーは第2次世界大戦後を読書案内サービスが成人サービスに埋没する時期と把握しているが、ディレブコは戦後の「アメリカの遺産」（American Heritage）といった成人教育プログラムを通して、読書案内サービスの思想が継続していくと考えている。さらに第III期については、1963年からの準備期間を経て、1984年のジャンル・フィクションを中心とする読書案内サービスに収斂していくと把握し、この1980年以降の読書案内サービスをクローリーと異なり好意的には解釈していない。いわば図書館の目的を放擲したマーケット至上主義と把握している。

12) U.S. Bureau of Education, *Public Libraries in the United States: Their History, Condition, and Management* (*Special Report*), Washington, D.C., Government Printing

Office, 1876, (1187p).
13) Samuel S. Green, "Personal Relations between Librarians and Readers," *American LJ*, vol. 1, no. 2/3, November 1876, p. 74-81 ［サミュエル・S.グリーン「図書館員と読者との個人的関係（1876年）」山﨑沙織訳、川崎良孝編・訳『アメリカ公立図書館運動開始期の思想と実践』京都図書館情報学研究会, 2020, p. 155-167］.
14) *ibid.*, p. 74 ［p. 155］.
15) *ibid.*, p. 77 ［p. 161］.
16) *ibid.*, p. 79 ［p. 164-165］. 訳語は少し変えている。
17) *ibid.*, p. 79 ［p. 165］.
18) Samuel S. Green, "Sensational Fiction in Public Libraries," *LJ*, vol. 4, no. 9/10, September/October 1879, p. 348-349.
19) William Kite, "Fiction in Public Libraries," *LJ*, vol. 1, no. 8, April 1877, p. 277-279.
20) *ibid.*, p. 277.
21) *ibid.*, p. 278-279.
22) Justin Winsor, "Reading in Popular Libraries," U.S. Bureau of Education, *Public Libraries in the United States, op.cit.,* p. 431-433.
23) *ibid.*, p. 432.
24) *ibid.*, p. 432.
25) Justin Winsor, "Chapter XXIV: Library Buildings," U.S. Bureau of Education, *Public Libraries in the United States, op.cit.,* p. 465-475 ［ジャスティン・ウィンザー「図書館の建物（1876年）」川崎良孝編・訳『アメリカ公立図書館運動開始期の思想と実践』*op.cit.,* p. 133-146］.
26) *ibid.,* p. 471 ［p. 140］.
27) William F. Poole, "Some Popular Objections to Public Libraries," *American LJ*, vol. 1, no. 2/3, November 1876, p. 45-51 ［ウィリアム・F.プール「公立図書館への一般的反論（1876年）」川崎良孝編・訳『アメリカ公立図書館運動開始期の思想と実践』*op.cit.,* p. 68-78］.
28) *ibid.,* p. 49 ［p. 74-75］.
29) William F. Poole, "Chapter XXV: The Organization and Management of Public Libraries," U.S. Bureau of Education, *Public Libraries in the United States, op.cit.,* p. 476-504 ［ウィリアム・F.プール「公立図書館の設立と経営管理（1876年）」川崎良孝編・訳『アメリカ公立図書館運動開始期の思想と実践』*op.cit.,* p. 87-123］.
30) *ibid.,* p. 479 ［p. 91-92］.
31) Melvil Dewey, "The Profession," *American Library Journal*, vol. 1, no. 1, September 1876, p. 5-6 ［メルヴィル・デューイ「プロフェッション（1876年）」川崎良孝編・訳『アメリカ公立図書館運動開始期の思想と実践』*op.cit.,* p. 40-42］.

32) *ibid.,* p. 5-6［p. 41］.
33) Melvil Dewey, "The Library as an Educator," *Library Notes,* vol. 1, no. 1, June 1886, p. 43-53［メルヴィル・デューイ「教育者としての図書館員（1886年）」川崎良孝編・訳『アメリカ公立図書館運動開始期の思想と実践』*op.cit.,* p. 43-58］.
34) *ibid.,* p. 44-45［p. 46］.
35) *ibid.,* p. 50［p. 54］.
36) ウォルター・ホワイトヒル『ボストン市立図書館100年史：栄光、挫折、再生』川崎良孝訳, 日本図書館協会, 1999. 同館の平面図については、以下を参照。訳者付録「A. ボイルストン街図書館」p. 350-353.
37) "Appendix XII: Circulation," *Twenty-Second Annual Report of the Trustees of the Public Library of the City of Boston,* (City Document no. 69), 1874, p. 56.
38) *Seventeenth Annual Report of the Trustees of the Public Library of the City of Boston,* (City Document no. 114), 1869, p. 9.
39) "[B.] Report of the Examining Committee," *Twenty-Fifth Annual Report of the Trustees of the Public Library of the City of Boston,* (City Document no. 66), 1877, p. 25.
40) "The Boston Public Library," *Appletons' Journal: Literature, Science and Art,* no. 140, December 2, 1871, p. 630.
41) "[A.] Report of the Examining Committee," *Fourteenth Annual Report of the Trustees of the Public Library of the City of Boston,* (City Document no. 110), 1866, p. 21-22.
42) *Bulletin of the Public Library of the City of Boston,* no. 1, October 1867, (12p).
43) *Lower Hall, Finding List for Alcoves IV, VII, XIV, and XVII: Fiction and Juvenile Books,* 3d ed., 1868, (57p).
44) 表示板とこのファインディング・リストの関係については以下を参照。"The Indicator," *Bulletin of the Public Library of the City of Boston, op.cit.,* p. 4.
45) *A Catalogue of Books Belonging to the Lower Hall of the Central Department, in the Class of History, Biograph, and Travel,* consolidated ed., 1873, (362p).
46) "Preface," *ibid.,* n.p.
47) "Proceedings," *American Library Journal,* vol. 1, no. 2/3, November 1876, p. 99-100.
48) *ibid.,* p. 100.
49) "[R] Report of the Superintendent," *Twenty-Second Annual Report of the Trustees of the Public Library of the City of Boston,* (City Document no. 69), 1874, p. 27.
50) "Appendix XVI: Lower Hall Reading," *ibid.,* p. 63.
51) "[B.] Report of the Superintendent," *ibid.,* p. 28.
52) *Twenty-Third Annual Report of the Board of Directors of the Brooklyn Library, March 31, 1881,* p. 14. 目録は以下である。*Catalogue of the Brooklyn Library: Authors, Titles, Subjects, and Classes,* Part 1 (A-C), 1877, p. 1-400; Part 2 (D-M), 1878, p. 401-802; Part

3 (N-Z), 1880, p. 803-1110.
53) Francis L. Miksa, "Noyes, Stephen Buttrick (1833-1885)," Bohdan S. Wynar, ed., *Dictionary of American Library Biography*, Littleton, CO, Libraries Unlimited, 1978, p. 384-387. ミクサの論文はノイズの目録について詳しく説明している。
54) S.B. Noyes, "II: Plan of New Catalogue of the Brooklyn Mercantile Library," U.S. Bureau of Education, *Public Libraries in the United States of America, op.cit.,* p. 648-656. この論文でノイズは自館の目録の特徴を具体的に示している。
55) Justin Winsor, "The President's Address," *LJ,* vol. 6, no. 4, April 1881, p. 64.
56) "[A.] Report of the Examining Committee," *Twenty-Third Annual Report of the Trustees of the Public Library of the City of Boston,* (City Document no. 89), 1875, p. 16-18.
57) "[C.] Report of the Librarian," *Twenty-Seventh Annual Report of the Trustees of the Public Library of the City of Boston,* (City Document no. 78), 1879, p. 22-23.
58) *ibid.*, p. 23.
59) *ibid.*, p. 24.
60) *ibid.*, p. 21.
61) "Appendix XXI: Library Service," *Twenty-Eighth Annual Report of the Trustees of the Public Library of the City of Boston,* (City Document no. 94), 1880, p. 55. 職名は"Curator of Lower Hall Card Catalogue"である。
62) "[C.] Report of the Librarian," *ibid.*, p. 18.
63) "[B.] Report of the Examining Committee," *Thirty-Second Annual Report of the Trustees of the Public Library of the City of Boston,* (City Document no. 105), 1884, p. 14. ローアー・ホールのカード目録を一般利用者が使えないとの情報は、1883/84年の審査委員会報告から得た。
64) "[B.] Report of the Examining Committee," *Twenty-Nineth Annual Report of the Trustees of the Public Library of the City of Boston,* (City Document no. 97), 1881, p. 20.
65) "[C.] Librarian's Report," *ibid.,* p. 43-44.
66) "Appendix XI: Circulation," *ibid.,* p. 66; "Appendix XV: Lower Hall and Branch Reading," *ibid.*, p. 70.
67) "[B.] Report of the Examining Committee," *Thirtieth Annual Report of the Trustees of the Public Library of the City of Boston,* (City Document no. 92), 1882, p. 15.
68) "[C.] Librarian's Report," *ibid.*, p. 26.
69) 付言すれば、例えば1876/77年のローアー・ホールの貸出冊数は392,995冊でフィクションの貸出比率は71％であった。それが1880/81年には257,592冊70％になっている。この大幅な貸出冊数の減少について1880/81年報の館長報告は、「この3年間、[貸出冊数の大幅減少に]影響した当館固有の要因として、フィクションの複本購入を少数に留めたことがある」と記している。続いて館長報告は、以

前なら10冊、20冊を購入していた通俗小説は最大3冊にし、使い古された本の置き換えも1冊に限定したという。以下を参照。"[C.] Librarian's Report," *Twenty-Nineth Annual Report of the Trustees of the Public Library of the City of Boston,* (City Document no. 97), 1881, p. 33. これらの数値をみると1876/77年のノンフィクションの貸出は約120,000冊、1880/81年は約75,000冊となり、ノンフィクションの貸出も大幅に下降している。このように考えると、貸出冊数や貸出比率でのフィクションの低下が、そのままノンフィクションの読書の増大とはいえず、さらに読書の質にまで言及するのは難しい。

70）"[B.] Report of the Examining Committee," *Thirty-Second Annual Report of the Trustees of the Public Library of the City of Boston,* (City Document no. 105), 1884, p. 14-15.
71）この段落は以下からの転載である。川崎良孝「公立図書館における子どもへの図書館サービスと利用規則：1876-1889年」相関図書館学方法論研究会（吉田右子・川崎良孝）編『社会的媒体としての図書・図書館』松籟社、2023, p. 26.
72）"Report of the Librarian," *Thirty-Eighth Annual Report of the Trustees of the Public Library of the Town of Brookline,* 1895, p. 11.
73）"Appendix A: General Classification of the Circulation for 1894-5," *ibid.,* p. 18.
74）Charles K. Bolton, "Bettering Circulation in Small Libraries: The "Two-Book" System," *LJ,* vol. 19, no. 5, May 1984, p. 161-162.
75）*Thirty-Eighth Annual Report of the Trustees of the Public Library of the Town of Brookline,* 1895, p. 1.
76）"Library Economy and History: New Haven (Ct.) F.P.L.," *LJ,* vol. 19, no. 11, November 1894, p. 391.
77）Gardner M. Jones, "Communications: Cards for the "Two-Book" System," *LJ,* vol. 20, no. 2 , February 1895, p. 44.
78）Gardner M. Jones, "Cards for the "Two-Book" System," *LJ,* vol. 20, no. 5, May 1895, p. 168-172.
79）*ibid.,* p. 171.
80）E.A. Birge, "The Effect of the "Two-Book" on Circulation," *LJ,* vol. 23, no. 3, March 1898, p. 93-101.
81）*ibid.,* p. 95.
82）*ibid.,* p. 97.
83）*ibid.,* p. 98-99.
84）*ibid.,* p. 98.
85）*ibid.,* p. 98.
86）本節は以下から必要な箇所を取り出している。川崎良孝『開かれた図書館とは：アメリカ公立図書館と開架制』京都図書館情報学研究会、2018, 279p. 特に4章1節

「バッファロー公立図書館の開架制と精選書架」(p. 132-141)、同2節「プロヴィデンス公立図書館の開架制とスタンダード文庫」(p. 141-159)、同3節「アメリカ図書館協会、『ライブラリー・ジャーナル』を舞台にして」(p. 159-174)、第6章1節「本書のまとめ」(p. 223-231)、2節「閉架制と開架制の意味」(p. 231-237)。

87) *ibid.*, p. 228-229.
88) Gardner M. Jones, "Cards for the "Two-Book" System," *op.cit.*, p. 171.
89) E.A. Birge, "The Effect of the "Two-Book" on Circulation," *op.cit.*, p. 99.
90) その模様は以下にまとめられている。*The Buffalo Public Library: The Formal Opening of the Library, September 1, 1897*, The Library 1897, (17p)。
91) *ibid.*, p. 14.
92) *ibid.*, p. 16.
93) "Superintendent's Report," *First Annual Report of the Buffalo Public Library, 1897*, p. 19.
94) *ibid.*, p. 20.
95) "The New Providence Public Library Building," *LJ*, vol. 21, no. 8, August 1896, p. 368.
96) "Notes and Extracts: The Proposed "STANDARD LIBRARY," *Monthly Bulletin of the Providence Public Library*, vol. 4, no. 10, October 1898, p. 272-283.
97) "American Library Association," *LJ*, vol. 24, no. 5, May 1899, p. 213.
98) "Discussion of Open Shelves in the Light of Actual Experience," (Atlanta Conference), *LJ*, vol. 24, no. 7, July 1899, p. 136-142.
99) *ibid.*, p. 136.
100) *ibid.*, p. 137.
101) 「地獄蔵書」については以下を参照。ウェイン・A. ウィーガンド『生活の中の図書館：民衆のアメリカ公立図書館史』川崎良孝訳、京都図書館情報学研究会、2017、p. 71-72, 101-103, 139, 203, 205, 297, 304.
102) セントルイス公立図書館の歴史については以下を参照。Charles H. Compton, *Fifty Years of Progress of the St. Louis Public Library: 1876-1926*, 1926, The Library, (84p).
103) St. Louis Public School Library, *Bulletin*, no. 1-3 (List of Additions, January-June, 1879), (27p).
104) "Report of the Librarian," *Annual Report of the Saint Louis Public School Library, 1882/83*, p. 37, 42.
105) "Report of the Librarian," *Annual Report of the Saint Louis Public School Library, 1883/84*, p. 31.
106) St. Louis Public School Library, *Bulletin*, no. 28 (List of Additions, October-December,1883), p. 443-454.『ブルティン』は合冊として28号までまとめられた。
107) "Report of the Librarian," *Annual Report of the St. Louis Public Library, 1885/86*, p. 7,

18-19.
108) 以下からの引用である。Charles H. Compton, *Fifty Years of Progress of the St. Louis Public Library, op.cit.,* p. 29.
109) Frederick M. Crunden, "Report on Aids and Guides, August, '83, to June '85," *LJ,* vol. 11, no. 8/9, August/September, 1886, p. 315-316.
110) "Report of the Librarian," *Annual Report of the Board of Directors of the St. Louis Public (Free) Library, 1894/95,* p. 20, 23.
111) "Report of the Librarian," *Annual Report of the Board of Directors of the St. Louis Public (Free) Library, 1896/97,* p. 18-19.
112) Saint Louis Public Library, *Public Library Magazine,* January 1898, (75p).
113) Saint Louis Public Library, *Monthly Bulletin,* new series, vol. 1, nol. 1, April 1903, (15p).
114) Charles H. Compton, *Fifty Years of Progress of the St. Louis Public Library, op.cit.,* p. 29. このクランデンの提言「図書館ホステス」は年報などで確認できなかった。
115) *ibid.,* p. 29; "Library Staff," *Annual Report of the Board of Directors of the St. Louis Public (Free) Library, 1894/95,* n.p.
116) "St Louis Public Library," *Public Libraries,* vol 5, no. 4, April 1900, p 171.
117) "The Librarian's Report," *Annual Report of the St. Louis Public Library, 1925/26,* p. 43.
118) Charles A. Cutter, "Common Sense in Libraries," *LJ,* vol. 14, no. 5/6, May/June 1889, p. 151.
119) George F. Bowerman, "The Public Library of the District of Columbia as an Organ of Social Advance," *Charities and the Commons,* vol. 16, no. 2, April 1906, p. 108.

各論文抄録

告発者からみた童話『ピノキオ』をめぐる「差別図書」問題：「まず『ピノキオ』を洗う会」の組織と活動

福井佑介

　「ピノキオ」問題に関する研究や言説において、問題提起者は等閑視されてきた。そこで「『障害者』差別の童話を許さない！まず『ピノキオ』を洗う会」の元メンバー4名を対象に、インタビュー調査と資料調査を行った。その結果、会の組織と活動について以下の知見が導かれた。組織形成の基盤となったのは、既存の社会運動を通じて形成された人的ネットワークであった。活動面では、出版社への回収要求に始まり、学習会やシンポジウムの開催を経て、図書館への対応へと移行していった。会を特徴づけていたのは、文学や現実での障害者差別に広く関心が向けられていたことであった。この主題は組織面にも影響し、一定の関わりのある活動家の参加を促す誘因となる一方で、それを第一に引き受ける者がいなかったために、会が終結へと向かうことになった。

母親・教師による児童文化運動の中の「読書」活動：1970年代の親子読書会の記録を中心に

山﨑沙織

　多くの親子読書会は1970年代初頭、子どもに「良い本」等の良質な教育・娯楽コンテンツを提供することを目的に母親と教師によって結成されたが、やがて、

コンテンツに触れた子どもの反応にも目を向けるようになった。最終的には自ら発言／表現する子どもの姿が、会の成果、かつ、会が良質なコンテンツ提供という目的を果たしている証と位置付けられた。会は子どもの創造力を刺激すべく狭義の読書に留まらない多様な活動を行った。また、読書感想の話し合いでは、親や教師が大人の価値判断の留保に努めることや、大人も子どもも、読書感想の根本にある自分の経験や感情等を明確化して伝えることが試みられた。この試みは参加者の間に、互いの違いも含めて認め合う対等な関係を育んだ。更に、参加者の間には共に読んだ本を資源とする共同性も育まれた。

近代中国における「図書館」という言葉の誕生と定着：日中交流の視点から

呉桐

　近代中国において「図書館」という言葉が出現し、普及していく上で、日本との交流が重要な役割を果たした。とりわけ清末期に日本の教育制度を受容することは、「図書館」が中国の公文書に登場し、公式な名称となる上で決定的な意味を持つ。ただし、それだけに、この言葉の最初のイメージは日本が採用していた有料制など限定的な利用規則と強く結びついていた。加えて、清末期の改革が上からの改革であったため、体制の維持こそ第一義的な目標とされ、「図書館」は保守的な一面をも持ち合わせていた。「図書館」に新たなニュアンスが付与され、「無料一般公開」のイメージで定着したのは、アメリカのライブラリー思想が日本を凌いで主流となった民国期になってからであった。

Cross-Boundary Cooperation Practice Research: A Case Study of the Goethe-Institute and Chinese Public Libraries

談騏椿（Qichun TAN）

　Cross-boundary cooperation refers to the creation of a new industry, field, or model that bridges two or more different domains, industries, cultures, etc. Public libraries, by means of collaborating with other industries, are bestowed to be extended with regard to both scope and connotation, meanwhile elevating their core public service competitiveness. This paper focuses on the practice case of the German Goethe-Institute and its cooperation with Chinese public libraries by using the German Language Materials Section at the Shanghai Library as a research object, aiming to provide practical references for public libraries in developing cross-boundary cooperation projects.

戦前の図書館講習に見る図書館サービスの理解：受講生の視点から

三浦太郎

　戦前、図書館講習所で発行された『学友会雑誌』の検討を中心に、図書館機能やサービスの理解のされ方を考察した。図書館員の資質として図書館や図書にたいする熱意が求められたほか、図書提供の際は館内閲覧だけでなく貸出にも意識が向けられた。選書の枠内で利用者の「自由」な読書が肯定され、蔵書には修養書から娯楽書まで幅広い内容が想定された。貸出は特に農村部で必要視されている。こうした活動は図書館利用者の自発的学習を前提としており、概して直接的な利用者サービスの捉え方は強くなかった。図書館員による奉仕という捉え方は一部にとどまった。戦後に米国流の図書館観が、書物の知識としてではなく講習などの形で紹介されて初めて、利用者とのやりとりを図書館の本質に据える理解が、日本の図書館界の中に共有されていった。

公立図書館における成人教育サービス前史：読書案内サービスとの関わりで

川崎良孝

　公立図書館は学校を終えたという意味での成人を対象とする成人教育機関であった。ただし組織的にして継続的な図書館成人教育サービスは1920年代を起点とし、その中心は個人を対象とする読書案内サービスにあった。そこでは対個人との継続的なインタビュー、手段としての読書コースが重視され、ノンフィクションを扱った。本稿は1920年代以前を成人教育サービス前史と把握し、目録、貸出カウンター、貸出冊数、開架制を取り上げて、明らかに教育支援機能が実践されていたことを示した。また20世紀に入ると案内カウンターでの読書支援や読書コースの作成も散発的に生じてきた。読書案内サービスの構成要素は前史の時期に

表出しているものの、それを読書案内（readers' advisory）サービスとして館界の共通言語にするには1920年代を待たねばならない。

編集後記

　相関図書館学方法論研究会は2018年4月から松籟社の協力を得て、研究成果を〈シリーズ〉「図書館・文化・社会」として世に問うことになった。今回は第10号になるが、順調に4月に刊行できたことを喜んでいる。

　本シリーズはこの小さな研究会の会員の相互研鑽の場で、当初は年に1冊の刊行を予定していたが、年刊の論文集に加えて特別企画として『図書館研究の回顧と展望』(4号, 2020)と『テーマで読むアメリカ公立図書館事典』(8号, 2023)を刊行したので、8年間で10冊を上梓できたことになる。研究会からの依頼に力作で応じてくださった塩見昇さん(3号, 2020年; 6号, 2022年)、根本彰さん(9号, 2024年)にお礼申し上げたい。今回は北京人民大学の呉桐さんに、中国における「図書館」という語の移入とこの語の内容について、日中の両文献を見渡して概説をお願いした。

　学協会の論文には字数制限がある場合が多く、それを撤廃して、冗長になることなく、執筆者が納得できる論文にするというのが基本方針である。それと学会誌に掲載されるレベルの論文にするというのを最低基準にしている。

　2018年に第1号『トポスとしての図書館・読書空間を考える』を起点に今号は第10号になる。この10号でシリーズ「図書館・文化・社会」は完結する。同時に、発刊からほぼ10年が経過し、各会員の公私の生活の具合にも大きな変化があり、相関図書館学方法論研究会自体も再編したいと思っている。

(川崎良孝)

相関図書館学方法論研究会会員(2025年4月1日現在)

安里のり子(ハワイ大学)	A.ウェルトハイマー(ハワイ大学)
川崎良孝(京都大学名誉教授)	北村由美(京都大学)
久野和子(立命館大学)	杉山悦子(四国大学)
中山愛理(大妻女子大学短期大学部)	福井佑介(京都大学)
三浦太郎(明治大学)	山﨑沙織(東京大学)
吉田右子(筑波大学)	和気尚美(三重大学)

シリーズ「図書館・文化・社会」総目次

シリーズ「図書館・文化・社会」1
相関図書館学方法論研究会（川崎良孝・吉田右子）編『トポスとしての図書館・読書空間を考える』松籟社, 2018, vi+269p.
- 川崎良孝・吉田右子「Public Libraryに関する認識の歴史的変遷：アメリカを例にして」
- スバンヒルド・オーボほか著・久野和子訳「公共図書館は出会いの場（meeting places）としてどのように機能しているか」
- 福井佑介「読書装置に関するレトリック：公立図書館・貸本屋・「無料貸本屋」」
- 山﨑沙織「母親自身の読書活動から親子の交流活動へ：1970年代から1980年代の長野県PTA母親文庫における親子読書の受容についての一考察」
- 金晶「「上海の窓」電子書籍寄贈サービスに関する研究」
- 周卿「図書館間国際交流を推し進める：上海国際図書館フォーラムの発展」
- 中山愛理「ピッツバーグ・カーネギー図書館における児童サービス空間」
- 川崎良孝「ボストン公立図書館ボイルストン街図書館の建物：完璧なモデルから最悪のモデルへの転換」

シリーズ「図書館・文化・社会」2
相関図書館学方法論研究会（川崎良孝・吉田右子）編『図書館と読書をめぐる理念と現実』松籟社, 2019, v+267p.
- 吉田右子「アメリカ公立図書館を基点とする公共図書館モデルの再検討：オルタナティヴから逆照射されるもの」
- キャサリン・シェルドリック・ロス著　山﨑沙織訳「頂点に立つ読者：公共図書館、楽しみのための読書、そして読書モデル」
- 三浦太郎「戦後占領期におけるアメリカ図書館像：CIE図書館のサービスを中心に」
- 福井佑介「社会的責任論からみた戦後の全国図書館大会の展開：図書館界の「総意」

を示すフォーラムの興亡」
・金晶「上海国際図書館フォーラムを手掛かりに図書館を考える」
・川崎良孝「図書館建築をめぐる路線論争とその帰趨：ウィリアム・F.プールを中心として」

シリーズ「図書館・文化・社会」3
相関図書館学方法論研究会（川崎良孝・三浦太郎）編『時代のなかの図書館・読書文化』松籟社, 2020, vi+269p.
・吉田右子「戦後初期公民館構想における図書館の位置づけに関する批判的再解釈：なぜ図書館と公民館は分離して語られてきたのか」
・川崎良孝「原則の遵守と公務員や市民としての義務との確執：『ラベリング声明』（1951年）と共産主義プロパガンダを中心にして」
・杉山悦子「1950年代の『実践国語』誌上における俗悪書論争：学校図書館の選書に対する国語科教員の異議申し立て」
・塩見昇「図書館法制をめぐる展開の考察」
・拱佳蔚「読書の推進と上海図書館講座」
・金晶（呉桐訳）「上海図書館国際交流処の歴史と展望」
・中山愛理「アメリカ南部における児童サービスとその空間：アトランタ・カーネギー図書館とニューオーリンズ公立図書館を中心にして」
・福井佑介「ピノキオ・コーナーの評価をめぐる理念と現実の確執：1970年代の「差別図書」問題と図書館の社会的責任」

シリーズ「図書館・文化・社会」4
相関図書館学方法論研究会（福井佑介・吉田右子・川崎良孝）編『図書館研究の回顧と展望』松籟社, 2020, v+289p.
・福井佑介「日本公共図書館史研究の視座と展開：1930年代から2010年代までの研究史」
・三浦太郎「日本の図書館史研究におけるオーラルヒストリー」
・杉山悦子「図書館教育研究の系譜：1910年前後の学校図書館論」
・安里のり子「移民を対象とした図書館サービスの課題と研究方法：ハワイ日系人社会の読書環境を例にして」
・久野和子「『場としての図書館』研究史序説：『第三の場』に焦点を当てて」
・川崎良孝「図書館史研究を考える：アメリカ公立図書館史研究を梃子にして」

シリーズ「図書館・文化・社会」5
相関図書館学方法論研究会（川崎良孝）編『図書館の社会的機能と役割』松籟社,

2021, v + 207p.
- ・川崎良孝「ジョンソン報告（1916年）からラーネッド報告（1924）へ：カーネギー財団の変容と方向の設定」
- ・福井佑介「1950年代の文部省の「図書選定制度」をめぐる展開と日本図書館協会」
- ・三浦太郎「有山崧の図書館思想：図書館の機能・制度を中心に」
- ・久野和子「「社会的インフラ」としての図書館：アーレントの「公的領域」論に基づいた考察」
- ・杉山悦子「教育装置としての図書館：田中敬の排斥にみる近代日本図書館の思想」

シリーズ「図書館・文化・社会」6
相関図書館学方法論研究会（三浦太郎・川崎良孝）編『公立図書館の思想・実践・歴史』松籟社, 2022, v + 255p.
- ・塩見昇「1960年代半ばから70年代初頭の大阪市立図書館：地域館整備に向けての歴史的な転換の背景をたどる」
- ・川崎良孝「ヘイトスピーチと公立図書館：3つの異なる見解とアメリカ図書館協会」
- ・Jin Jing（金晶）「A Research of the "Window of Shanghai" Project of the Shanghai Library」
- ・三浦太郎「明治期から戦後占領期における日本の図書館員養成：講習・養成所・図書館学」
- ・杉山悦子「図書館空間と交流：占領下沖縄の経験と琉米文化会館」
- ・中山愛理「ウィスコンシン州の公立図書館における児童サービスとその空間」

シリーズ「図書館・文化・社会」7
相関図書館学方法論研究会（吉田右子・川崎良孝）編『社会的媒体としての図書・図書館』松籟社, 2023, v + 194p.
- ・川崎良孝「公立図書館における子どもへの図書館サービスと利用規則：1876-1889年」
- ・Jin Jing（金晶）"A Brief Exploration of Library's International Cultural Exchange in the New Reading Era: Taking the Shanghai Library East as an Example"
- ・三浦太郎「江戸時代における西洋図書館の知識について」
- ・杉山悦子「沖縄の日本復帰と図書寄贈運動の展開」
- ・川崎良孝「アメリカ公立図書館と集会室：概史」

シリーズ「図書館・文化・社会」8
相関図書館学方法論研究会（川崎良孝・吉田右子）編『テーマで読むアメリカ公立図書館事典：図書館思想の展開と実践の歴史』松籟社, 2023, xiv+289p.
執筆者：川崎良孝　北村由美　久野和子　杉山悦子　中山愛理　三浦太郎

山﨑沙織　吉田右子　和気尚美　A.ウェルトハイマー　川崎佳代子

シリーズ「図書館・文化・社会」9

相関図書館学方法論研究会（川崎良孝・三浦太郎）編『図書館思想の進展と図書館情報学の射程』松籟社, 2024, v+233p.

- 川崎良孝「宗教グループの集会室利用に関する裁判事件：アメリカ図書館協会の到達点」
- 吉田右子・和気尚美「デンマークにおける『公共図書館・教育学習センター開発補助金』：採択プロジェクトにみる脆弱層への視点」
- 金晶（Jing JIN）・王凌（Ling WANG）"Communication Media for International Cultural Exchange in the Public Libraries of China: A Case Study on the "Window of Shanghai" Project of the Shanghai Library"
- 根本彰「探究を世界知につなげる：教育学と図書館情報学のあいだ」
- 三浦太郎「『百科全書』における分類の枠組み：『記憶・想像・理性』から『記憶・理性・想像』へ」
- 中山愛理「アメリカ西部の公立図書館における児童サービスとその空間：ロサンゼルスとシアトルを中心にして」

シリーズ「図書館・文化・社会」10

相関図書館学方法論研究会（川崎良孝・吉田右子）編『社会・文化が図書館に求めるものとその応答』松籟社, 2025, v+240p.

- 福井佑介「告発者からみた童話『ピノキオ』をめぐる「差別図書」問題：「まず『ピノキオ』を洗う会」の組織と活動」
- 山﨑沙織「母親・教師による児童文化運動の中の「読書」活動：1970年代の親子読書会の記録を中心に」
- 呉桐「近代中国における「図書館」という言葉の誕生と定着：日中交流の視点から」
- 談騏椿 "Cross-Boundary Cooperation Practice Research: A Case Study of the Goethe-Institute and Chinese Public Libraries"
- 三浦太郎「戦前の図書館講習に見る図書館サービスの理解：受講生の視点から」
- 川崎良孝「公立図書館における成人教育サービス前史：読書案内サービスとの関わりで」

編者・執筆者紹介 [掲載順]

●編（著）者

川崎　良孝（かわさき　よしたか）
2015　京都大学名誉教授
主要業績：『社会を映し出す『図書館の権利宣言』』（京都図書館情報学研究会, 2021）；ウェイン・A. ウィーガン『アメリカ公立学校図書館史』（共訳, 京都図書館情報学研究会, 2022）；『テーマで読むアメリカ公立図書館事典』（共著, 松籟社, 2023）ほか

吉田　右子（よしだ　ゆうこ）
2011　筑波大学大学院図書館情報メディア研究科教授
主要業績：『メディアとしての図書館』（日本図書館協会, 2004）；『デンマークのにぎやかな公共図書館』（新評論, 2010）；『ラトヴィアの図書館』（秀和システム, 2024）ほか

●執筆者

福井　佑介（ふくい　ゆうすけ）
2022　京都大学大学院教育学研究科准教授
主要業績：『図書館の倫理的価値「知る自由」の歴史的展開』（松籟社, 2015）；『近代日本のメディア議員』（共著, 創元社, 2018）；『図書館の社会的責任と中立性』（松籟社, 2022）ほか

山﨑　沙織（やまざき　さおり）
2010　東京大学事務職員
主要業績：「『読めない母親』として集うことの分析」（『社会学評論』vol. 66, no. 1, 2015）；「『本を読む母親』達は誰と読んでいたのか」（『Library and Information Science』no.77, 2017）；『続・読書と読者』（共訳, 京都図書館情報学研究会, 2019）ほか

呉　桐（ご　とう）
2024　中国人民大学外国語学院講師
主要業績：「ハリウッドの隠喩：1930年代中国の女性誌『玲瓏』にみるオクシデンタリズム」（『日中社会学研究』vol. 29, no. 1, 2022）；『「モダンガール」の歴史社会学』（晃洋書房, 2024）ほか

談騏椿（Qichun TAN）
上海図書館読者サービス・センター
主要業績："A Brief Analysis of International Cooperation in Public Libraries" (*Library Journal*, vol. 40, no. 5, 2021)； "Research on the Development of Minority Foreign Language Resources and Related Service in Public Libraries" (*Library Journal*, vol. 43, no. 6, 2024) ほか

三浦　太郎（みうら　たろう）
2019　明治大学文学部教授
主要業績：『図書・図書館史』（編著, ミネルヴァ書房, 2019）；『図書館思想の進展と図書館情報学の射程』（共編著, 松籟社, 2024）；『新しい時代の図書館情報学 第3版』（共著, 有斐閣, 2024）ほか

シリーズ〈図書館・文化・社会〉10
社会・文化が図書館に求めるものとその応答

2025 年 4 月 30 日　初版発行　　　　定価はカバーに表示しています

　　　　　　　　　　　　編著者　相関図書館学方法論研究会
　　　　　　　　　　　　　　　　（川崎良孝・吉田右子）

　　　　　　　　　　　　発行者　相坂　一

　　　　　　　　　　　　発行所　松籟社（しょうらいしゃ）
　　　　　　　　　〒 612-0801　京都市伏見区深草正覚町 1-34
　　　　　　　　　　電話　075-531-2878　　振替　01040-3-13030
　　　　　　　　　　　url　https://www.shoraisha.com/

　　　　　　　　　　印刷・製本　　モリモト印刷株式会社
Printed in Japan　　カバーデザイン　安藤紫野（こゆるぎデザイン）

Ⓒ 2025　ISBN978-4-87984-465-1 C0030